谨以此书，纪念华商律师事务所成立30周年

律师的荣耀

理想与实践

GLORY OF THE LAWYER
IDEAL AND PRACTICE

高　树——编著

法律出版社 LAW PRESS · CHINA
北京

图书在版编目（CIP）数据

律师的荣耀：理想与实践 / 高树编著. -- 北京：法律出版社，2021
ISBN 978-7-5197-5852-3

Ⅰ. ①律… Ⅱ. ①高… Ⅲ. ①律师业务-中国 Ⅳ. ①D926.5

中国版本图书馆 CIP 数据核字(2021)第 169221 号

律师的荣耀：理想与实践
LÜSHI DE RONGYAO：LIXIANG YU SHIJIAN

高 树 编著

策划编辑 朱轶佳
责任编辑 朱轶佳
装帧设计 汪奇峰

出版发行 法律出版社
编辑统筹 司法实务出版分社
责任校对 晁明慧 王 皓
责任印制 胡晓雅
经 销 新华书店

开本 A5
印张 12.375 字数 360 千
版本 2021 年 11 月第 1 版
印次 2021 年 11 月第 1 次印刷
印刷 中煤(北京)印务有限公司

地址：北京市丰台区莲花池西里 7 号(100073)
网址：www.lawpress.com.cn
投稿邮箱：info@lawpress.com.cn
举报盗版邮箱：jbwq@lawpress.com.cn
销售电话：010-83938349
客服电话：010-83938350
咨询电话：010-63939796

书号：ISBN 978-7-5197-5852-3
定价：66.00 元
凡购买本社图书，如有印装错误，我社负责退换。电话：010-83938349

序

做一个致力于实践的理性主义者

作为一个律师、一个诗人，经常有人问我，这两个角色不冲突吗？有一次我是这样回答的：因为我诗写得好，所以律师做得好；因为我律师做得好，所以诗写得更好！写诗和做律师相辅相成，是一种互相成就的关系。不过以我亲身体会，两者确实有很大的不同，最主要是写诗需要天赋，勤劳刻苦对写好诗意义不大；而做好一个律师，勤劳刻苦就非常重要，它可以让你成为一个合格乃至优秀的律师。

驱动两者互相成就的是理想。一个诗人必是一个理想主义者，否则就不会是一个优秀的诗人。而作为一个优秀的律师，理想主义也是必备条件。这也是两者最主要的相同之处。从两者进一步的关系来说，一个理想主义的诗人，如果具备作为一个律师的现实生活和实践感悟，其诗作将更加厚重、长远而开阔；同理，一个浸淫在法律实务中的执业律师，如果能伴之以诗人情怀和人文气息，他作为一个律师也将少去很多尘俗，多出一份风骨。

我对律师职业这一份近乎理想主义的追求，凡30多年，从未有过衰减。在律师中，我算是经历比较全面的一个，本科、研究生和博士学习的都是法律，毕业后分配到司法行政机关从事律师行政管理工作，几年后到国办律师事务所工作，再到创办合伙制律所，从一个律师、律所主任，到律协副会长、会长，有幸经历并参与了深圳律师行业大部分改革事件。在这个过程中，无论遇到多大的阻碍和挫折，有两件事我从来没有放下，一是写作，二是作为律师的初衷和坚持。其实这很不容易，与我同一批做律师的人，至今仍然坚守下来的不多了，可我从未动摇过，一直到现在。我认为这就是理想！

我和所里同事讲，做律师是光荣的。不是所有学法律的人都想或者都能做律师，全国律师人数加起来也不过几十万人。我还讲，律师改行从政或经商有成功的，但成功比例很低，而其他行业改行做律师的成功比例特别高，为什么呢？是因为律师作为职业理想的驱动力是巨大的。我也经常和同行们说，首先你要做好一个律师，如果做好了还能够带动一帮人，那么你就可以做律所主任；如果律所主任做得也很好，那么你就可以去参与行业工作和社会工作，但如果这些工作让你感觉很吃力，你就专心做个律师，做一个优秀律师，也非常好了！

做一个优秀律师是我一生的理想，为这个理想，我付出了30多年的不懈努力。我始终坚信只有不断实践才能接近理想，只有不懈努力才有可能成就理想主义。在努力实践的过程中，我积累了一些体会，这本集子记载的，就是继2013年《沿着法治的方向——一个律师对法治实践和职业实践的思考》之后，我作为一个律师、一个律所主任、一个律协会长，以律师理想为支撑，围绕律师战略和律师实践进行的一些思考总结，其中有几篇记载了30多年来深圳律师发展改革的基本脉络和历史阶段，可谓深圳律师“小史”，也有一定的史料留存价值。另有几篇是在疫情期间对律师行业走向的预估和评判，也是非常时期对行业发展的非常思考。

起看两岸非杨柳，他山高树作晴空。我谨以诗人情怀，书写一个执业律师的理想和荣耀，而又以30多年的法律实践活动，作为践行理想和荣耀的具体过程。当然，理想在，努力在；努力在，理想也在。愿这本文集能引发更多的同行参与理想和实践，从而让我们一起努力，共赴理想的前方。如是，则也是我对律师业奉献的绵薄之力了！

在这里要特别感谢法律出版社的编辑们，之前《沿着法治的方向》一书就是在他们的支持下得以顺利出版。今此文集出版也同样得力于此番抬爱和热心，在这里再次郑重地道声感谢！

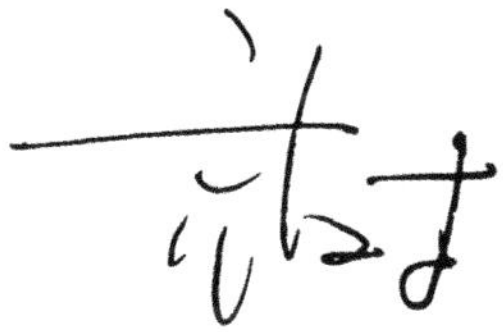

目　录

律师的光荣与梦想

行业发展与社会责任

深圳律师的改革与发展

非常时期的非常思考

律师的光荣与梦想

在法律与诗歌之间，在入世与出世之间，如何找到理想情怀与社会现实间的平衡，作者高树的思考超越个体与小群落，以更宽广的视野和胸襟，行走在律师与诗人的角色之中，书写专业情怀，感悟诗意人生。

无论做律师还是写诗，
都是我对生活的一种热爱

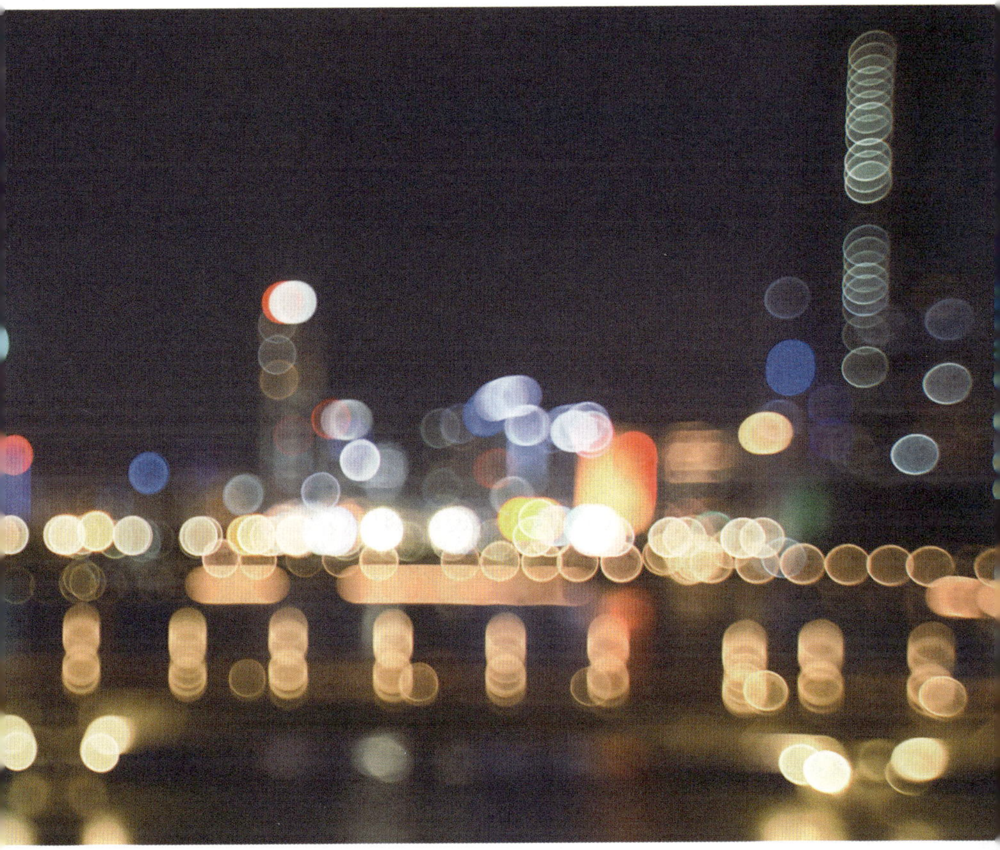

作为一个理想主义者

我发现时间在加速前进

生活像水一样流失

我还发现阳光有一点沧桑

是不是一切都是徒劳

这还得看我奔跑的方向

——高树《生活，以约等于的方式进行》

标志性的短发根根竖立，语音平和，逻辑缜密，精明强干的气质由内而发。身为深圳律师协会会长、华商律师事务所主任，高树还是深圳第119名执业律师。

他深爱律师职业。20世纪90年代初，他研究生毕业被分配到深圳工作时，深圳市人事局安排他进入当时风头正劲的《深圳特区报》，但他却选择了与律师打交道较多的市司法局律师管理处，并在来深圳的第一年就参加了律师资格考试。

也是因为对律师职业的热爱，在入职三年后，他辞去司法局的公职，放弃即将分到手的房子，开始执业律师的生涯。

每办完一个案子，他就觉得那是最有成就感的事情。他把每个案件都看作自己所经历的一段现实生活，惜之如命，“我们法律人就是用法律，用权利义务来解构、评判、处理这一段现实生活。”

专业，是他强调最多的字眼。“这里包括专业知识、专业技巧、专业法律运用、专业的证据收集和评判、专业的思维逻辑、专业的演绎、专业的口才、专业的文笔等。”一口气说出一连串八个“专业”，正是缘于他对专业近乎苛刻的追求。比如，他曾在办理一宗案件时，把近 20 年来当事企业每年的股价走势、每个股东的关系运用线性数学的方式进行分析比对，最终帮助当事企业脱困。又如，他在办理结束一宗贪腐案后，把相关经历写成并出版了一部长篇小说——《拒绝辩护》。

法治情怀，他孜孜以求。在谈到如何成为一名优秀律师时，他强调：“一个优秀的律师不能光想着自己，想着挣钱，而应该有社会情怀。”自 2014 年担任深圳市律协会长以来，他力促发挥律师专业作用，推动律师业与民生、社会治理相对接。也正是因为这种情怀，他主持记录深圳律师口述史，着手采访陈野、徐建、郭星亚等深圳律界元老级人物，整理深圳市宝贵的律师文化，使之持续传承。

严谨的专业精神，“诗和远方”，看似两条永不交汇的平行线，但在高树这里，轻松地“一枝两表”，作为一位著作颇丰的诗人，有人评价他是诗人里最懂法律的，律师里最会写诗的。这并非戏言。2013 年，高树就出版了诗集《苍天瘦》，之后又相继出版了《树对风的回忆》《我们如此深爱》两本诗集，收录了他创作的大量诗作。他认为，诗是生活的一部分，诗其实也是热爱生活的一种方式。

从 1993 年正式执业至今，高树已做了 20 多年律师。在他的律师生涯中，哪些案件令他印象深刻？作为深圳律协会长，他对深圳律师业有怎样的规划？对于律师管理和服务，他有着怎样的看法？律师工作与对诗歌的热爱之间有怎样的关系？今天，我们走近高树律师，走进他的法律与诗歌的世界。

1. 谈律师执业：从当事人的欣喜中感受律师的价值

> 从来没有遇见过
>
> 只怕一生都错过
>
> 那是彩虹飞翔的美丽
>
> 那是惊鸿照影
>
> 众里寻他千百度的传说
>
> 其实不是不可能
>
> 生活可以很好的
>
> 美丽并不高，爱就在眼前
>
> 我要把家安在美丽的春天
>
> ——高树《从来没有遇见过》

抱柱网：您以前接受采访的时候说过，您从1993年成为律师以来办理过的案件以千计，涉及的当事人也以千计，能否讲几个给您留下印象最深的案件或当事人？

高树：当律师20多年了，办了很多案件。办案就像我的论文集《沿着法治的方向》里面所说的，每个案件都是一段真实的现实生活，我们法律人就是用法律，用权利义务来解构、评判、处理这一段现实生活。所以每个案子对于我来讲，都是刻骨铭心的，因为都费了很多心血。所以每个案件说起来都能感动我，不管是案子本身还是所涉及的人和事，都经常萦绕在心。

我简单说一两个案件吧。我记得那是1995年，是我较早办理的案件，委托人是一家香港公司。这个案子开始在广西的法院审理，后来又转到长沙的法院审理。

事情是这样的，广西的一个公司欠香港一家公司的货款，长沙的一个公司又欠广西公司的钱，广西公司倒闭了。香港公司老板说，高律师啊，钱很难收，但你是个年轻律师，有闯劲，我们相信你。

我们办了七八个月，在广西、湖南、香港各地来回取证、开庭。每一次没有希望的时候，就出现了一点希望，每一次出现了一点希望，我就抓住这点希望。没想到最后不但把这官司打赢了，还把被拖欠的100多万元货款要回来了。香港公司的老板真的是出乎意料，所以特别感激我，以后每年都会来深圳看我。

我觉得，当为当事人打赢了一场官司，为他们挽回了损失之后，我能从当事人的欣喜之中，感受律师的价值存在，尤其是办成了一些原本看起来很没希望的案件的时候。

还有一件我曾办理的刑事案件，社会影响比较大，是当时涉嫌受贿金额全国最高的一起案件。每次我到市第三看守所会见这个当事人，都会有不一样的感觉。他是深圳首批建设者和开拓者之一，对深圳的改革发展作出了巨大贡献，资格老，级别也比较高，对深圳充满感情，但却走上了犯罪的道路。

每次进去，和我握手那一刹那，他的眼泪都要出来了。我也因此对人生有了一点新的感悟，我觉得人不能让贪欲占据了自己的心灵，否则真的是一条不归路。就算奋斗了一辈子，明天就能把月亮摘下来，可如果今天犯了罪，身陷囹圄，这一辈子的愿望和理想就都无法实现了，正所谓“身后有余忘缩手，眼前无路想回头”。所以那个时候，在为这个案件辩护之后，我就写了一部长篇小说——

《拒绝辩护》，经陈忠实先生推荐在陕西人民出版社出版。这应该是中国律师出版最早的一部长篇小说，还是很有影响的。当时中国作协的机关报《文学报》、《中国律师》以及《深圳特区报》等都有转载，还有许多有影响的作家、评论家写了评论。

还有前些年我办理的一个案件，是深圳一个上市公司的涉嫌虚假陈述案。因为这个案件在专业上是没有借鉴的，是虚假陈述的另外一类，法律和最高人民法院的司法解释对这种虚假陈述都没有规定怎么处理。跟其他涉嫌虚假陈述案件不一样的地方在于，其他的是把没有的说成有的，以此来把公司的业绩做大，把公司的股价炒高。这个案件相反，把有的说成没的。当时有几百个股民起诉，一旦判决这个公司赔偿，这个公司就会面临非常大的困难，甚至是灭顶之灾。在这个案件中，我们敢于突破，把 1995 年以来这个公司的所有资料，尤其是它的股价波动起伏以及与每个公众股东的关系，进行了整理分析。这个工作量太大了，我们进行了详细周密的评析，甚至用到了线性数学。最后的结论是：这种虚假陈述应接受行政处罚，但它没有给公众股东造成实际损失，不用赔偿。一审、二审法院均采纳了我们的意见。

像这样的案件还有许多，另外我还代理过多起国内公司与美国微软、日本公司等的诉讼或仲裁案，算是“啃”了不少“硬骨头”。总的体会是：一个案件办得好不好，就看你功夫下得够不够，尤其是专业上到不到位。

2. 谈律师何以成功：成功的律师要专业也要有情怀

我可以吗

我可以把玫瑰

种在你的春天吗

我可以把风

吹向你的海吗

我可以把灿烂的阳光

写进你的岁月吗

我还可以把温柔的注视

默默地、默默地放在你的心里吗

——高树《我可以吗》

抱柱网：您有多年办案、“啃硬骨头”的经验，本身也是一个很成功的律师，您认为，怎样才是一个成功的律师？

高树：一个成功的律师，首先，我认为得是个专业的律师。我们律师不同于其他行业的最大特点，就在于专业性，或者说一个律师不同于别的律师的最大区别也在于专业性。专业知识、专业技巧、专业的法律运用、专业的证据收集和证据评价，还有专业的思维逻辑、专业的演绎、专业的口才、专业的文笔等。一个律师，在他的职业生涯中，不仅业务要精，还要能够发挥出来，我认为这是最重要的。

其次，我认为一个律师还要有情怀，内心要大气。一个成功的律师不能只想着自己，他要有社会责任意识，要有大众情怀。这种情怀会转化为一种责任感，在具体案件中会转化为一种负责任的精神。不能太势利、太蝇营狗苟，更不能因为一些眼前的利益就闻风而动。专业上要敢于突破和创新，但做人要有可靠感和稳定性，要养成并坚持自己的执业风格和执业优势。

一些律师，像从事理财、离婚、劳动争议等领域的，这些都是传统的领域，但有些人就是把这些传统的领域做到了极致，做得很"高大上"，很有影响力，做成了大律师。这里面就有一种情怀，既有一种突破，也有一种稳定性。

律师接到一个案件，应该像医生遇到一个疑难病症那样，对案件有一种爱，而不是感到负担，不应觉得麻烦。如果一个律师接到一个案件只会觉得麻烦，那么这个律师一定成不了一个成功的律师，更成不了一个大律师。律师看到每宗案件，须觉得这是生命中非常宝贵的资源，这是"上帝之手"的安排，到律师手上要惜之如生命，以一种炽热的精神去对待自己手上的案子和法律事务——这样才叫内心的大气，才叫专业情怀。

最后，有了专业和情怀，要想成为一个成功的律师，还要有比较开阔的视野，不能闭门造车。这个社会、这个时代的大势往哪边走，我们得有个认识。每个律所的律师都应有他的执业规划，根据这个规划建立自己的执业体系。这个执业体系就是他的事业，不能过一天算一天。我们的发展得跟这个社会、这个时代紧密结合，既不能被时代抛弃，也不能远离社会。一个好的律师，实际上是一个成功的社会活动家，是一个专业的、有满腔情怀的、有社会责任感、有影响力的社会活动家。

抱柱网： 刚刚您说这个执业规划，在您自身的成长过程中，是不是自己就有一个目标，就是一定要成为最好的、最“厉害”的律师？

高树：刚刚开始律师执业的时候还没有这样的想法。我首先觉得自己要做一个比较专业的律师，然后肯下功夫，也肯吃一些苦、一些亏，还有点想法，就是把这份职业做成一份事业。

抱柱网：吃亏是什么？怎么理解？

高树：有些事情，比如同行的也好，当事人的也好，如果太过计较，在执业过程中就会限制个人的心境与眼界。所以我觉得要开放一点，大气一点。那个时候我想，我至少要当一个规模比较大的律所的主任，我也要带领一帮专业律师一起战斗。

每个案件到我手上，都能驾轻就熟，能对案件有一些别出心裁的处理手法，当时我还想一些这样的问题。

3. 谈律师执业环境：距离法治理想有多远

最浪漫的对话
或许是和许多风雨的缠绕
最彻骨的挥手
定是与霓虹流彩的作别
一个又一个的时代都已远去
才想起，五百年的站立
只为靠近，朝朝暮暮的靠近
以及，意味深长的一声问候

——高树《树》

抱柱网：您对目前的律师执业环境满意吗？您认为律师在当今社会扮演了一个什么角色？

高树：律师的执业环境，我认为比以前好很多。但是比起法治的要求，包括充分调动和发挥我们律师的作用，仍有一段距离。现在的大环境，在很多方面，为律师发挥职能和专业作用提供了很多便利，但是很多方面又掣肘着律师业和律师的发展。有些东西，看得见的在不断改善，看不见的仍然在起着一些影响和作用，特别是人们观念中的一些东西以及具体操作方面的一些东西，应该还是不够的。

抱柱网：能否举个例子呢？

高树：譬如说，深圳的律师执业环境我认为已经不错了。深圳的历届领导对于律师业的发展都很重视。你看这次“十三五”规划，把我们律师业作为现代服务业的重点领域写进去了，这对我们职业的定位和执业环境的改善，有很大的帮助。

但是，要把律师业作为现代服务业的重点领域，真正落实扶持和优惠政策，包括人才、税收、财政、基础措施，等等，仍有一定难度。比如现在科技创新，都在谈发挥律师的作用，像去年发行的知识产权创新券，本来是应该鼓励律师参与的，但在具体的操作当中，却又设置了太多的门槛。

我认为，一个好的律师真的就像一个科学家一样，他办理了一些创新的案件，对社会的意义有时不亚于一个科学家的发明。尤其是在科技创新和知识产权这一块，我们讲，没有知识产权的保护，就没有深圳的未来。我们也一直在强调，要让深圳律师在知识产权领域发挥极重要的专业作用，但是在很多方面，特别是在具体操作层面，目前还是有一些困难。

在一些基础设施上，政府是很舍得投入的，但是涉及社会建设，包括律师发展需要政府具体的一些支持，有时很难落实。像全国很多的省市，上海市、江苏省、山东省等，都是政府拨款培训律师出国学习，以及扶持律师事务所的发展。现在我们做这些就很难。另外，建立普遍的政府法律顾问制度，也没有列入具体财政预算当中，等等。

抱柱网：现在大家都在讲“互联网＋”，对于“互联网＋法律”，您怎么看？

高树：首先，我觉得互联网应该做增量，而不是减量。它只要对法律服务市场有增量作用，就值得推广。如果对法律服务市场是减量，是个简单的重复，是个模板化的东西，我觉得就不应该提倡。尤其是对律师业，以及对广大律师事务所的律师，它应该提供一个技能、渠道、手段上的方便，而不是从根本上对律师业进行颠覆，甚至伤害律所和律师，让很多律所没有管理，律师没有案源，如果这样的话，我还是觉得不适合。

其次，我觉得“互联网＋法律”，是一种形式与内容上的结合。那么这种内容与形式的结合呢，就不能流于形式，形式不能大于内容，而应该内容大于形式。我觉得“互联网＋”本身就是一种形式的创新，法律更多是一种内容。法律作为一种规范，对这个社会起到很重要的作用。从律师业来讲，它也是我们应该共同遵循的一个规则。不能因为互联网的冲击，这个法律体系就被颠覆了。

抱柱网：有一些电商确实把律师做得感觉好便宜一样。

高树：不仅便宜，更好像完全没有专业水准，好像街头随便一个作坊都可以做似的。这有可能把我们整个行业矮化了，矮化后果我就不说了。

所以我不反对互联网这种形式创新，我们也在力推律师业务创新，但说到底，不能突破律师行业的规范和发展规律。

4. 谈深圳律师业变化：律师业要与民生需求和社会治理相结合

> 那样多的阳光会让我忆不起
> 冬天的面孔
> 那样多的雨季会让我想不到
> 夏天的等待
> 那样多的沉重会让我
> 永远逃离
> 那样多的爱恋会让我走不出
> 一点点的天空
>
> ——高树《不要那么多》

抱柱网：从2014年起，您开始担任深圳市律协会长，两年来，深圳律师业发生了哪些变化？您个人的工作和生活又发生了哪些变化？

高树：两年下来，深圳律师业还是有一些变化的。首先，我们跟社会的紧密度加强了。我们主要围绕深圳城市的中心工作：比如法治建设、社会民生与社会治理、科技创新等。深圳律师每年要办十多万宗案件，大多涉及这些方面，深圳律师业如果离开了深圳城市的中心工作，那可以说是没有了发展基础。所以我提出深圳律师的工作要和法治城市、民生与社会治理、科技创新相对接。

今年评选出的十大法治事件，深圳律师业十有其三，包括律协与市人大合作成立立法调研基地、律协派 261 名律师到最高人民法院第一巡回法庭从事涉诉信访调解工作，以及建立律协第三方对市中级人民法院执行工作的评价体系，表明深圳律师参与立法和司法改革、社会法治促进等方面的工作已逐渐纵深化。

深圳律师的业务形态也发生了一些变化，尤其是非诉业务逐年上升。每年十多万件案件和法律事务之中，有四万多件是非诉业务。比较突出的是这几年在资本业务方面比量不断上升。比如说 IPO 中的中小板、创业板、新三板以及境外上市、私募基金、互联网金融等方面的业务量都在增加。不仅仅是内部的增量，深圳非诉业务在全国的占比也有所增加。去年全国律师 IPO 上市业务的单体排名，深圳信达所张炯律师排第一，华商所的周燕、黄文表并列第三。新三板、私募基金律师业务挤入全国前十名的也有几家律所。

深圳的一批本土大所，在非诉领域有快速增长，如广和、华商、信达、晟典、国晖等，同时还涌现了一批新型的专业所，如卓建发展势头就很好。在前海新设的一批联营所和分所也颇有声色，外地设在深圳的一批规模所，像金杜、中伦、德恒、锦天城、大成、盈科等律所，业绩都非常好。2015 年，深圳律师的业务创下 30 年以来的新高，创收增幅超过了 35%，在全国也是名列前茅。

还有一个特点是，年轻律师占比大，深圳律师平均年龄 39 岁，执业 5 年以下的有 4000 多人，近一半。他们热爱学习，奋发图强，涌现出一批专业表现突出的青年律师。

深圳一共有 600 多家律所，大多发展稳健。这几年，深圳律所在境内外开设了30多家分所。同时我们也注重“引进来”，比较典型的就是海问所，还有不久前刚刚落户的瀛和机构的瀛尊所。

根据深圳对知识产权、商标专利、反垄断反倾销等方面的迫切需求，我们还引进了一些专业性很强的律所，比如美国的布林克斯所，已正式落地。还有像菲汉所，在美国也是名列前茅的，也谈得差不多了。近两年来，深圳律师协会与英国律师协会、波兰律师协会、欧洲律师协会、新加坡律师协会、日本大阪律师协会、东京律师协会、韩国首尔律师协会、中国香港律师会、中国香港大律师公会都签订了战略合作协议，深圳律师的国际影响力得以提升。

抱柱网：深圳律师业发生了很大变化，您个人的工作和生活呢，发生了哪些变化？

高树：我个人主要就是事情较多，比较忙。有些事是常规和计划内的，有些则是计划外的任务。比如，深圳律师口述史这项工作，就花了我很多时间和精力。在20世纪八九十年代，我们深圳律师在全国影响很大，专业化发展的水平比较高，那时的一批律师勤耕苦作，为深圳律师业的发展奠定了基础，为深圳的改革与发展作出了贡献。可现在他们已经逐渐年迈了，我们有义务把这一段历史，把前辈们的奋斗史留下来。

又如，这次把律师业纳入深圳市“十三五”规划，也费了我很多精力。我亲自起草报告并多方争取，总算有了突破。像这种事比较多，之前没有安排，但不做还不行。

这几年，我的主要生活和工作围绕律协，平常的工作节奏比较快。有时候会感到有一股压力，还要想自己哪些工作还没有做好，哪些工作还不到位，应该说这是一份超负荷的工作。以前我当副会长，当工会主席，当党委委员，很多方面不用顶到一线去，会轻松很多。

抱柱网：那您那么忙，还有时间办案吗？

高树：我自己基本不办案了，我有两个助理律师，指导他们办一些法律顾问单位的案件。

不过，虽然我不亲自办案了，但是我对案件和法律事务的关注并没有放松，我每天坚持要去看一看案子，包括我们所的一些案子，和大家交流讨论一下，我觉得不能因为当会长、主任，而把业务全荒废了。在专业上必须保持一定的水准，这是我一直强调的。

5. 谈深圳律师民主改革：它就是民主在我们身边一个实实在在的实践过程

请允许我在这里张望
东张西望
请允许我高举
高举这些摇摇欲坠的誓言
和风中的驼铃
如果还可以
请允许我摘一片霓虹或流彩
不是为了打扮春光
是为了
这千年的照耀

——高树《千年照耀》

抱柱网：深圳律协的民选会长开了全国风气之先，召开了民主选举产生律协班子的律师代表大会，深圳由此产生了中国律师行业第一位民选会长。作为那一届的副会长，您认为深圳律协此举给全国带来了哪些影响？现在这一模式还存在哪些不足？

高树：深圳在 2002 年启动了公推直选改革，2003 年开始实行。我是那一届的副会长，是参与者、推动者，当然也是亲身经历者，之前的整个酝酿过程我都有参加，然后到代表大会召开，所以我还是有很多切身的体会的。

总的感觉是那时候步子走得比较大，非常快。这得益于当时深圳市委市政府的改革魄力，就像 1993 年在全国首推律师事务所合伙制改革，给了比较宽松的环境。因为以前律协是司法局的一个下属机构，现在变了，会长、副会长、秘书长、包括两年后设立的监事长，所有的人员，跟司法局都没有经济上、人事上的关系了。而那个时候全国所有地方的律协会长、副会长还都是由司法行政机关指派，有的甚至是厅局长担任的。

深圳改革的力度是比较大的，当时的争议也比较多。但这个改革本身，我自己的理解，第一，它是对于我国《律师法》的一个完善。因为《律师法》规定，司法行政机关是律师协会的指导和监督机构。就意味着它不是操作者，操作者应该是律师协会，所以我觉得改革抓住并完善了这一点。

第二，它是对律协民主选举的一次实践。它让我们深圳当时的 2000 多名律师和全国的几万名律师看到了原来律协民主选举是这么来操作的——由全体的律所和律师选出代表，由代表来推荐理事候选人，由理事来推选副会长、会长候选人，一级一级走上台去，在全体律师代表大会上发表竞选演说，进行全面的无记名差额选举。比如我们23个理事，是从30个理事候选人里“差掉”7个。副会长当时是5“差”1，现在是8个选4个。会长是3个或2个选1个，到后来的监事会成员9选7。都在大会上发表竞选演说，然后由全体代表无记名投票。

当时对于这种制度能不能落实，大家都有点疑惑。如果深圳律协失败了，对中国律师业发展会造成很大的负面影响，大家都提心吊胆。可就是通过这次选举，让全国律师看到了律协民主选举是这样竞选演说、公开承诺以及质询监督，这样差额选举，这样“真刀真枪”、针锋相对的一个制度，所以我觉得它就是民主在我们身边的一个实实在在的、有改革意义的实践过程。

第三，它具有切实的行业和社会意义，具有非常务实的前瞻性。十多年后我们回头看这个事情，这次改革是非常必要的。尽管目前在国内的律师行业未必都采取这样的方式，但是我们看到，这是大势所趋。我们的行政体制改革、社会治理转型、行政扁平化管理等，尤其是法治进程的推进，像这种行业治理方式的转变就是一种法治模式的体现，具有务实的前瞻性。假如我们现在深圳近一万名律师还像当年那样由行政部门一个一个来管理的话，那政府负担确实太重了。政府的管理不仅负担重，而且后遗症太多，管理成本也太高。通过律师协会自律式的管理和服务，自己管理自己，很多矛盾、问题就会好解决很多，而且成本较低。

而且我们这些人也是行业中人，会更自觉、更尽心尽力地去做这份工作。做得好与不好，你都是在这个行业内，跑不了。所以你看这几届，从第四届、第五届、第六届、第七届、第八届、第九届直到我这里，没有一届会长偷懒、不认真，或者贪一点。不会的。为什么？因为大家都看得清清楚楚、真真切切，一万双眼睛盯着你。我们协会的人、财、物、事、权都是即时公开、全面公开，还有监事会专门监督，这么多机构在这里看着你。所以这是个大势。这个大势奠定了我们律师行业的一个发展基础。所以我可以预见，在这样一种体制下，虽然也有些小坡小坎，有时争议还很大，但是以这样一种制度作为基础的深圳律师业，走的应该是平稳、快速、健康发展的道路。

这对全国律师业的发展也是有借鉴意义的。我们深圳总是在“开山辟路”，每一次尝试，包括合伙制改革，很多都首先发自深圳。当然现在国内大家也在学，有些尝试深圳律师业也还在摸索过程当中。但是有一点可以肯定，大家都在学，学了以后，对律师业的发展只有好处没有坏处。

但是，当时的改革，我们还是付出了一些代价。这些代价，甚至到今天为止都还在消化，但我们必须且值得为之付出一些代价。

抱柱网：什么代价呢？

高树：这样的一个改革，必然还是有一些争议，这些争议从十几年前一直延续到今天，主要涉及民主选举和民主决策机制方面的一些问题，比如2003年协会买楼，就引发了一场风波，现在回头看，买楼或许是对的，但当时争议很大。

当然，这些争议在逐步地减少，大家开始有了统一的认识。还有一些在实际操作过程当中，有些问题还没有完善，比如代表大会主席团的构成和决策权力，还应扩大到民主层面，又如代表大会的代表构成，现在是每个所一个代表，然后每个所每增加20人，就增加一个代表。按照这个算法，我们的代表就有六七百人，想找一个开会的场所都不容易，代表规模还是太大。同时，如何进一步调动热衷行业发展的律师的积极性，让他们有更多机会参与到我们的工作中，这方面还要完善。

还有，工作量也大了，我们秘书处才 30 人，那个时候只有两三千名律师，现在我们这么多律师，秘书处的人数却并没有增加。我们副会长班子那个时候是 4 个人，到现在也还是 4 个人，太少了，我们这几个人太辛苦了。监事会才 7 个人，工作也很辛苦。理事才 23 人，也不够。虽然机构是扁平化，但太扁平化了。每年协会日常工作和突发工作太多。每年仅办文就有几万份，培训几百场、接待几百场、大大小小的会议几百场。有时大家疲于奔命，应对不过来。

所以，在这些问题上，如何做到更公平、更合理，更民主、更务实，当然是我们想要完善的。总的说来，要跟我们律师行业发展的主旋律结合起来，不能超越发展所能承载的空间。当然这几年我一直在理事会强调，我们推行改革，成功的经验被其他地方复制了，问题则要靠我们自行解决，自己消化，这没有办法。我们改革是为了行业发展，争议的问题只有靠发展才能解决，我们要搁置争议，要有能力和精力促进发展，所以这几年争议还是少了一些。民主肯定要往前走，这一点毋庸置疑。

6. 谈律协与律师关系：律协的主要职能还是自律和服务

请原谅啊，朋友

我只能告诉你生活是这样具体

> 努力又如此必须
>
> 不过还想说
>
> 漂泊的风不是孤寂
>
> 辛勤的劳作一点也不多余
>
> 脚步迈向春天
>
> 宏伟起于当下
>
> 还有祝福
>
> 祝福顺利飞翔
>
> ——高树《祝福》

抱柱网：您曾主编《深圳律师》，对律师圈子的文化怎么看？

高树：律师圈子的文化，我觉得还不错。律师圈子里面有一批高学历的，在政法院校学习了再出来工作的法学专才。法律的素养、法律的信仰、法律文化的氛围还是比较浓厚的。比如说像《中国律师》《律师文摘》杂志以及法律出版社这一帮朋友，我觉得都很好。他们对律师业发展的关注，有时甚至超过了一些律师。这种关注其实就是一种文化。他们对律师业有很高的期望和关心。

而且很多时候，如孙国栋主编，他都亲力亲为推动律师业的发展。他们乐见，并且亲自参与各个方面的工作。他们愿意、喜欢看到律师业蓬勃发展的局面。这种关注有时候让我们律师很感动，如果我们不做好，都有点愧对这些朋友。

抱柱网：深圳是改革开放的前沿，与全国其他地方的律师相比，您觉得深圳律师有什么不一样，比如观念上，知识结构上，有什么不同？

高树：第一，深圳律师比较开放，地域观念相对国内其他地方来讲会淡薄一点。深圳的上万律师，本身就来自全国各地，由地缘引起的局限性要比其他地方小很多。这就像深圳的法律服务市场，应该也是最开放的。与此相对应，权利意识、民主意识比其他地方要强一些。

第二，深圳律师比较务实。做什么事情会有自己的规划，他会评估能不能做得好，没有很多的空想。在深圳这个地方，要敢想，但仅是“想”不能生存，这里的生存成本本来就很高，必须认真和务实地做好案件和法律事务。我常去一些律师事务所，经常能看到一些律师在加班加点地工作。所以深圳律师真的比较勤奋、比较务实、比较能吃苦。

第三，在专业学习上，深圳律师比较上进，因为不学习不行。再加上，深圳律师平均年龄为 39 岁，其中 4000 多名律师执业不足 5 年，大多处在专业学习和积累的年龄。在深圳，律师不专业是“混”不下去的，因为这么多产业都在发生日新月异的变化，如果律师跟其他行业和产业发生脱节，不跟上的话，很快就被淘汰了。所以深圳律师必须跟上深圳的城市整体发展的步子，这就决定了深圳律师的专业及创新能力比较强，适应能力也比较强。

抱柱网：有一个现象，比如前段时间深圳就有一名律师因未穿律师袍被律协处罚。有些律师抱怨说律协已经不是“娘家人”了，不为律师说话了。作为深圳律协的会长，您怎么看这个问题？

高树：我不同意这个观点。我这十多年经历，从担任副会长到现在担任会长，虽然我们个人不能等同于协会，但大体上，协会也是由律师组成的。

我有一个想法，凡是有利于律师业发展的，有利于律师事务所发展的，有利于律师发展的，我们都要去坚持，去落实，敢去想敢去做。因为我们自己就是其中一员，如果哪个律师事务所权益受损，哪个律师权益受损，而受损的权益未得到保护的，下一个权益受损的可能就是我们自己。这就叫感同身受，所以我们不可能不注重我们的权益保护。

我讲一个比较实际的问题，律协每年办理很多维权的案子。哪个律师在哪里受到不公正的待遇，我们都要去问个究竟，有时候甚至会到其他很远的地方。去年有个律师在西北的一个地方被打，我们就派了一批人过去，反复争取，最终维护了他的正当权益。但基于各种情况考虑，我们没有过多宣传。哪个律师生病了，我们也会派人去慰问，协会钱不多，就争取保险理赔，已有多起赔付了——所以保险公司总和我们说，律师的生意不好做，“总赔不赚”。

还有就是制度维权方面，我们也很重视突破。比如，就市中级人民法院为律师开辟绿色通道一事，经过我们反复争取，2015 年我们和市中级人民法院签订了协议，终于顺利开通。市中级人民法院、市检察院也先后出台了保障律师诉讼权利的有关规定。我们还和各区法院协商，与其中几家法院正式签订了备忘录。我看到在宝安区人民法院律师走的是当事人通道，觉得不妥，申请他们专辟律师通道，也开通了。许多律师反映不能复印庭审笔录很不方便，我们就和前海合作区人民法院签订备忘录，使律师可以当庭拍照和复印庭审笔录和所有资料。许多法院规定不接受实习律师立案，我们就以协会名义给最高人民法院发函，最高人民法院回复实习律师可以立案；我们还给多个政府部门发函，比如给深圳市科技创新委员会发函，要求他们受理律师承接知识产权创新券项目，虽然很多波折，但最终还是落地了。

我们都是站在同业的立场来看待和处理这些问题，有些是大家能看到的，有些大家可能没看到。

说回对律师的投诉处理，我们觉得很纠结，处理，于心不忍；不处理，我们有制度规定，而且投诉人不罢休，社会上有很多人都在关注。

比如上次的“律师袍事件”，有些律师不喜欢穿律师袍，但这是司法部、全国律协和最高人民法院的规定，如果这个规定都不遵守的话，社会就会对我们这个群体不信任。我们这些年一直在为深圳律师穿律师袍提供条件，要求各法院提供更衣室，并在更衣室预备律师袍。除此之外，我们还提请全国律协完善律师袍样式。

另外，规范我们的执业行为也是为了更好地增加律师的影响力，这是一个问题的两个方面。还有我们这个行业协会是行业组织，行业处分完了，可能在某种程度上把这种矛盾也就化解了，不至于当事人到其他部门无休无止的投诉，把社会负面影响放大。

以前每年对律师的投诉不下 300 宗，而现在每年不到 100 宗，逐年下降。协会把律师的维权工作和纪律工作有机结合起来，我觉得有明显效果。

制度层面，对于纪律处分，我作为会长是没有权力的，我不能插手，因为我们建立了一整套的流程和规则，有没有违纪以及怎么处理，由广大律师推选的律师听证评议团进行评议，听证团、评议团做出的决定，我作为会长也没有权力过问，这是民主和法治的方式。

当时处理结果出来，那位律师给我发了信息，我说我也很遗憾。如果我们这个行业协会所有的事情都要会长去干预，那么我们这个协会就没什么价值了。我们应该按照民主和法治的理念来建构我们行业的这种体系，我想这没什么不对。我认为大部分律师也应该能够理解。

抱柱网：您认为律师是否需要管理？如何管理？如何看待现在律协与司法局“两结合”的管理机制？

高树：我们应充分尊重司法行政机关的指导和监督，但是司法行政机关，也要对律师业的发展充分地关注和理解。目前“两结合”的体制我觉得还不错，尤其是深圳的司法行政机关，对深圳律师业的发展是非常支持的，对协会的工作也非常支持，提供了很多帮助，总的来讲极大地促进了律师行业发展。

7. 谈自己的诗歌创作：诗歌能够让我们充满激情地或者更加冷静地面对世界

总是归去的时候
你出现在离别那一头
人生多烦忧
昨夜曾醉否
这样带走的是这样的苍茫
我宁愿把思念留在此深秋

——高树《思念在深秋》

抱柱网: 您为什么那么喜欢写诗？我在您朋友圈经常看到您写的诗。

高树： 在大学时我就是个校园诗人，我也会写小说，还是《深圳特区报》的特约评论员。一方面，写作是我的爱好；另一方面，我觉得诗是我生活的一部分，如果自己的文学情怀能对生活进行描述评判，这个过程就是对生活的热爱。

诗是对生活热爱的一种表现，而不是颓废的表现。有人说我是诗人中最懂法律的，是律师中最会写诗的那个人。我就说，这其实是一回事，这其中都充满了一种真挚的热爱，一种朴素的热爱，我身上朴素的东西大于那些华丽的东西。我办案件的时候这么认真、这么负责任，做会长和做律师一样认真，我写诗也是同样的。但诗歌是更个人化的东西，主要是对自身生活和内心世界的一个剖析。

前段时间举办了一个我的诗歌朗诵会，在会上我也讲，巴尔扎克说小说是一个民族的秘史，那么诗歌是什么？在我看来，诗是一个民族的情绪和修养，我们不能没有它。

抱柱： 除了写现代诗，您还写其他体裁的诗歌吗？

高树： 写啊，五言、七律，还有词，都写一些。以前我开了微博，主要写古诗评，以及对历朝历代的诗词的点评。

我们中华文化几千年，每个朝代都不缺少好的诗人和诗歌。他们对生活充满了热爱，这种热爱引导我们的民族在最艰难的时候留下宏富透彻的精神世界，让我们一代一代的中国人能够充满激情或者更加冷静地面对这个世界。

注：本文于2016年9月14日刊载于抱柱网“寻找法律的印迹”专栏，收录本书时文字有删改。

“隐形人”高树的人生思辨

> 我们很重
> 只有到时间拉不动的时候
> 我们才美丽的叹气
> 才倚着思想的小楼尽情发愁
>
> ——摘自高树小说《拒绝辩护》题记

子夜的深圳，静谧安详。人们在这个物质化城市的轻微喘息中，渐渐进入歇息的梦乡。而此时，正是高树读书和思考的时间，“每天读上一小时，像个超越现实的‘隐形人’，穿越历史、穿越时空，与智者对话，这是我最幸福的时刻。”

华商律师事务所创始人、主任高树，平头，脸庞瘦削。初识时，相貌让人联想到导演冯小刚。谈到自己撰写的400多字关于深圳市法制建设的论点基本被原文写入《2006年深圳市“十一五”规划》和《2007年深圳市政府工作报告》时，他呵呵地笑，像个孩子一样，透着纯粹的快乐。

高树说，走到今天，“感谢天感谢地感谢人”—— 上苍的厚爱让他既能“入世”，又能“出世”。

生在江西革命老区普通人家，1965年出生的高树经历了“一个动荡的年代、一个改革开放的年代以及一个社会大发展的年代。”从研究生毕业后独自一人在深圳“打”天下，到今天，管理深圳前三名的律师事务所，高树说，在他内心，始终坚持着一个梦想——做个时代写者和思者。

一、时代困惑的思辨者

与律师理智、缜密的思维方式截然不同，作家的职业素养首先是想象力与浪漫。由此，律师高树名片上的另一个头衔引人注意：深圳市作家协会会员。

《拒绝辩护》是高树的第一部小说，出版在 2002 年，背景是转型时期的中国社会。有评论说，该书作者通过一个书生从商的心路历程和悲剧命运，描摹出一段社会变革中的深刻矛盾——“制度与人性的迷茫，法律与道德的错位，罪恶与善良的冲撞，物质与精神的缭绕。”

高树承认，书中所写的就是自己曾经的困惑，“理想情怀和社会现实的矛盾至今仍存于我心中，但我把心态调整得很好，算是一个矛盾对立的统一体。”

高树喜欢哲学。大学时代，他研究孔子、苏格拉底、卢梭、孟德斯鸠、弗洛伊德等人的思想，在研读中，他常有一种幻觉——“自己像个‘隐形人’，仿佛与这些人在对话。”

“这两年，我更多地读史。唐、宋、明、清几个朝代衰亡的历史给人启发。”说到历史人物，曹操、刘伯温、曾国藩、朱元璋和赵匡胤为高树所欣赏，“但最欣赏康熙，他集合了努尔哈赤和皇太极的优点，开国、治国和创新。”谈到最喜欢的朝代，高树说：“我最欣赏春秋战国，那是一个人才辈出、激动人心的年代。”

高树的另一部长篇小说——《浮云》正在构思进行中，他希望有朝一日退休，专心地写小说，写诗，与作家和诗人朋友聊天，高树认为“这种生活最安宁快乐。”

当一个人的思考超越了个体与小群落，其视野和胸怀才更宽广，更体恤平民社会。高树的思考已经超越律师、律所、法律人，更多的，是对当前中国社会深层矛盾的深刻思考。

二、华商发展诀窍：“树人”

深圳的“红树林”海滨，林树葱茏。海滨与高速公路的接壤处，建有环保墙。深圳人介绍，为了海边这些树木的茁壮成长，政府出资建了保护林木成长的隔音墙。

十年树木，百年树人。在华商，“树人”的企业文化理念深植在每个华商人的内心，也成为其 14 年稳健持续成长的法宝。在人才疯狂“跳槽”的躁动年代里，“华商稳步壮大，走得不多。”

“华商注重新生力量的培养，律所要持续发展，必须靠一批中坚力量。”高树当年的助理、目前已成为管理合伙人的舒卫东介绍说，“华商从一个小律所发展至今，并没有经历过大规模的合并，随着业务的日益拓展，华商不断吸纳专业律师加入和‘内部造血’，逐年成长。”

由于有了“树人”企业理念，许多年轻律师得以迅速成长。每年都有不少刚毕业的法学院本科生和研究生加盟华商，这些人按照加入的时间被称为“某某版”。如今，“02 版”毕业生中已经有数位成为华商合伙人，“03 版”和“04 版”毕业生也大多成为“术业有专攻”的律师。

目前的中国市场，粗犷的合伙“承包制”管理渐成律师事务所的成长"瓶颈"，"公司化治理"成为中国领先律所不约而同的管理趋势。高树也正思考并实践着这一行业趋势——"稳步制度创新，完成华商所的公司化治理结构转变。"

在华商人看来，专业团队业务模式已运作多年，并且这种折中的、相对务实的业务模式已经为华商带来了稳定的效益增长，但随着中国市场经济商业模式的演进，特别是律师业的结构性变化，律所不进行制度改革将会陷入困境，因此，华商通过合伙人会议作出公司化改革的规划方案和实施决议。

高树对目前机制的评价是：沿着惯性在发展，但与改革同来的"阵痛"是人的利益冲突和平衡。"这需要管理的艺术，"高树深思："一定阻力不小，在短期内会有利益分配的矛盾，影响队伍的稳定，但我们希望通过措施将改革的负面影响降到最低。今年年底前，形成可行性方案，争取明年试行。"

三、财富的哲学小考

一直以来，深圳迎接着一批批财富的追梦人。然而，许多人富了，却丢失了幸福，丢失了自己。

针对财富，高树的看法是追求有度。高树对此有一段比喻："距离产生美，金钱就像一位美女，不可追得太急，否则她就要跑掉。"

1993年，高树放弃了本可以拿走的数十万元业务提成，还把分配的房子交还，离开了原来工作的律师事务所。"这是一个有心胸和抱负的人。"当时的老主任这样评价。

高树曾经帮一位香港客户解决了一场看似没有希望的纠纷，按约定，律师费是 7 万元，这位客户拿出 12 万元现金致谢，高树婉言谢绝，只按约定收费。其结果是，这位客户成了高树的好友，为他带来更多的商业机会。

“当你扎扎实实地把事情做好了，自然会有相应的回报。”高树潜移默化地把这个观点传递给了身边的律师和其他年轻的法律人。

注：本文刊载于《法律风险观察》第 9 期（2007 年 9 月），收录本书时文字有删改。

我与《民法典》：
直击生活的本质 ，我们正在接近好的和最好的

孟德斯鸠在《论法的精神》中说，“在民法慈母般的眼里，每一个人就是整个国家。”2021 年颁布的《民法典》被誉为“社会生活的百科全书”，一个人从出生到死亡的权利皆在其中，与每个人息息相关。

律师作为法律人，对《民法典》更是可从专业人士和普通人双重视角进行解读。2020 年 6 月 6 日，华商律师事务所首席合伙人高树主任在惠州巽寮湾主题为“我与《民法典》”的团建活动上，发表了主题演讲。

《民法典》此时颁布，对法律人意味着什么？又对每个人和社会有着什么样的影响？当天高树律师从理论体系到编撰逻辑，从法治理想到现实生活，对《民法典》进行了独特解读。下面将演讲整理成文，与读者分享。

2020年5月28日下午，十三届全国人大三次会议审议通过了《民法典》，这是中华人民共和国成立以来第一部以“法典”命名的法律，开创了中国法典编纂立法的先河。现在大家都在关注《民法典》，今天我带团队在这里，换一个方式，从一个法律人和社会人的视角谈谈《民法典》，并且不仅仅学，还要求每个人写一篇文章，主题是“我与《民法典》”，之后我打算发动华商所一千多人进行文章征集，无论是律师，还是行政人员，凡对《民法典》感兴趣的，都可以来谈谈“我与《民法典》”这一主题。因为《民法典》是一个寓法律于生活的课题，并且是可以持续不断去做的课题，可以说能够用一辈子时间去读、去写、去领悟。

一、《民法典》寓法律于生活

我要讲的第一点是，《民法典》寓法律于生活，这是法律的本质。我们说法律就是生活，这句话说起来简单，但是很多人不一定懂这个道理。我在《深圳特区报》当评论员写专栏时，在我的书《沿着法治的方向》和最近即将出版的另外两本书里面，我都反反复复强调这样一个观点，法律就是生活，生活就是法律。

法律是美好的，法律和我们的生活的走向是一致的，法律最主要的目的是让人与人之间的关系，以及人与社会、人与自然之间的关系更好，而不是更坏。我以前反复讲，股东之间有纠纷，夫妻之间有矛盾，如果曲解一方或是偏袒一方，贸然拆解公司、拆解家庭，很多东西就被扔给了社会，扔给了政府，可能会对社会带来无法弥补的伤害。比如有的公司因为老板被误抓误判，一家打拼几十年的公司可能就此解散，几千号员工的工作也没了着落。

我要讲的第二点是，每一个案件、法律事务都是一段非常现实的、活生生的生活现象，我们法律人要比别人多了解很多生活的现象和常识，因为我们法律人要做的，就是经过我们的手，用权利义务关系来解构和处理现实生活，即每一个案件，然后把处理好了的法律关系还给社会。

就这点而言，作为一个法律人，要比那些非法律人，或者虽是法律人，但对法律一知半解的人对生活的理解要透彻得多，我们要洞穿法律的真谛以及生活的本质。其实如果理解了法律的真谛，你就一定能够明白生活的本质，我在我的诗里也是如此写的。所以法律人之所以值得珍惜，是因为我们对生活的了解，就像医生对病情的了解、对人体的了解，比其他非医生的人洞察得更深，当然我们也要珍惜我们自己。

我们遇见一个案件，处理一个案件，总是能产生一份发自内心的欣喜和幸福感，就像医生面对病人，当他接触一个闻所未闻、见所未见的病例，他的内心不会觉得恐慌，反而会觉得这是职业生涯中不可多得的挑战，人生当中一展身手的机会可能就来了。法律人亦是如此。

生活对于我们来讲是如此的美好，法律对我们而言是如此的亲切。回到今天“我与《民法典》”主题，我们学习《民法典》，就是要去发现生活，去走进《民法典》，或者如穆罕默德所说，“山不向我走来，我便朝山走去”，如果《民法典》不走进你，你主动走进来也可以。每个人经手的案件都是一段现实生活，如此看来，每一个案件都是《民法典》。大家要写“我与《民法典》”主题的文章，可以把每个案件联系起来，好好写一写。

二、《民法典》是几代法律人梦寐以求的事业

《民法典》在这个时候颁布，对我们法律人意味着什么？大概在 20 年前，我在重庆大学法学院听梁慧星老师讲合同法，那个时候他就提到《民法典》，课后我与他交谈，他说《民法典》是一个遥远的梦，但我们必须去做。2016 年，江平老师来到深圳，我与江老师一起吃饭，还合了影，我问江平老师近期出台《民法典》有无希望，没想到我一谈起《民法典》，老人家特别兴奋，连说了三声有的，有的，有的！听得出是一种特别的期待。今年春节前夕，华

商三亚分所请了王利明老师讲课，当时邀请我主持，但因没买到机票，未能成行。那次如果见到王利明老师，我最想问的一定是关于《民法典》的事情。今年我还是想请梁老师或者王老师来我们所讲一讲民法典，了解他们为此付出了怎样的艰辛与努力。

总而言之，我作为一个法律人是这样理解的，在这样一个时代，在现在的形势与氛围下，包括目前错综复杂的国际局势下，颁布《民法典》具有划时代的意义。我曾说过，再大的情怀，莫过于家国。《民法典》的颁布，不仅是法制的集成，还是一个法治的开篇史，更是对关于家国情怀的另一种书写模式之奠基。因为任何一个国家、任何一个民族，在公权与私权的关系问题上都会存在争议，《民法典》的颁布，至少是对该问题的一个重大回应，同时对我国法治走向也是一次继往开来、不可或缺的厘定与坚持。

关于私权和公权究竟是一种什么样的关系，不管如何争论，有一点是肯定的，如果私权范围扩大，就意味着公权的相对缩小，这是数学中的比例关系。公权的张扬意味着私权的减损。按照我的书《沿着法治的方向》中的表述，公权和私权的关系处于一个十分合理的状态，这就是法治；权力与权利，处于一种十分平衡的状态，这就是法治；对公权走入私权持十分谨慎的态度，私权得以合理张扬，公权有所抑制，这种状态就是法治。

《民法典》的编纂无疑让私权得到了比较合理的、比较有利的一种张扬，一种拓展，它让公权在走向社会、管制生活的时候有所顾忌，或者说有它的边界。《民法典》的颁布实施让公权和私权的边界逐步清晰，这是历史性的成就。

关于公权的构成，可以读一下洛克、孟德斯鸠和卢梭的理论著作，公权来自私权的授予。人出生以后，生活在社会里，开始的时候每个人的权利是平等的，在质和量上是一样的，你的权利并不高于我的权利，即人生而平等，可是权利散落在每个人的手上，社会该怎么管理呢？这个时候大家形成一个约定，大家交出手中的一部分权利，交出的权利形成了共同的权力，国家因此形成，国家再将权力授予管理和服务机构，政府由此产生。

卢梭的《社会契约论》讲的就是这个理论，通过契约的方式交出大家的权利，进而形成公共权力、管理权力和服务权力。他强调公权是由私权形成的。专制的情况下，私权形成公权后，反过来会彻底消灭个人的私权。而民主就是通过私权授予公权的运行，这个运行是有序的，是不夸张、不膨胀的，公权不会回过来侵犯私权，这就叫民主。

刚才谈到，在现有的国际国内环境下，颁布《民法典》具有划时代的意义，就是因为我们已经超越了上述思想家关于私权和公权的理论，超越了权利作为意识形态领域的阶段，而是认为权利作为社会生活的具体构成，让我们在烟火缭绕的红尘中，看到法律作为“天使”的存在而非“魔鬼”的再造，它直接回应了良善的关切——我们是可以拥有坚强的未来的，因为我们正在接近生活的本质。它更是有力地直击那些虚幻乃至恶意的质疑——我们正在接近并且终将拥有那些好的和最好的！

三、简析《民法典》中的体系化和科学逻辑

对律师而言，我们要重点关注《民法典》对我们职业生涯的展

开有何影响。现在看一下《民法典》，一共1260条，分为7编，依次为总则编、物权编、合同编、人格权编、婚姻家庭编、继承编、侵权责任编。这里面其实把一个人在社会上，从出生到死亡所拥有的权利和参与社会生活的方式全部讲到了。

我们按照编撰的逻辑，来分别简单讲一下各编。总则讲什么，讲自然人、法人和非法人组织，作为参与社会生活的主体，他们的行为能力和权利能力，讲的是人们在社会上安身立命的资格。

第二编物权则是讲人在社会上实际拥有哪些权利，你已经占有什么、你该占有什么、不该占有什么，讲的是人们在社会生活中安身立命的能力。

人在社会中，有了物权，有了物品要进行交易，接着进入下一编合同。我在演讲中多次提到，民主比什么好？民主比战争好，但是有没有什么比民主还好的东西？贸易比民主好！贸易就是合同，贸易正常来往的地方，往往不用担心有没有民主，也不用过于担心战争的发生。

有了交易，人吃饱喝足了，就开始考虑自己能活多久、活着要不要讲仁义礼智信等方面，那就进入了第四编人格权，其中最重要的问题就是个人的知识产权与个人信息保护。我常说那些推销电话是盗窃，因为他未经同意打电话可能占用了我1秒时间，相当于“偷”走了我的1秒时间，毕竟人的生命是由时间组成，偷窃时间可能比偷窃物品还严重。人格权入编曾有争议，但我认为人格权应该入编，只有入编，《民法典》才具有“人格”。

第五编是婚姻家庭，人在世上，每个人的身份特征的最主要来源就是家庭。歌手费玉清在退隐时曾说过一句话：“父母在，知有来；父母不在，人生只剩归途。”他说父母去世后，感觉自己的人生失去了归属，舞台和掌声弥补不了他的失落，因而决定退隐，不再唱歌。他讲的就是家庭的重要。

有学者曾提出这一编的名字应该叫家庭婚姻，先家庭后婚姻，但是普遍认为是先婚姻，后家庭。人在社会上通过一种自愿的行为，归属到不同家庭中，再组成这个社会。前段时间在华侨城演讲，我说再大的情怀不外乎家国！治大国如烹小鲜，家国天下就是这个意思。婚姻和家庭当中有很多权利义务的分配，比如说婚姻怎么去缔结、怎么去维持、怎么去解除等。婚姻家庭编涵盖了《婚姻法》，中华人民共和国的第一部法律便是 1950 年出台的《婚姻法》。

有了家庭婚姻之后，会产生一个后续分配的问题，这就产生了第六编继承。这一编解决新生代和老生代之间的代际关系，雁过留声，人过留名，死亡之后，人的财产等怎么处置，就要通过有序继承来解决。

第七编讲的是侵权责任。学法律的人，对不合法、违法、犯罪这些法律概念之间的关系都懂。《刑法》上叫犯罪，与《刑法》相对应的民事领域叫侵权。那么违反合同，叫不叫侵权？实际上违反合同约定的行为，叫违约，不叫侵权。这里面非常有意思，对律师实务也有意义。有一些违反合同的约定，是违约行为，不侵权。如果又有违约，又有侵权，要承担什么样责任，则需要进行竞合，律师在办案中时常遇到这种情况。在起诉或申请仲裁时，对这种又形成了侵权，又形成了违约的情形，究竟选择哪一种案由？一般来讲有合同约定的一定是违约之诉，如果说违约之诉很难打，我们还有另外一个通道，就是侵权，因为侵权的体系不受合同的约束。侵权与赔偿联系最紧密，侵权责任编之中便有损害赔偿的规定。

侵权是现代社会生活当中非常常见的一种现象，要注意的是，侵权不一定要故意，比如阳台放了什么东西，不小心掉到楼下砸到人，房主不是故意的，但依然有责任，是过错。现代社会侵权行为与传统侵权行为相比，种类繁多，有些甚至不易察觉，不用面对面，比如网络辱骂、黑客窃取账号等。

《民法典》共1260条，基本把每个人的社会生活都囊括进去了。《民法典》正式生效后，以往的《物权法》《合同法》《继承法》《婚姻法》等法律就自动失效了。《民法典》把看似无关的一系列法律，串到了一起，实际上有着深刻的哲学思维和逻辑体系。另外，《民法典》因为时代变化有很多创新，从形式到内容，不仅对我们法律人来讲关系重大，对普通人来讲也影响深远。有些规定还很有意思，比如夫妻双方在离婚申请登记后还有一个月的“冷静期”，不同意的可以撤回，诸如此类。如果时间允许，我们可以做一个很全面的梳理，对务实工作很有意义。

四、以学习《民法典》为契机，形成良好的生活、学习和工作方式

既然今天是“我与《民法典》”专题，我在这里提几点建议。

第一个建议，学习《民法典》，我建议每人每天看100条《民法典》中的条文，从我做起，对于法律专业的人来说，尤其在律所工作的人来说，看100条大概需要1个小时，希望每个人每天拿出1个小时，用十几天的时间认真读完《民法典》。

华商所的林才鹏律师是个很好的例子，他当律师 20 多年，从入行那天起，每天坚持背一个法条，他的执业领域是建筑工程、房地产。法官问他法条，他可以脱口而出，建议大家向他学习。每一部法律都是一个故事，这样来看待，你会觉得看法条也是件有趣的事，同时这也是磨炼功夫的一种方法。通读了《民法典》，你站在那里，心里更有底气。

希望大家好好看《民法典》，好好领悟，写一篇“我与《民法典》”的作文，观点不一定要很大，但可以结合《民法典》某一个法条，讲一个案件或法律实务，或一种看法。同时，还可以找找《民法典》的法条出处，每个立法意图、立法理念后面都有出处，可以找案例去比照和阐明，以此为契机，形成一个很好的学习、工作和生活方式。

第二个建议，律师是社会活动家，希望大家无论在什么场合，都能侃侃而谈。不一定涉猎那么广，但作为律师，不能在面对他人时说不出话，要把知道的东西，找到一个点放大，比如把《民法典》作为一个故事文本去进行阐述，培养自己的思维能力、演讲能力和实务能力。

第三个建议，也是我反复给大家强调的，学习是为了应用。我们打一个官司，比如用一块大石头能打赢，就不要用 4 块小石头去打，要找到关键的点。我们团队前段时间接的一个案子，前面代理的律师来来回回将近 9 年时间，还是打输了。我们接手后，很快打赢了。原因就是我找到了最关键的那一点。这个案子是一个借款纠纷，代理的当事人把几千万元给了别人，当事人说是借款，对方说是投资款，互相说不清楚，因此打了 9 年官司。我的观点是，就算不是借款，难道投资款就不需要还了吗？一语点醒梦中人！用法律语言表述出来，形成代理方案，这个案子就赢了。

大家以后也要这样做，我告诉在座的团队律师，也希望其他人能做到，以前三句话要把案件说清楚，现在提高要求，要用一句话把案件说清楚，再把这句话用法律语言表达清楚，用最精练的法律语言。这样你还担心打不赢吗？

因为时间关系，今天我在这里只能十分简单地做一个关于《民法典》主题的演讲，相当于抛砖引玉。接下来期望看到团队和全体华商人关于“我与《民法典》”的精彩解读，多多益善，一起在千人华商掀起研讨《民法典》的热潮，谢谢大家！

注：本文根据2020年6月6日高树主任在惠州巽寮湾“我与《民法典》”主题团建上的演讲整理而成。

世事纷扰，我们需要一双慧眼：国际风云之一隅

前些天，美国、墨西哥、加拿大重修的三国协定正式生效。我在电话里和儿子说，之前关于这一协定的论文如何了？儿子说已经完稿并在审稿阶段，但正式发表要到年底了，因为大学期刊审稿很慢。儿子的这篇论文主题是研究该协定争端管辖机制，国外大学做论文有个特点，从一个方面入手，非常仔细。

我给儿子提了个建议，能否另起一篇论文，谈谈该协定与全球化的关系，我认为由美国重启这个协议用意很明显，在 WTO 之外另搞一套区域贸易保护，既是在全球化问题上“开小差”，又是针对中国实施打压的图谋。可以深入研究一下接下来其他欧美国家会不会跟风，对全球化的影响会有多大，我们对此又有哪些应对策略。

儿子说贸易保护几乎是每个国家都想做的，美墨加三国协定主要内容还是三国贸易往来的规制，只是在目前形势下很敏感，可以考虑深入分析，但要启动课题研究也不会这么简单。我接着要求他搜一下国内有没有对此进行研究并发表论文的学者，儿子说搜过了，社科院有位学者写过一篇关于这一协定的论文。我要儿子介绍一下这位学者和这篇论文的梗概，原来儿子对这位学者颇为了解，一口气介绍了他的学术领域和成果重点，听得出儿子对他很认可，并表达了回国师从这位学者的愿望。

儿子曾在社科院实习过几个月，实习期间还取得了一些小小的成绩，对社科院印象颇好。我一直劝他回社科院读个博士，最近他有点动心了。儿子在外求学多年，要是他能回到社科院并师从一位他喜欢的导师，我自然为他高兴。

一

我感兴趣并且特别难得的是儿子提到的这位学者，是一位年轻的法学家。这说起来和当下的情势有关，自美国启动重返亚太战略，特别是2016年起美国频繁地发动对华贸易制裁以来，我们还很少听到国内的学者和智库发出的具有重大分量的战略声音。

我多次在与有关领导、法学界的朋友们交流时谈到，我们太需要像当年在国际上叱咤风云的梅汝璈这样的国际法大家了。缺少这样的大国脊梁，我们很难应对越来越复杂、越来越敏感的外交挑战，无论是国家层面的诸如领土之争，还是国外针对我国企业发起的长臂管辖。

我曾提出，法律语言是最好的国际语言，如果我们在国际上不能发出法律之声，我们在进退之间就只能用一些空洞的外交语言，以及只有我们自己才听得懂的政治语言。我曾和很多位国内法学院院长说，你们培养那么多本科生、研究生和博士生固然值得骄傲，但如果没能培养出一位在国际上叫得响的法学大家，那或许也是一件特别失职的事。这些院长听后似乎也有所感。

缺少在国际上具有特别影响力的大学问家，加上对别国的一些了解流于表面，就很容易在一些国际问题上形成战略误判，还可能养成一套不假思索的庸常思维。举个例子，疫情汹汹之下，就有人下结论，这些国家自顾不暇，贸易纷争将面临消停，可现实呢？疫情之汹涌并没有平息贸易纷争，甚至纷争意味更浓。

其中的道理其实并不难明白，但就是有些人想不明白，甚至不愿去想明白。我看一些学者和评论家絮絮叨叨内容大多来自他国的一些电台和媒体，拾人牙慧之下，偏颇百出却还言之凿凿，若以此作为战略蓝本，又岂止谬之千里？

二

我不太喜欢在一些敏感而又简单的问题上争论，记得儿子刚出去求学时，和外国同学争论甚至动手打架，原因是外国同学因对中国的情况不了解而错误批判中国，儿子不服。有次打架后，我对儿子说，骂就没必要了，关键是练点真功夫，在他们发动挑衅时撂倒他们！儿子从此每天去健身房，果然之后就没人敢挑衅了。

我常想，骂骂咧咧还真解决不了什么问题，哀哀怨怨更是无济于事。鲁迅笔下的祥林嫂确实让人同情，但这绝对是没有能力的形象。只有自身强大了，不用多言，别人自然不敢惹你。

前段时间我和一位朋友在餐桌上争论起来，很激烈，差点红脸伤了和气。这位朋友说了一句很多人都在说的话，他说我们衷心希望特朗普竞选连任成功，理由也和许多人说的差不多，那就是特朗普很愚蠢，这样愚蠢的人把美国搞乱了，相当于帮助了中国！

我实在听不下去了，接过话。我说我们不要试图在别国的选举之争中论好坏，美国两党两院，包括两党候选人，他们秉持的对华战略在本质上差别不大。

民主党的拜登，我们先不评价，单就特朗普个人而言，这些年他做的那些事，不仅把一个土豪商人傲慢自私的一面展现得淋漓尽致，最关键的是他的一些行为冲撞了人类的良知底线。这样的人再连任，对人类文明进步都可能形成障碍，又怎么能说得上对中国有利呢？我们双方于是争论了起来，争到后面，朋友居然怀疑起我有无爱国之心，我终于意识到不该陷入这样的争议，说了句“思维决定思想”，就此打住。

其实想一想，我们这些人是很搞笑的，人家美国人选总统，选谁不选谁是人家的事，可我们显得比美国人还操心。2016 年美国大选前一个星期，有 15 位美国律师来访深圳律师协会，我作为深圳市律师协会会长接待他们。研讨会开着开着就说到了美国选举，我方主持人于是逐个问美国律师，结果 14 位预测希拉里当选，只有一位认为特朗普当选的可能性大。这个时候他们一个州律师协会的主席站起来说，没想到你们中国人这么关心美国谁当总统。并问我：会长先生，你认为谁会当选？我说应该是特朗普。他没问为什么。这是他们的思维方式，而按我们的思维方式，就像台上的主持人一样，一定要反复问：为什么，为什么？

前段时间，华商在浙江义乌开了个分所，其间同事们也谈到美国选举问题，义乌的丁家接单制作用于美国竞选的物料，订单来自支持特朗普和拜登的两个不同阵营。据分所的同事介绍，从目前看，来自支持特朗普阵营的订单还是多一些，按照几十年来屡试不爽的谁的订单多谁当选的定律，还应该是特朗普当选。

三

其实人的认知都有很原始的一面，就像我对希拉里的印象，因为在奥巴马总统任上，希拉里为推动美国重返亚太战略奔前忙后、不遗余力，我就很不喜欢这个人。可是前段时间我认真听了一下她在总统竞选电视辩论上的演讲，其中大讲特讲对特朗普的评价，今天再对照，我认为希拉里是个“活神仙”，她所描述的特朗普，和这些年现实中我们所看到的特朗普，几乎是一模一样！其中令我印象最深刻的是，希拉里断言特朗普是一个极具危险倾向的人。

我还注意到，这些年全世界的目光，很少聚焦到特朗普与普京之间，美国和俄罗斯之间，虽然两国也会存在争议，但这两个人之间，似乎既无形式，也无内容，真是恰到好处。我还特别注意到一个现象，这些年来，普京总统悄悄地又名正言顺地促成了许多大事。

特朗普这个人真的不好，但这个人很厉害。他的强悍和暴戾之底气究竟从何而来？仅仅是因为美国强大吗？当然不是。还有俄罗斯的普京总统，我们有没有资格去评论他，究竟该怎样去看待他？

很不好的情况是，现在似乎流行一种单边思维模式，就是你好，我就不好，你不好，我就好！老百姓这么想想也就想想，若是国与国之间都这么想，特别是领导层面这么去想，那就麻烦了。这是我不喜欢特朗普很重要的原因。

在全球一体化的当下，我们希望美国好好的，真心希望每个国家都能好好的。大家好才是真的好。这句话不是真理，但接近真理。我想，就算美国举力关闭全球化通道，全球化通道也将继续坚挺。就算全球化通道没有门，只有一扇窗，我们也要坚持把这扇窗打开，变成一道大门！但前提是，这个世界精彩纷呈，又纷扰历历，我们需要想清楚，看明白。

想起那英的一首歌，叫《雾里看花》，里面有一句歌词：“借借我一双慧眼吧，让我把这纷扰看个清清楚楚、明明白白、真真切切。”唱得真好！世事纷扰，我们真的需要一双慧眼！

注：本文于2020年7月15日发表于微信公众号“高树在远山”，收录本书时文字有删改。

“鸡汤”为什么有毒？都没活明白，凭什么难得糊涂

我是一名律师，也是一个标准的诗人。为什么说我是一个标准的诗人？因为我的诗既飞扬又干净，既简单又厚实，能写到你的心里，又没有侵略性，最重要的是不无病呻吟，不酸腐陈旧，不人云亦云，不俗套。这几点实在太重要了，我的诗用的词和字都比较好看，很生动，并且都是自己的语言，简单、饱满而深长。

标准的诗人还有一个特点，那就是特别反感“心灵鸡汤”。写下本文之时，刚好是端午小长假，趁着空闲时间，我想和大家就律师行业内“心灵鸡汤”流行的现象简单聊一聊，给大家的假日时光增添一些乐趣、启发一些思考。

在我看来，“心灵鸡汤”是一些很懒的人用来糊弄另一些更懒的人的“汤汤水水”，一杯白开水，加点糖分，特别解渴。要是加点蜂蜜什么的，就直接上瘾了。给的人省事，喝的人开心，不用思考，不用工艺流程，材料也是现成的，虽没什么内容，没什么新意，更没什么建设性，但皆大欢喜。

一

我观察了一下，很多“心灵鸡汤”都来自古人说过的一些话，或者一些典故，而有些是对古语和典故的曲解。这个问题值得我们重视。一方面，我们对传统文化越来越疏离；另一方面，我们对传统文化的曲解、误解越来越深，以致成为“约定俗成”、大家都习以为常、深信不疑的“心灵鸡汤”了。

举几个例子。“女子无才便是德”是什么意思，大家知道吧？实际上古人讲的并不是大家现在通常理解的意思。用现代的语言来讲，“无”不是量词，而是一个动词，“以为无”，有才华、聪明，但自以为“无”，表示女子的内敛和谦逊，这才是“德”。可是对这句话的误解让多少有才华、冰雪聪明的女子饱受委屈，害人吧？

“量小非君子，无毒不丈夫”，对这句话大家都是怎么理解的？我说古人总不至于用“不狠毒”来对“器量小”吧？其实这个“毒”是指“度”，大度高远，才是一个大丈夫的样子。可就这一句话，让多少本可以成为英雄的人物沦落为匪盗之辈。

“人不为己，天诛地灭”，多么恶狠狠的“心灵鸡汤”！古人是不可能这样来教化后人的。那个“为”字是“修为”之意，往深一点说，就是“敬畏”“管控”之意。这句话的真正意思是说，一个人若不好好管控自己，造化自己，天地都容不了你。你看，这句“心灵鸡汤”让多少本怀善念的人变成了贪欲横流、狂悖乱世之徒，为祸不可谓不小矣。

当然，有些用语用典本身也有问题，比如“金钱如粪土，仁义值千金”，这句话本来要说的是，金钱就像粪土一样，仁义才是真正至高无上的。可经这么一表述，就直接变成了仁义也不过是金钱粪土了，这真是典型的误打误撞。

最大的误解，甚至会形成一种文化误伤，其中最受误解的莫过于老子及其学说。老子是个贵族，生活很安逸，但他处的时代，盗寇兴起，欺诈当道，而且这些骗子盗贼屡屡得手，活得都不错，这让作为普罗大众的老百姓不干了，要么见样学样，要么造反起义，治安不固，社会面临动荡。我相信老子的本意是出于苍生之念，他要安抚这些受苦受难而又老老实实的人，他告诉人们不要怕吃亏，吃亏是福，是什么样子的人就做什么样的人吧（道）；按照社会的要求和你的良知坚持做好你自己（德），这对你来说才是真正的幸福。你看老子这是多么良善的初衷，并且最后还形成了一套治国安民的哲学体系，非常好。可是后人偏不把这套理论当作一套深邃的哲学来看，而硬是把它演绎成一碗一碗的“心灵鸡汤”，里面有“糖”有“味精”，就是没有真正的“鸡”！

二

我又要举例子了，举什么呢？“难得糊涂”。这句话虽然不是出自老子之口，但在《老子》的语义中很容易演绎出这句话。然而，这句话的本意是世界万事万物各有本分，每个人各行其道，对于不在你道上，不是你本分的那些事，你不要抓住不放，就算是你分内之利，你也要从长远着想。哲学语义中包含了人对世界的认知，关于“有”和“无”、“知”和“不知”的转换关系，这很接近和老子生在同一年代的苏格拉底的主张，即人对世界所知有限，人在有限的“知”面前，基本就是“无知”的，因此事关生死利害问题，人应该放下，至少应该淡然一些。

《老子》语义中的“难得糊涂”和苏格拉底哲学主张的共同特点不是“糊涂”，而是关乎人的认知能力的另一种特别提醒，正确的理解应该是因为你胸怀世界，所以要放下自己，因为你所知有限，所以不要执念于己，更不要“聪明反被聪明误”。

这是多么开阔的哲学思想！可是在后世人的解读下，变成什么了呢？变成了凡事不讲原则、得过且过，变成了“痛饮狂歌空度日”，稀里糊涂过一生的人生信条。懒懒散散、浑浑噩噩、颓废沉沦，甚至连作奸犯科都有了冠冕堂皇的借口和理由。经历了一些世事的人说“难得糊涂”尚情有可原，但一些所谓的“后浪”也动不动说“难得糊涂”，就很让人费解。压根就没活明白，哪有什么资格去“难得糊涂”啊？人生根本就没完全开始，或者打开后的人生已经是不明不白，难道还不够“糊涂”吗？电影《等风来》里面有一句刻薄而清醒的台词：“还没高调的资格呢，就嚷嚷着低调，还没活明白呢，就开始要去伪存真，这是一种最损人不利己的行为。自己活得假，别人看着特别的累。”说得也在理。

谈到这里，又忍不住要说到和“难得糊涂”特别接近的一句“心灵鸡汤”，就是“平平淡淡才是真”。这句话我们再熟悉不过了，几乎是所有的场合，只要谈到人生际遇和成败进退，都有可能面对一个人或者一群人提起这句话，特别是关于成败进退的一些争论，双方争得面红耳赤时，从角落里冒出一句“平平淡淡才是真”，争论立马降温，在场的人都各自偃旗息鼓。

按照世事规律，本来这句话若由阅历深的人来说，或许也可以理解，可偏偏在许多年轻人那里也大有市场。朴树的《平凡之路》刚发布的时候，引起了以“80后”为主的男女青年们莫名其妙的集体感动，数以万计的年轻灵魂仿佛从中得到了似是而非的某种升华，因而手舞足蹈，如醉如痴。可这首歌讲的是什么呢？“我曾经拥有着的一切，转眼都飘散如烟，我曾经失落失望，失掉所有的方向，直到看见平凡才是唯一的答案”，这歌词其实不难懂，直白一点就是说：“大爷我什么珍馐美味都吃过啦，但一碗白粥才真正鲜美；兄弟我琼楼玉宇都住过，哪比得上我家茅草屋半间？”

我想来想去都想不明白，有几个人吃过珍馐美味？又有几个人住过琼楼玉宇？凭什么说白粥更好喝，茅草屋更舒坦？又为什么有这么多年轻人对这些似是而非的“鸡汤”如此如醉如痴？

三

世界有时就是如此奇怪，成功的人都在诉苦、谈进取。虽然有些“成功学”稍显矫情，但我想其中大多数人所言代表了一种进取之心。这不奇怪，在任何时代，进取都是成功的前提，他们能成功，就表明他们的进取之心和进取之道高于常人。成功之人的进取惯性一般而言不可能戛然而止，但按理说这些不平凡的人是有资格谈平凡的，“平平淡淡才是真”从他们口中说出来是有内容和深意的，但奇怪的是他们这些不平凡的人不说这个，越平凡的、越平淡无奇的人越争先恐后地叫着喊着，个中滋味着实让人大为不解。

前段时间华商的一百多名青年律师开了个专题研讨会，请我讲话，我就谈到了这个现象。我说，国际国内那些大牌律所和大牌律师们都在你追我赶，可是我们中间一些年轻人还在讲要活得轻松，要活得“平平淡淡才是真”。我指着前排的几个年轻律师问：“你觉得还不够平淡吗？还不够真实吗？那么要怎样的平淡才配得上你的真实呢？”话音一落，大家都笑了。我说，这就对了啊，和优秀成功的律师相比，我们除了平淡和真实，还有什么呢？我们早就不缺平淡了，平淡到如此真实，也到了该想想什么是不平淡的阶段。

我在会上还举了个有点“刻薄”的例子。有一次我和一位老律师谈话，我说我们这代人肩上还有使命，还得进取。没想到他生气地对我说，别和我谈什么使命和进取，我已经老了啊！望着他还未到耳顺之年的面孔，我反问了一句：问题是，你年轻的时候又进取过吗？

话不好听，但我认为值得包括我本人在内的所有人想想，尤其是年轻的律师同行们。

注：本文于2020年6月26日发表于微信公众号“高树在远山”，收录本书时文字有删改。

乘风破浪！
写给我们自己的诗

海天出版社的刘翠文编辑在微信上告诉我：可以出版啦。这里说的是我在该社预备出版的诗集《我们如此深爱》。受疫情影响，这本今年年初交稿的新诗集到今天才基本完成编辑工作。出版社的刘编辑为此书的前期准备付出了艰辛努力，我的前一本诗集《树对风的回忆》也是由她担任责编并力促而成。我记得特别清楚的是，刘编辑说几个校对员在校对时议论，里面的一些诗读着很好玩，很有趣。

刘翠文女士是个认真、严谨、有水平的资深编辑，听她曾经的同事杨宏英老师讲，凡经刘编辑之手的书，一般都比较受欢迎。经历了前次合作，我对刘编辑非常尊重，一般都称她为刘老师。刘老师已到退休年龄，她说这是她退休前编辑的最后一本书。她把一生最美好的时光都献给了出版事业，面对最后一本经手的书籍的出版工作依然如此认真负责，思及此，我连忙在微信上回了两个字："谢谢！"此时最深刻的感动，都在这最简单的两字之中。

即将出版的新诗集是由我过去两年时间里创作的诗作集成，数量上看每年超过一百首。这几年我的思想和精力相对集中一些，客观讲诗本身趋于轻松、饱满而自然。最重要的是，有一种更成熟沉稳的思想在情感深处流淌，我将诗集命名为《我们如此深爱》也正是基于此。

按以前的想法，结集后我将休笔一段时间，大约半年，主要是我想离开诗的语言来进入生活，看看可不可以经历一段没有诗的状态。其实我认为这正是诗歌酝酿最好和必经的一种状态，从无诗到有诗，这既是生活的过程，也是诗歌持续的历程。

所以今年 5 月之前我真的就不写了，心想放下就放下吧。可是到了6月1日这天，我突然想起一件事，18年前的6月1日这天，是我的长篇小说《拒绝辩护》正式出版的日子。18年过去了，我可能不会回头翻读，但当时想写出的那些人物事件，都还历历在心，那时还真是有点自不量力，想写出整整一代人的理想高远和心路曲折，现在每念及此，终归是有些激动！

还想到当时陈忠实先生推荐我的这本小说到陕西人民出版社出版，陈先生送了一句话给我："文学依然神圣。"当时陕西人民出版社的副总编宫保安先生两次从西安打电话向我核实：真是你写的吗？我说没错啊，他就说看结构和语言，真的像出自专业作家之手。最后还说了声，看来忠实主席（那时陈忠实先生是陕西省文联主席兼中国作协副主席）没推荐错。

我也不知为什么就想起了这件事，而且还特别想表达内心激动的情绪，于是忍不住写下了这首《你是光荣的使者》：

你是光荣的使者

你不是一粒尘埃，不是

你是光荣的使者
用一个时代致敬雄浑的大地
山河予你以奔腾的形象
日月之光照耀在头顶
天地之变何其壮哉

你生所逢时何其幸哉
你不是虚拟的弧线
你飞过的翅膀永远在天空
你不是打水的竹篮，不是
你用尽一生的力气
波澜壮阔那是大海和长空的呼唤
你不是形容枯槁的玄学，不是
你是饱满的文学，深邃的哲学
坚强的诗行高举着温暖的阳光
你是爱情，因为丰盈而豪迈
一生传唱最浪漫的事

你是一个小小的儿子
你一直在大地上行走

写完还写了个注："致敬 6 月，六一好！有人说，1962 年至 1972 生年之人是因历经时代变局而最幸运的一代人。多年前，我的长篇小说《拒绝辩护》（当年幸得陈忠实先生推荐并题书名，陕西人民出版社 2002 年 6 月出版）就是为这一年代之人所写，试图写出这一代人之开天辟地和别开生面。再值 6 月初开，命笔作此诗以记怀，敬献年代之幸与一代人之殊荣！"

我极少为自己的生日去费什么神，也从来没想过为自己写点什么，生日那天脑洞大开，我想也送点什么给辛苦奔波的自己，于是忍不住又写下了第二首诗《我的叶子》：

我的叶子

开始的时候
我不知道要飞到哪里
哪片林子可以安家
哪片叶子
可以让我从彼时
一直站立到今时

终于说出我太难了
我和叶子一起摇摇晃晃
叶子要被时光抽走
而我必须站稳

后来我对自己说
真是好样的
因为你的坚挺
叶子还在春天的丛林

我知道我不是流云锦缎
我知道生活就是含辛茹苦

但我有天时地利
叶子和叶子的土地
而我所有的用力
致风云碧波轻柔于斯

这真是既简单又真实的一首诗，就像我自己。

第三首《人在海中，需要乘风破浪》写于青岛，那次青岛之行是继去年青岛市司法局万振东局长第二次邀请而去。我很喜欢青岛这个地方，20 多年没喝过啤酒了，这一次破例，发现啤酒原来可以如此好喝。

喝了啤酒有一种在海里的感觉，大家叫我写首诗，我念了一句去年写的“因为海阔天空，所以别开生面。”晚上回到宾馆，我又乘兴写下这首诗：

人在海中，需要乘风破浪

六月的繁花盛开
我们风一样地载着歌舞
既浅隐地表达爱意
又深深地留恋美丽
怎可就此安静地走开
如水的日常是生命的意义

最欢快的时候
所有的美景都让我愈加坚定
在岁月的船上踽踽独行
在流动的光景中仰望星空
用尽力气，就算苍茫如斯
人在海中，更需要乘风破浪

我们肩负重担
我们昂首前瞻
一艘在黑夜中前行的船
已然穿过繁花似锦
虽然未达光明之岸
但已足够壮阔高远

第二天就有人问我，你是不是看了《乘风破浪的姐姐》啊？我说没有啊，那是什么？他们告诉我，是最近很火的一档节目，三十个知名女艺人构成一幅乘风破浪、各显神通的靓丽风景，让人眼界大开。哈哈，这真好！可是我下笔的时候，真不知有这档节目，只是机缘巧合赶上了这个网络热点！

第四首写在今年端午节那天，叫《万物生长，你还在疾驰》：

万物生长，你还在疾驰

爱是一场运动
从平地到悬崖，从静水到激流
这一刻手舞足蹈，下一刻呼风唤雨
一辈子够不着的高度
却从未停止攀爬
经得起摔打，尽管依然两手空空
梦里也在行走，追不上就哭
每一分钟都在倒立和旋转
誓言要和风比个高低
风一动不动，而你还在疾驰

爱是一场修行
从前世到今生，从寒冬到炙夏
这一刻念念有词，下一刻空寂无声
在形容枯槁的深处，追随千年不遇的圆满
在繁星如昼的满天，织一条流云锦缎
不仅仅是仰望，浴火重生的游移
苦厄和瘦弱，为伊消得的情愿
如万物生长，如正果煎熬的过程

而当我们停止
也不意味着一切尘埃落地
我们多想无限地接近本质
就算只能在表象上留下痕迹
但爱不是无功而返，你坚持的
曾经撞击的灵魂
已是你今生的再造
来世的穿越

说实话，端午写的这首诗，也是写给自己的，深长意味的背后是一种穿越，但终归是写给自己的诗。当然，如果你喜欢，也可以送给你，真心送给你！

到了这里，我想以后诗还是要写的，不过会有所节制。我经常和朋友们调侃，我说你们多读我的诗，不美也会美，美会更美！

真心希望各位读者会因为我的诗而更美，我的诗也会因为遇见你而动容，因为遇见你而生机勃发，因为遇见你而遇见了全部欢喜！

注：本文于2020年6月30日发表于微信公众号“高树在远山”，收录本书时文字有删改。

行业发展与社会责任

对使命一词如何理解？高树说，以自身之命谋全局、谋未来叫使命。行业责任与使命担当在肩，高树凝练近三十年的从业经验，从律师执业实务、律所管理，到行业格局构建，为年轻律师、为律师同行、为法律职业共同体、为社会各界，传道授业解惑。

从中国律师的行业定位看法律职业共同体的构建

法律职业共同体的构建是个令人欢欣鼓舞的话题，尤其对于已经走过 30 年历程的中国律师来说，每每谈及法律职业共同体，犹如在孤寂的寒冷中拥抱温暖，在对未来的遐想中满含憧憬。然而法律职业共同体又是个十分沉重的话题，不仅因为作为共同体构建中的律师在现实中的乏力，更重要的是从设计之初到推进过程，制度层面尚未有统一的共同体目标和各方合力构建的举措。这个问题充满矛盾、混乱和争议，以至于因职业主体的不同出现各说各话的情形。让法律职业人共同关注，并且能形成若干共识的契机来自对法治的倡导，或者说人们呼唤法治时代的来临。法治，有人称之为“法律人之治”，无论这一说法是否准确，令人无可争辩的事实是，缺乏一代或一群法律职业人的合力参与和积极作为，这样一幅起源于政治构想但又不能缺少法律专业和技能伦理的图画始终难以完成。

作为肩负社会政治责任，同时秉承自治性、专业性和公共性职能的律师，因其与法治价值的吻合以及制度构建的相对开放性，对于法治从理念到制度，再到运作方面都有着更高的认同，也自然而然地对于法律职业共同体关注更多、期望更高。客观地讲，我们不能将律师的关注和期望全部归因于“利益共同”的驱动，这有失公允，也容易产生误解。

我们相信法律职业共同体的构建对于法治推进有着深切意义，首先，共同体是法治事业的共同，这应该成为共识。其次，除了知识和专业背景，以及法律价值和理想追求的共同，共同体的一个重要前提就是权力和权利的边界，有边界才会有分业合作。中国律师业的发展进程已到了需要自觉和科学划定边界的时候了。事实证明，没有边界的混同或许可以逐一时一事之利，但对整个行业的良性运行来说隐患丛生，对法律圈的其他行业也有可能带来损伤。因此，我们必须理解中国律师对于法律职业共同体的追求较之于其他法律人更为迫切、更为执着。一个显而易见的事实是，在构建法律职业共同体方面，中国律师不仅从理念倡导到制度设计，而且在具体实践方面均已经先行迈出了步伐。本文要谈的就是法律职业共同体的定位、中国律师为建设法律职业共同体做出的努力，以及这些努力对于法律人的共同事业有着怎样的影响和意义，当然，还包括对于继续努力的方向和制度完善等问题的讨论。

一、在摇摆中定位的法律职业共同体

如前所述，虽然我们对法律职业共同体充满期许，但冷静地面对历史和现实，人们对法律职业共同体建设的可行性和必要性也有担忧和质疑。在历史和现实之间，在制度构建与具体措施之间，往往出现相互否定的情况。比如我们审视中国历史传统，就会发现行政和司法的混同导致法律职业和法律职业家的缺失，法律职业共同体根本无从谈起，历史的“缺失”导致现实的“虚弱”。直到今天，制度性对于法律文化的影响仍在起作用，行政主导司法不仅在制度设计上得到认同，在实际操作上也是如此，尤其值得关注的是，数十年前的一整套法律制度发端和成型过程，因缺乏法律职业人的集体参与，显得专业性不足而政治性有余，到今天，一些法律法规的出台也少见各类法律职业人共同参与，缺乏法律职业人共同酝酿和各表主张的过程，显然，该等法律法规的执行过程就可能不利于法律职业共同体的形成。除此之外，法律职业共同体的职业精英化要求与政治和司法民主化进程也存在悖论，当然这不是中国特有的。还有，目前的法律职业流动机制在制度上尚存在障碍，在实践中面临困难。

凡此种种，我关注到一个奇特的现象，一些倡导法律职业共同体的法律职业人或法律学者，随着讨论的深入会开始怀疑起自己的主张。最典型的是我的一位教授朋友，他对独立行使司法职权和法律职业共同体的主张已经到了凡开口必讲的阶段，但在多次研讨中，又强调因法律文化传统和现行制度缺失而对法律职业共同体的构建信心不足，这与我们长期以来讨论法治遇到的问题一脉相承，一方面积极主张，另一方面信心不足，让人纠结不休。

人们常说道理越辩越明，但是在涉及发源于西方、移植过来为我所用的一些制度方面，如法律职业共同体，我们却发现越辩越说不清楚。“原因的原因就不是原因”有位哲学家这样说。我们总是在原因和原因之间找答案，比如说我们要进行制度改革，就必须推进法治和法律职业共同体建设，可是回头却发现法治和法律职业共同体建设存在诸多制度性和文化方面的障碍。多年来，我们都无法走出诸如此类的悖论轮回，这很有点类似国人关于足球的评论，在探讨中国足球为什么上不去的问题上，进入原因轮回的怪圈不能自拔。

对此，我认为应该充分转变思路和观念。首先，应该以发展的眼光看待法律职业共同体，西方法律职业共同体无论是法律精英一元化模式还是以彰显司法民主为要的分业模式，就启端和发展进程而言，本身也存在制度上的缺陷和逻辑矛盾，时至今日也面临改革修复的问题，我们不应严格地、教条式地进行比对和效仿。其次，应该采取现实主义态度和拨云见日的思考方法，在我们的现状和目标之间建立能够行得通的连接点，我们的现状是法律职业归类从形式上基本完成，但组成一个职业共同体确实存在一些制度性障碍，我们的目标是通过制度性改革和法律职业人的共同努力，达致不同行业的法律职业人在价值观和专业技能上彼此认同，把实现法治作为共同的事业，我们要做的努力就是从有效改变现状开始。我想这是较为现实的态度，相对于其他法律职业来说，我认为这也可以称之为律师的态度。

事实上，随着讨论的逐渐深入，人们对法律职业共同体的概念定位有了很大的变化，主要表现为对共同体从主体认同转向价值认同，从社会性转向专业性，聚焦在共同体内的不同主体角色均以法治精神为信仰，具体执业活动以此为支撑。我认为这是问题的关键，舍此，我想象不出有其他什么东西可以作为共同体的目的支撑和运作依据，也正是在这个意义上，我认为厘清法律职业共同体的构成要素其实十分重要。我说的构成要素不是已经明确的，诸如律师、法官、检察官、法律学者以及其他法律职业者的法律职业分类构成，而是法律职业之所以构成共同体的几个必备条件，包括：第一，法律作为一种超然于其他制度之上的规则和科学存在，法律职业人因共同操持该等规则和科学而成为一种独立的社会力量，在形成合力的基础上成为共同体；第二，拥有共同的法律价值观和彼此尊重的职业伦理；第三，独立专业性、权力及纪律的边界划定，不是各自为战和单纯群体间的角逐，而是目标明确、职能法定、边界清晰的分业合作体系；第四，不断修复并且一直可持续的制度互动和平衡。

强调法律职业共同体构成要素的积极意义在于，我们有可能将共同体作为一个完整的系统来考察，并且在贴近现实的基础上建立可行的目标运作体系。

二、走在法律职业共同体前沿的中国律师

在业已形成法律职业分类的法官、检察官、律师、法律学者和其他法律职业者体系中，对构建法律职业共同体关注最为迫切的应该就是律师行业了，然后是法律学者。律师作为最具政治开放性和最为崇尚专业性、自治性的行业（包括法律学者），法律职业共同体对于他们的吸引力部分地有着行业利益的衡量，但对于法律价值的追求和专业独立性的尊重才是其做出这一选择的根本动力。律师实在难以接受的是，同样作为法律人，为什么律师在庭内庭外总要低人一等。我想绝大部分的律师都盼望着通过专业努力而非人情关系来赢得诉讼和尊重。“什么时候我们能成为一个不求人的人？”这是一位全国政协委员的发言，所有在场的政协委员感同身受。“什么时候我们能成为一个不需要人情关系的律师？”我想这一定也是全体律师的共同心愿，而建设法律职业共同体，是达致这一愿望的有效途径。因此，即便不从宏观的层面看，光是从律师自身正当目的性出发，律师界广泛并深切关注法律职业共同体也是可以理解的。

但律师界的关注在相当一段时期内并没有得到制度层面的积极回应。取消律师资格考试，改为全国统一的司法考试，有人认为这或许是建立法律职业共同体的开始，但我认为实际并非如此。建立在律师专业知识和职业技能、职业伦理基础之上的律师资格考试本

来更有利于律师职业化发展，统一司法考试则弱化了律师职业的个性化特征。我始终认为，各法律职业的个性化共存以及相互认同才是职业共同体的大前提，因而司法考试从实际效果上未必能够有效地推进共同体建设。此外，在制度层面，从梯次出台的政府五年工作规划到各种政策性文本，包括提倡法治的纲领性文件，律师行业参与有关方案尚不多见。司法改革的顶层设计已意识到律师行业不应缺位，但对于如何建立制度与制度之间的对接，以及系统与系统之间的平衡仍处在思考阶段。

但无论怎样，法律职业共同体建设乃大势所趋，我国律师业在30余年的发展历程中，对此表现出了空前的现实主义态度和作风，在争议中寻求自身发展，同时也关注共同体的建设，包括紧紧抓住《律师法》赋予的自律基础上的行业发展机会、全面推行合伙制改革、推动律师协会民主改革等。这些律师行业自身的发展与改革，客观上与我们谈的法律职业共同体有很大的关系，这些举措极大地推动了律师职业化，这是律师可能成为共同体一员的先决条件。同时，这些举措并非“独角戏”，对于其他法律职业如司法机关产生了边界震动效应，从制度平衡的角度看，这种震动效应日渐转化为一种拉动效应，司法机关与律师建立更为广泛、日益充分的对话机制，以及律师参与司法体制改革，是这种拉动效应从被动转为主动，从形式转到实质的具体体现。

三、中国律师构建法律职业共同体的路径

根据前文所说的法律职业共同体的构成要件，结合我国法治实

践对于法律职业共同体的现实要求，我认为，中国律师仍应秉承发展改革的宗旨和现实主义态度，从自身着手，推动法律职业共同体的建设和发展，尤其需要在以下几个方面厘清战略定位和发展目标，进而有所作为。

（一）律师行业管理模式的创新发展

《律师法》赋予我国律师自律权，但从立法意图和具体条文规定来看，似乎也在为律师行业自治留有空间。从实际情况看，依据《律师法》的规定，律师行业组织——律师协会不仅对律师进行自律管理，在引领行业发展方面也起到了越来越重要的作用，作为指导与监督部门的司政司法机关，其在行政支持和行业监管作用等方面表现出积极的意义。实践证明，“两结合”的管理模式过去为律师行业的发展释放了生机，但从律师行业未来发展的趋势，尤其根据WTO协议即将对外开放的法律服务市场来看，“两结合”的模式也面临改革需要。律师协会和司法行政机关在职能定位上要重新划分并逐项细化，建立行业、行政和市场新的归位管理体系，为此，相当一部分行政审批权要转化为行业规制下的协会运作，这既是当下司法行政改革要解决的问题以及行业协会在制度和能力建设上需要创新发展的议题，也是《律师法》修订过程应该明确的主要内容。

（二）强调律师作为民主和法治的专业实践者

律师的公共性职能建立在专业性的基础之上，律师通过专业实践活动即办理案件，实现民主价值，推动法治进程。每个案件对应的既是法律关系，也是一段现实的社会生活。律师通过办案实践建构一种作为法律人的价值观和法治视野，进而创建一种类似“专业法治”这样的微观法治体系，这是律师作为法律职业共同体一员的专业职能体现。律师的专业性越强，律师融入职业共同体的被认同度就越高，职业共同体的价值体现就越充分。

（三）律师资源配置对于法律职业共同体有重要意义

相对于其他法律部门尤其是公权力部门来说，律师属于相对“被动”的一方，法律职业共同体是一个平衡的体系，如果“在野”的律师一方没有相应的资源配置，那么这个共同体就是个“倾斜”的共同体，律师不但不能有效地监督和制约对应的公权力部门，作为共同体一员也失去了存在的意义。

律师资源配置包括法律制度赋予其的市场资源和正当执业权利，包括资源的制度保障以及共同体其他成员对于执业权利的尊重和配合。除此之外，人力资源、职业培训资源以及相应的政策鼓励等也很重要，如果这个行业缺乏优秀法学人才的进入，现有律师专业水平得不到提升，那么就不能与其他法律职业进行专业匹配，虽然这更多地由市场调节或由律师业自身发展情况决定，但制度性支持也不可或缺。

（四）司法改革的倡导者和参与者

司法改革之所以引起律师的广泛关注，不仅因为这一改革与律师执业活动存在密切关系，更重要的在于它关系着法律职业共同体的制度平衡。一方面，司法改革需要吸纳律师的建议和主张；另一方面，律师制度也需要改革，以便能够积极呼应作为整体的司法改革，形成制度的双向促进效应。目前司法改革正进入重要的酝酿和推进阶段，这也是律师行业作出积极反应、各方共同启动制度应对的重要时机。

（五）律师职业伦理构建对于法律职业共同体的贡献

前面提到法律职业的专业独立性、权利以及职业纪律的边界划定，这属于职业伦理的范畴。律师职业伦理构建对于法律职业共同体的意义在于律师行业内部的制度性建设，为共同体提供了边界样本，重点解决法律职业人交流、交往准则以及共同体业务运作的合规性。有人担心法律职业共同体将加剧司法腐败，这样的观点在以前仲裁部门较大范围聘请律师担任仲裁员时也曾经被强调，实践证明这样的担忧并没有成为当然的结果。“共同”和“混同”，一字之差，但意义却正好相反。构建律师职业伦理，其中重点涉及法律运作的程序伦理、律师如何与其他法律职业人建立权力和权利的边界，其指向就是为了防止“利益混同”的发生可能，并且有利于共同体在规范的前提下依法进行分业合作。我们注意到，有律师界同行担心强调律师职业伦理在当下将进一步弱化律师的执业权利，这也是误解。律师职业伦理所强化的是律师执业权利的合规和被认同，辩证地看，它引导律师执业权利向正当化方向发展，其结果只会增多而不会减损律师执业权利。

虽然，法律职业共同体是一个充满争议的话题，但职业共同体的存在和发展是必然的，作为走在职业共同体前沿的中国律师，我们不仅要想得更多，重要的在于做得更实，走得更稳。

注：本文刊载于《中国法律评论》2014 年第 3 期，收录本书时文字有删改。

新时期创新创业要跨过的几道“坎”

创新创业是我们这个时代的主旋律。相信所有有志于创新创业的朋友都在思考同一个问题——在这样一个时代，为什么机会越多，压力越大？我们能做什么？怎样去超越我们的现状？在创新创业的路上，等待我们的除了成功的喜悦，有没有辛酸的泪水？

我是一个律师，现代律师的一个重要特点就是和企业家的连接越来越紧密。我做了一个统计，我们华商律师事务所总所去年承接办理各类案件和法律事务近9000宗，其中各类企业和企业家委托的超过9成，也就是约8000宗。像我们这样一个以资本业务为主导的综合性大所，业务领域日渐纵深到企业成长与发展的方方面面，我们与企业家的高层战略合作也日趋紧密和深入，这使得我们有可能触及企业家们的一些成功经验，当然也能够看到一些企业家的失误甚至失败的教训。在这里，我结合今天论坛的主题，以一个资深律师的视角，谈谈创新创业面临的问题和要克服的困难，并借此给创新创业的朋友们几点建言。

一、对常识的突破，对度的把握是第一道“坎”

我一直认为，在常识面前，要么我们是天才，要么我们是傻瓜。具体到企业和企业家，把握现实生活发生的商机，这是基本常识。能够建立有效和可持续的良性商业运作模式，这是成功的突破之道。华商所26年来推荐上市的大小企业超过200家，服务过的世界500强和中国500强企业也超过200家。我们总结，这些企业能够成功上市、能够做大做强的一个主要原因是他们在合适的时间抓住了合适的商机，并且不遗余力、尽其所能地将商机转换为可持续发展的经营模式，并根据现实和未来的市场需求作出快速反应和相应调整。这里有几个关键点：第一，现实和未来的需求是商机的价值；第二，你能不能抓住这个商机，你有什么优势；第三，商业运作模式的可持续和自我修复机制。这方面的例子太多了，教科书式的大道理就不讲了，我在这里只给一个简单的意见。

创新创业离不开创造性思维，创造性思维建立在可塑性、可持续性、有保障这几个方面的基础之上。深圳政府这些年不遗余力地支持、扶持高新企业的发展，总数可能数以万计，深圳这些年申请的专利数量一直居全国之首，甚至接近全国总量的一半之多，专利权利人中有许多成功的企业、几百家上市公司便充分说明了这一点。但也有些创新创业留下的只是教训。

大概 10 年前吧，深圳就开始聚焦私募基金和互联网金融（含 P2P）。这本来是一件大好事，可是后来就开始变味了。那时我作为市政协委员，写了个提案，我的意见是，私募和互联网金融作为创新模式，这一块的体量将会很大，能够带动经济，但不规范的话也会后患无穷。可以粗略估算，企业融资年利超过 20%，渠道费、业务提成再去掉 20%，每年平台管理费 10%。几年下来，企业怎么受得了？天底下哪有那么好的项目？果不其然，这两年“爆雷”了！现在我们开始大量处理这方面的情况。前段时间我面见一个做互联网金融的企业家，他和我感叹，英明一世，本想创新创业，没想到就这么“栽”了！

说实话，我非常担心这一波风暴会给创新创业者们带来一些负面影响，但话说回来，也给创新创业的朋友一个警醒。创新创业是我们这个时代的主旋律，但创新创业也有个尺度问题，天马行空的做法并不可取。

二、创新创业的合法性边界之“坎”

这几年不少企业家因为各式各样的问题触犯法律，有些是因为企业融资问题，有些由股东之间的纠纷引发，甚至有些是涉黑问题。最典型的则是企业融资过程中的企业财务报表不实和经营状况发生了问题：投资人投资某一家企业，企业把财务报表做得很好，经营状况也说得很好，投资人高高兴兴投了资。后来发现企业不赚钱，市场不看好，经营维持不下去了，还上什么市？于是投资人向公安经侦部门报案，罪名就是诈骗。有个朋友在看守所给我写信说：“我哪是诈骗啊，当时市场那么好，就财务报表那点问题，我自己都不清楚，怎么就成诈骗犯了呢？”遗憾的是，这方面的实例越来越多了。

最近还有几个企业家被捕是涉嫌拒不执行罪。资产几亿元的企业，资金周转不过来，判决归还借款，到期不履行判决，当事人凭你的账户资金来往到公安、检察部门一举报——你有钱不还，拒不执行，入罪判刑。法律明文规定在那里，罪是脱不了的。

还有很多相关的案例。有个企业家因股权融资几千万元，后因为种种原因以诈骗罪被判了无期徒刑。他的家属找到我帮他清资核产，偿还债权人债务。很不错的一个企业家，因对法律不够了解而被判无期徒刑，让人心痛！

现代社会，法律成了人们生活的一部分，尤其是企业家，法律真的是与你越来越近了。我曾向多位知名企业家建议过，法律应进入企业决策的战略层面，企业家要和律师建立紧密的战略合作关系，道理就在这里。

当然，作为一个法律人，我对法律有自己的见解。我认为，法律不应该成为社会生活的障碍，法律存在的目的是修复和完善人与人之间、人与社会之间的关系，是为了缩小矛盾而不是为了扩大冲突，正如《婚姻法》不是让千家万户去离婚，而是让家庭和谐。法律的目的是让人们生活得更加美好。但法治建设有一个过程，在这个过程中，企业家们要主动树立法治意识，规范企业经营。

三、国际贸易冲突之“坎”

众所周知，中美贸易冲突随着谈判波折，已呈愈演愈烈之势。美国总统特朗普于 2019 年 5 月 15 日签署行政命令，宣布进入国家紧急状态，以禁止美国与华为及相关企业进行商业交易。截至目前，中国被纳入美国监管的实体清单的机构和个人已达到 107 家（位），涉及机械、超级计算机、半导体、航空航天、光学仪器及多个领域的龙头企业、核心研究机构和个人。可以预见，美国方面发出的管制清单还将进一步扩大，涉及行业将会更多，而且针对知识产权的“301 调查”案和针对先进技术的“337 调查”案也将逐步上升。

中美贸易冲突，我个人理解，中国要的是以空间换时间，而美国认为他们已经没有时间了。在双方平衡机制尚未建立之前，对这场冲突恐怕要做好长期准备。这对我们国家而言，势必影响科技创新和新型现代化进程，而对广大企业家而言，由于市场供应链受阻，交易风险和成本加大，也将面临新一轮的考验。

可能很多企业家还没有直接接触这个问题，但我的一些朋友就遇到了。七八年前，我的一个朋友从美国引进了几名从事光电研究的博士，那时我就提醒过他，现在真的“卡”住了。还有个朋友，前年要投资一个新型软件企业，规模很大，和我商量，我提醒他这个行业的知识产权在美国，要小心，后来他的投资行为进行到了一半，现在因为贸易冲突也出了问题。

这就提醒了我们，在国际贸易冲突将持续的前提下，企业家们必须得“长个心眼”，尤其是对项目的选择、产业链中的风险、知识产权的来源和应用等方面，要有清晰的研判。

国际贸易冲突倒逼我们认清形势，必须在科技和产业自主创新方面狠下功夫，否则没有退路，更无出路。在这方面，对创新创业的企业家来说，又不失为一个新的历史机遇。

四、我个人的几点建议

借这个机会，我再结合我们接触赣商的一些情况，提几点建议，供大家参考。

（一）格局要大一点

往大一点说，创新创业有一个世界观的要求，要在常规的基础上突破常规，就务必对世界有一个新的认识，要站得高、看得远、看得透，在商机选择和人事关系处理方面，要棋高一着，才能留下空间。

江西赣州受地理因素的影响，特别是客家文化的沉淀，造就了赣人勤劳好学的传统，但同时也保有言辞锋利、比较封闭的守旧习性，表现出来就是开阔大气不足，不容易换位思考，气脉情怀相对局促一些。

当年南宋诗人辛弃疾在万安县的造口（皂口）写下了一首很有名的词——《菩萨蛮·书江西造口壁》，写得非常好，写到了赣江和赣州的郁孤台，郁孤台也因此出名，这首词是这么写的：“郁孤台下清江水，中间多少行人泪？西北望长安，可怜无数山。青山遮不住，毕竟东流去。江晚正愁余，山深闻鹧鸪。”看似不难懂，但其实很多人并未读懂辛弃疾的意思，其实他通篇说的就是一个“偏”字，借“偏”来抒发孤愤，说你这个地方实在太偏了，偏得什么也看不到，只能听到几声鹧鸪的叫声！地偏及人。其实我每次读这首词，作为一个赣人，心里都有说不出的滋味。我不明白宋代那么多江西诗人，为什么他们的诗词中没有留下几个江西名胜，唐代来自山西的王勃留下了滕王阁之胜，来自域外的李白留下了庐山之胜，宋代山东人辛弃疾留下了赣江和郁孤台之胜。如果真正领会了辛弃疾这首词表达的意思，江西诗人的格局或许会开阔一些。

其实这对赣商也应有所启发。赣商成功的案例，不是没有，但比例相对较少。全国几千家上市公司，按比例推算，江西也有百十来家，但数来数去也就那么几十家，具体到赣州的就更少了。当然原因是多方面的，但这与赣商的格局不够应有密切关系。

我问过全国很多律师同行和赣商打交道有什么感受，他们几乎都谈到一个问题，性格偏紧，不够开阔，做企业更自我，更看重眼前，支付律师费不太爽快，而且赣商之间也不够团结。这些年赣商之间在外地打官司的情形越来越多，有个企业四个股东都是江西同乡，一个县的，非亲即邻，公司在惠州，却因股东相互“拆台”，当地人乘机介入，把创始股东赶走了，价值数亿元的一个企业好端端地就垮了。其中一个股东找到律师，帮他打了两年官司，打赢了十来个案件，帮助他重新入主公司，可是谈律师费时又谈崩了，股东改变付费条件，要律师把后面的开发项目做完才付费，律师不同意，这个人就乘势把他和律师的委托合同解除了。可没想到一解除，另外几个股东和当地人再度合作，卷土重来，又把他赶出了公司。他找到我，我问他，你也是个读书人，读书让人明理，明理的标志是要能为他人着想，前面律师辛辛苦苦工作两年，帮你把公司控制权拿回来，你怎么忍心不付律师费？他说，我现在也有困难，我要律师解决所有的问题而不只是控制权的问题。我说，你现在控制权没了，怎么还有后面的事，他无言以对。

我在这里不是刻意贬低赣商的格局，但从赣商身上，确实很容易发现一些局促之处，无疑，这不利于他们创新创业，不利于他们做强做大，我真诚地希望赣商在这方面能有所改进，有所突破。

（二）观念要更新

人人都觉得观念要更新，但是否能更新到位就是另一回事了，具体从以下三个方面简要论述。

第一，官商文化的观念。认为只要和政府工作人员搞好关系，生意就能做大。尊重政府工作人员是对的，但把企业发展完全寄托在政府的政策“赐予”和个别政府工作人员的特殊“关照”，在如今新的历史时期，这样的观念是不是太陈旧了？

第二，以小博大的观念。用1元钱做100元钱的事、用10万元撬动1亿元的项目——很多人仍停留在“蛇吞象”这样一个老套的观念里，其结果往往是项目做失败了还导致自己债务累累。还有一种情况，有很多人停留在借钱做大的观念里。有个赣州的企业家，每向银行借到一笔钱，就喜形于色，我多次和他说，借钱要还的。他总回答，银行的钱不用白不用。在他的企业的财务报表中，居然没有列入银行应付款一项，他心里想的其实就是银行的钱不用还了。这不，人“进”去了，关在里面都快一年了。

第三，轻松获利的观念。我国目前的金融体制造成了实业与资本之间的断裂关系，这给民间借贷提供了土壤，企业没钱怎么办？借！借是有利差空间的。一时间，民间借贷风生水起，利息从两分到三分、四分甚至五分……纠纷多了怎么处理？最高人民法院就出了个司法解释，保护两分的利息！我认为，这开了个让人担忧的头，相当于司法批准非金融机构和个人进入金融体系，更乱了！这些年赣州的民间借贷“蔚然成风”，尤以石城县为甚，演变的纠纷多不胜数，甚至超出了地域范围，深圳市的法院就受理了多起石城人在这里的借贷案，其中有一个石城企业家之间的拆借案，300 多万元本金，现在欠款到 3000 多万元了，还了 2000 万元，还有 1000 万元还不起，借钱一方被控拒不执行，还在取保候审阶段。

大量的民间借贷纠纷不仅不利于经济的发展和企业的成长，同时还给社会带来了极为负面的影响。

（三）专注政策解读、专业和市场

国家的政策导向对企业家来说是十分重要的，中国未来的经济增长点和区间在哪里，其实我不太清楚，但我想企业家应该明白，不过有一点，在资源导向渐趋弱化的未来，生产和生活要素的重新组合肯定是重中之重。从区域上来说，粤港澳大湾区极有可能成为下一轮经济发动的引擎和热点，一方面，4 万多亿美元的经济总量将呈现许多重大商机；另一方面，内地补增长和科技的超越也将成为巨大的商机和市场热点。政策和市场的变化对于企业家的专业素养一定会有更高的要求。起于专业，成于专业，将是未来创新创业的硬性要求。这有点像我们律师行业，专业为本是未来的发展之趋，一个企业家的能量大小直接取决于他的专业强弱。

各位朋友，各位嘉宾，我今天讲了创新创业要迈过的三道“坎”，又给大家提了几点建议。现在我要回到大家关切的一个大问题上，在接下来的时期，广大企业家的日子将会过得更好还是更坏。如果我来回答，我认为，接下来企业家创新创业必将面临前所未有的机遇，这个机遇将聚焦在一个体量非常大的“变”字上！因为“变”，所以有机会，因为有机会，所以更困难，所以要向前！在这里，我要把两句话送给大家：一句是，人人都是普通人，人人都可做非凡之士；另一句是法国作家雨果讲的，我们身负重担，我们昂首前瞻！朋友们，衷心祝愿各位在创新创业的路上，站得更高，行得更稳，走得更远！

注：本文根据高树主任2019年5月25日在中国石城籍企业家创新创业论坛上的演讲整理而成。

全产业链法律服务体系的构想和实践

非常高兴能够跟大家谈一下专业及专业建设的问题。律师行业发展的核心竞争力就是专业，我们华商在前不久刚刚开了一个合伙人会议，新增了26位合伙人，其中有12位高级合伙人、14位普通合伙人。作为全国首批12家合伙制律师事务所之一，现在华商面临很多的挑战。我们经常问："我们是机会多了还是少了？"其实现在是机会多了，但机会多了我们反而更困难，因为机会多了我们有选择，别人也有机会。所以很多的人问我："高树，现在华商是个大所了，你有危机意识吗？"我说："错了，我们不但有危机意识，我们还有危险意识。"我以前很少讲课，最近我在点睛网、辽宁律师协会、宁夏律师协会等地经常讲课。今天我讲的是一个新的东西，这是我去三亚和青岛推出的一个新的专业体系的建设：全产业链法律服务体系的构想和实践。下面展开我的课题。

一、我国律师业的成功和教训：关于律师业和产业发展及科技创新的关系

律师业是现代服务业的重要构成和前沿业态，作为现代服务业的律师业，与产业发展、科技创新应该具有高度结合的特性。建立全产业链法律服务体系不仅是新时期社会产业发展的要求，也是律师业做大和做强的内生需求，这是我思考的一个总结。因为现在中国律师业要突围，要在中国的整个产业中突围出去，形成自己的产业结构和产业体系的话，我们确实需要在战略上形成新的构建。在具体的专业方向上，也可以说从整个结构到体系，都要进行大的调整。所以，全产业链法律服务体系的建立经过40年中国律师制度

的发展，如果还道阻且长，那我们这个行业一定会出问题。所以我现在提出要建立全产业链法律服务体系。这个课题之前我带去了青岛。青岛的崂山区正在打造全国财富创新示范区，在这个示范区里面，我们建议推进全产业链法律服务体系的建立。

现在谈一谈 40 年来我国律师业的成功和教训，这是值得全行业去深度反思的问题。我很早就进入了这个行业，快 30 年了，最早是在深圳市司法局律管处工作，那个时候我就说，可能 30 年后会有很多的经验和总结，但是也有很多的教训。就像我昨天演讲所说，深圳的律师国际化为什么走得如此艰辛？ 30 年前我就已经提出来了。中国律师在国际化的问题上是“起早床、赶晚集”，很多方面我们以为已经“走出去”，其实还没有。

过去的 30~40 年，中国律师如果成功的话，其发展得益于中国的改革开放、社会发展、科技创新和民生需求这四大方面。律师业随着这四个方面的发展而成长发展起来，这是最成功的地方。另外，假如我们有什么教训、不足要去总结，我认为是中国律师业距离改革开放、社会发展、科技创新，尤其是科技创新延伸起来的产业发展以及国际化，包括社会民生需求等方面很远。关于这一问题，我们知道，深圳在不到 40 年之间产生了一批国际创新、科技创新的体量大的总部经济。深圳有差不多 400 个上市公司，占据全国的 10%~12%，深圳专利的申报受理量占全国的 40%~47%。深圳还在很多领域日新月异，包括新经济、新业态的发展，但是整个法律服务体系属于“没有跟上”的状态，我称之为边缘性状态，也就是跟得不够紧，这是很大的问题。跟这些企业的法务交流的时候，我说：“不是你们不需要我们，是你们走得太快了，而我们还在原地。”这个问题需要去考虑。我不知道海南律师在这方面是否有深度思考，如果没有深度思考，建设性肯定是不够的。如果思考了这些问题，说明将来有可能在律师业发展方面能够有新的建构。

现在为什么说律师业做大做强要跟产业形成结合，道理很简单。中国律师业的整个体量，2018 年是大概 1200 亿元。1200 亿元是什么概念呢？仅相当于华为一家公司一年交的税款。为什么律师业在整个体系中的体量这么小？其中很重要的一个原因就是：跟产业发展脱钩。很多的产业和律师是“绝缘”的。律师业发展存在结构性失衡，律师的体系、专业和产业之间保持着松散的关系。随便举一个例子，像在我国广大的农村地区，有没有律师去服务？有，但是非常少。全国约 43 万名律师，很少有人去思考这样的问题。厦门天衡联合律师事务所做了一个小型的专业业务，就是农村土地改制，营收达到了 3000 万元。这表明农村地区并不是不需要我们，只是我们没把业务做进去。我前两个月去三亚的时候，发现三亚有一个母种子基地，母种子的种子，袁隆平的研究主要在三亚开展，因为它适合在三亚种植，但是在种子法律服务方面，三亚没有规划好。首先，种子本身产业体量小，没有形成规模产业；其次，法律服务提供没有跟上。像这样的例子还有很多，包括海洋工程，还有很多新能源类的案例，例如，石墨烯产业等，目前的许多产业，我们律师都还没有进入。又如，互联网，现在很多人研究互联网，一些律师在互联网领域做得比较好，尤其在互联网金融这一块，他就能在这个领域获得很多律师费。

不要以为中国律师的体量已经做得很大，美国律师业的年创收已经超过 2000 亿美元，接近 3000 亿美元了。美国的律师业非常发达，千万不要认为美国的律师已经是强弩之末，美国律师业的发达程度难以想象。我们的合作伙伴霍金路伟国际律所，单一个游说业务，每年差不多就是巨量收入。游说，就是说服国会，说服美国总统，然后委托他做报告。这几年他们为中兴通讯做合规，收入也是巨量。所以美国律师业年创收 3000 亿美元，我们才 1000 多亿元，实际差别是很大的。美国律师业的发达有它的道理，它几乎和每个产业都保持着紧密联系，跟美国政府常年倡导的业务有关。美国政府在做大做强服务业方面是不遗余力的，第一阶段中国和美国政府的协议达成了，但是中国和美国的争议纠纷没完，解决一个纠纷的时候它会产生两个纠纷，也就是说美国接下来跟中国新一轮的贸易冲突没有完全平息，包括对华为。按照我们的预判，美国可能将发布对中国在美上市公司新的合规审查，这将是一个严峻的考验。华商在两个月前成立了合规法律服务中心，我把世界最好的合规专家请到华商组建了一个团队，就是为了跟美国方面“打持久战”。前段时间我把直布罗陀最大的律所——Hassans 律所的合伙人请到华商来谈合作，直布罗陀只有 3 万多人口，全世界人均收入排第二，第一名是卢森堡。在直布罗陀怎么把律师业做大？ Hassans 律所的高级合伙人说，在直布罗陀，有的律所就只做一个产业，专门把一个产业做大。像和我们合作的芬兰最大的事务所，这家律所 146 年来就做一项业务，即专利登记。我们的一个联营所，在迪拜是最大的所，它做的是旅游当中一个叫终端客服的接待业务。还有和我们合作的一家美国律所，他们做中国、亚洲企业境外上市中的某一个类别的上市，他只做一个类型，以前是机电，现在增加了能源，觉得这个行业有前途，我们现在也和他们深度合作。所以中国律师业的发展一定要跟产业有关，能进入到产业体系中，律师业就能做大，如果进入不到体系里面，律师业永远做不大。未来中国律师业的希望在产业律师，中国要产生一批产业律师，这是我的分析，我的分析没有先见之明，但说不定若干年后能得到印证。

二、建立全产业链法律服务体系的路径和方法

再讲一下全产业链法律服务体系。怎么建？其实就是培养一批产业律师，让每个产业链里都有律师队伍。

第一，律师本身要成为一个产业。律师业现在还没有形成一个产业，刚刚讲了全国约有 43 万名律师，创收还不及华为一家公司一年的创收，这能成为产业吗？华商所每年给深圳福田区交六七千万元的税，今年可能交给区里的税款接近八千万元，我们觉得很高了，但是和很多总部经济比体量还是很小。律师怎么成为产业？这个问题一直存在争论，我们所内也有不同的看法。有的人说律师是维护公平公正的，怎么能成为一个产业呢？但这两者其实是不矛盾的，因为律师是一个产业，所以更能够起到维护公平和公正的作用，所以这个问题我们不去争辩。

我在担任深圳律师协会会长期间做了一些有意义的事，我认为律协会长就应当做一些有意义的事，前些天我批评某个律师协会，我说你们好事干得不多，实事基本不干。很多人真的把自己当成官了，浑身官气，感觉自己是处级、厅级，以致把个好端端的人弄得“七

歪八倒”。我当会长从来没有这个想法，我始终是行业内专业的人，任何时候见到律师会觉得很亲切，因为我永远没有与专业背道而驰，永远和他们走的是同一条路，所以我得把工作做好做实。在我担任深圳律协会长期间，通过多番努力，把深圳的律师行业以写进深圳“十三五”规划的方式正式纳入现代服务业。这个意义很大，意义就在于律师跟总部经济和科创企业、创新企业在政策上是一体化的。不再是人才单独奖励和税收单独奖励，律师行业有可能和科技创新企业得到一样的对待。你不知道这个过程有多么的艰难，讲这个我就能讲几小时。当时很多领导反对，我参加了七八场研讨会，不停地争取、做工作。目前全国只有深圳把律师业写进了现代服务业。我还“忽悠”了很多省市，包括前段时间在三亚，希望他们把律师业纳入现代服务业，但是我估计有难度，就看当地律师协会会不会去争取，只要坚持就能够成功。这是对律师业的发展有帮助的，它能够帮助律师业成为一个产业，至少成为一个现代服务业，美国就是这么做的。

第二，要培养和引进更多的产业律师。现在我们做了一个尝试，把一些产业的律师引进来。上次我见了一个银行主管，我觉得挺好，就把他引进华商不良资产专业委员会，担任运营官。他来了以后，华商不良资产委反馈说确实不错。这里又引出了第二个话题，就是混业经营的问题。把各个产业的人都弄到律所，可不可以这么做？这个事情我认为是可以的，我们在做大做强律师业过程中可以请这样的人，但是不能多。美国律师界此前也有我们现在面对的问题，非律师能否从事律师业务？之前有一些国家，非律师从事律师业务是一项罪名，包括美国的很多州，还有英国，非律师不能进行律师执业，否则是可以入罪的。为什么他们这么规定？因为如果这个行业之外所有的行业都可以进入这个行业的话，那律师将失去核心竞争力，甚至行业将不成立，但进入新的历史时期，这个方向变了，混业经营逐渐合法化了。

所以现在我们回过头来看，“四大”会计师事务所，如普华永道、毕马威在全球扩张得非常厉害，且多年连续扩张。为什么“四大”能做大，就是我们刚才讲的，他们的基础在产业，他们在做增量。如果做增量的来做定量，并且超过了50%，那就说明我们在座的这帮人有一半没有在做这个事，相当一部分要被他们“干掉”，要么被他们收购，要么被瓜分。因为会计、审计、评估等行业跟产业的关联度比我们更高，数字与数字之间是一定要计算的，而在法律上咨询一下就可以了。所以这个问题的关键就是混业的边界在哪里，是需要思考的。现在看美国、欧盟，已经开始高度警惕，尤其是英国。2015年英国《大宪章》颁发800周年活动的时候特别邀请了我，我当时就讲到混业经营，他们有担忧，但又不能不放开，因为律师业自身发力不够了。对于中国律师来讲，未来的出路在哪里？我们的体量怎么做大？我们跟产业只能一起做大，一起做大才能做强。但是如果其他人做了而我们没有做，人家做大做强了就没有我们什么事了，所以我们的目标在于一起做大和做强，如果在这个问题上把握不了方向，那中国律师业将必然是有困难甚至有危险的。最重要的一点是，未来可能要把一些人吸收来和我们合作，甚至变成我们的人，让他变成我们行业的，如果不是我们行业的，就会比较麻烦。

三、“产业发展 + 应用研究 + 法律服务”三位一体之体系建设的初步尝试

现在华商正在进行“产业发展 + 业务研究 + 法律服务”三位一体之体系建设的初步尝试。华商最近成立了不少新型机构，其中很重要的是刚才讲的合规法律服务中心、税务法律服务中心。最近华商成立了区块链法律研究院，因为区块链在我们看来是一个新兴的产业。它非常有意思，具有不可篡改、不可复制的特点，未来可以形成一个可能比互联网还要厉害的行业。

2019 年 11 月 3 日，华商成立了合规法律服务中心，我把很多在很重要的行业中做合规的专家都请到华商来。合规法律服务中心由我任主任，其他业务性事情我很少去做，但这事只有我能做，别人做不了。我能请来道琼斯咨询（上海）有限公司合规方面的专家，请来写《美国陷阱》一书的作者皮耶鲁齐，请来现在为中兴做合规的国际律师，还能请来国内做合规最厉害的专家，如王志乐老师。

再介绍一下区块链法律研究院，目前在全国律所中华商是首家。我们把厦门大学、华南理工大学这些高等院校中研究区块链最厉害的专家都请到了专家组。还有鼎铉密码测评技术有限公司董事长李大为，深圳举全市之力，把他请到深圳做密码测评技术，他是区块链的带头人，我们也有幸请到了他，还有其他很多专家都是华商专家组的成员。华商做区块链法律研究院，就是要为区块链产业提供法律服务。直布罗陀 Hassans 律师事务所高级顾问赵赫男博士代表该所和华商合作，因为全球只有直布罗陀关于区块链是有立法的，而立法又是由该所起草的。我们的战略合作伙伴中有韩国首尔的一

家律所，他们做区块链业务在韩国排第一。华商在意大利的两家联营所，同样在法律区块链领域和法律技术方面很厉害，我们和欧洲、美国等地的律所在未来都可能合作。因为区块链的原创大多在国外，但是应用技术很多在中国，所以华商目前形成了一个“产业发展+业务研究+法律服务”三位一体的模式，希望由此走向产业方面并有所建树。

我的分享到此结束，谢谢大家。

注：本文根据高树主任2019年12月17日在华商萧一峰（海口）联营律师事务所揭牌仪式上的演讲录音整理而成。

律师行业责任
与社会责任的构建

此次我的演讲主题是“律师行业责任与社会责任的构建”，确定这个主题后，我梳理了一下框架，因为我在过往经历中对这些问题有一些思考，今天大体上将脉络和大家分享。

一、几个事例引发对律师行业与社会责任的思考

我先从几个事例来讲一讲律师行业与社会责任的话题。第一个事例，2015 年，深圳律协处罚了一个开庭不穿律师袍的律师。我们处罚她实在是没有办法，一个职业投诉人已经是第 3 次投诉这名律师，最后我们不得已，以保护性的方式给了她一个最低的行业处分。这件事引发了一场轩然大波。当然，按照司法部、最高人民法院的一系列规定，不穿律师袍是可以给予处分的。如果我们不给予处分，那么这名律师可能会被投诉到司法行政机关，要求给她一个行政处分。当时这名律师情绪很激动，她通过媒体、微博、微信等渠道向社会发布这件事情，北京、上海一些有影响的律师在这些问题上有不同的声音。我作为深圳律师协会会长，找到了这位律师，我很认真地跟她谈，问了她几个问题，我说你是一个律师，当你自己的问题得不到解决的时候，你就拿到社会上来处理，那么以后还有没有当事人会请你？她至少想了 5 分钟，然后说“高会长，我撤回”，事情就此解决。

现在可以看到，我国的一些律师，喜欢把内部的、行业的争议拿到社会上，他没有意识到律师是解决社会争议和纠纷的一个很重要的角色，他把这些东西放到社会上去解决，我认为是不可取的。这显示行业内存在一个很大的问题，那就是律师不仅缺乏社会责任，

更缺乏行业责任，双重责任的缺失是阻滞行业发展很重要的一个方面。律师只有站在更高的维度去履行社会责任，我们这个行业在社会上才能走得更快。

第二个事例，2016 年我在会长任上向深圳当时的市委书记马兴瑞做了一个汇报，本来是 20 分钟，最后汇报了一个多小时，他问了我很多行业的问题，我对答如流。他现场跟其他领导说，你看高树多会汇报。我说书记错了，我高树除了会汇报还能干活。他还问了我很多社会上的问题，有一些很尖锐，比如问我对深圳腐败情况有什么看法。我说我没研究。他就点了三个题，一个是教育，另一个是农村股份制，还有一个是医疗，让我从这三个方面来讲讲腐败的问题。最后我避重就轻讲了农村股份制问题，因为深圳的城市化比较快，他说我知道你想什么。马书记是很实干、很敏锐的那种，他以前在律所考察过，所以对律师是有了解的。他最后说看来你高树对律师行业很清楚，但其他方面能说清楚吗？我就说如果我把律师行业基本搞清楚，那么我对深圳的发展就算有贡献了吧，马书记说这也没错。

过了一个星期，马书记又到华商林李黎（前海）联营所去视察，我陪他去了，在进门的时候他问了关于前海轻轨拆除的问题，我说我不知道。马书记说你看你又只知道倒腾律师那些事儿。我说书记上个星期你说我能把行业的事情弄清楚，就不错了。马书记连声说对对对，你能把律师的事情弄清楚，你对深圳就有贡献啦。这番对话给我的触动很大，我们作为法律人、行业人，一定要先把自身行业的事情整清楚。

第三个事例，关于公平正义价值观的讨论，是我和一个律师同行的对话。这是 2019 年 6 月发生的事情。我们所有一个很激进的律师，在我们所引发了对一些问题的分歧。我就找她谈话，她说主任你是个诗人，也是个作家，你这么有情怀的一个人，怎么能容忍这些不公正的事？ 我跟她讲，作为一个律师，专业就是情怀。我说你如果做好一个律师，你应用法律去解决当事人的争议和矛盾，让更多的社会关系变为法律关系，从而得到妥善的处理，这就是作为法律人体现社会公平正义最重要的方式。你自己作为专业律师，舍此而求它，那么你的公平正义就是无本之木。她当时半信半疑，但上个星期她跟我说，主任，你说服我了。

我当时和她说，你要做好一个律师，你将来就很可能为社会的进步，尤其是对公平正义的建设有积极作用，那么你也就会很有作为。否则的话，我持怀疑态度。

第四个事例，是我 2019 年 11 月在三亚和王忠德先生的一番对话，这次对话给了我极大的震撼。王忠德先生 70 多岁了，他还任大成律师事务所党委副书记，我非常佩服老先生。当时他问了我很多问题，然后他说，高树你是一个很有情怀的、让人佩服的律师。这是王先生对我的夸奖。我说主要还是有一种使命感的驱使。

他有一个观点让我很受触动，也是我以前一直提倡的一个观点，他说，大成律师事务所不是我王忠德的大成，也不是“大成人”的大成，而是中国律师的大成，这是一个非常有高度的说法。我那次去三亚，是因为华商跟三亚市政府签订了一个合作协议，王忠德先生是代表大成去签收的。王忠德先生问了我一个问题，他说根据他的了解，我是个大律师，是个作家，也是个诗人，现在还这么努力，他问道：“你为什么还这么拼命啊？你刚才说到使命，你告诉我使命是什么？”我说：“使命我说不清楚，大体上字面的理解就是，这条命就是拿来‘使’的，不是为自己‘使’，是为未来为行业而‘使’。”王忠德先生说：“你说得太对了。”我说您 70 多岁了，不用再为大成东奔西跑，但依旧在努力啊。所以在我的理解，能担当责任并高于责任的，就叫使命。以自身之命谋全局、谋未来的，就叫使命。

从三亚我跟王忠德先生谈完以后，我写了一首诗，写完后发给了王先生，他说他很喜欢。

《从三亚归来》

行于山水之间
忽觉天人老矣

一些风吹进我的胸膛
它们代表着一个季节
或者不仅仅是一个季节

浩瀚的平静之下
一定有着更加巨大的波澜
于无声处的沧海桑田
正在将一个冥想者彻底唤醒

退一步和退一百步
从一开始就是结局

海阔天空你想要的
终归还在咫尺之间

只有号角吹在心坎上
帆不得不发
海是你生命中的
爱也是你生命中的

——你听到和看到的都不是使命，你要做和要做到的就是。

二、行业责任的担当

这是我的一个思考，我经常思考，比如警察本位是什么？警察就是做好一个警察，如果他对救死扶伤这些社会服务特别感兴趣，那么他应该做一个社会工作者，他要把最重要的东西做好。我们学习雷锋，因为雷锋首先是个好兵，是个好司机，然后才是好人，行业责任一定有个脉络。再比如说鲁迅先生，他的本职是个作家，如果他不是个大作家、大文豪，他就不一定是一个优秀的战士。

我经常跟深圳律师讲，作为一个律师，首先要把律师做好，如果律师做好了，可以去做律所主任，如果律所主任已经做好了，可以去做个理事、副会长或者会长。如果把这个会长也当得好，那么就当人大代表、政协委员，为社会尽更大的力。可当我们觉得举步维艰、捉襟见肘的时候，就应该好好做一个律师。这是我经常和律师讲的话，对很多人有启发。

接下来我要来谈行业责任应该怎么去担当。

第一，要做好一个律师。做好一个律师，等于做一个好律师。能够做好一个律师最重要的衡量标志，就是能够把律师职业做成一份事业。

我兼任深圳市社会组织总会监事长的时候，会长是王石。他说把一个行业做到极致就叫事业，我觉得很有道理。所以能把律师职业做成事业的人，我觉得一定是好律师。我在深圳市司法局律管处的时候，是第 119 名律师，当年很多同期的律师如今已不再做律师，很多人做律师做得三心二意，去炒股、搞房地产，做什么的都有——我发现基本上律师出去做生意的成功率不到 5%，但是其他行业转行做律师的成功率很高。

你执着把律师做成一个事业，那么你至少能成为一个成功的律师，这是我的观点。除了自己做好律师，还要带动更多的人做一个好律师，这也是我们做一个好律师的责任，有些人自己做好了却不带动别人，这不叫好律师。

第二，要做好一个律师事务所。做一个律师事务所有很多标准，争议也比较多，在规模化、专业化、国际化、规范化等之外，健康稳定和可持续发展同样是非常重要的。

如果全国 3 万多家律师事务所都能健康稳定、可持续发展，律师行业就一定不会差，因为它是律师行业最基础的单元。律师事务所一定要做成承担法律梦想的专业机构和当事人可依赖的诚信组织，让其他人一听说律师事务所就能依靠和信赖，我觉得这非常重要。最重要的是，每个律所要以行业垂范历史，不能说开三天就没了，像个小药铺，今天贴个牌，明天就没了，一定要能在历史当中留下轨迹。

第三，垂范法律人的特有品质。律师同行之间的争斗很多，这个案件我“受伤”，那个案件你“受伤”，为什么这样互相伤害？因为很多人想的不是维护正义，只是围绕当时的所谓输赢。英国哲学家培根曾说：“如果我们不维护正义，公正将不眷顾我们。”所以律师对公平正义的向往及追求要有超越其他法律人的一种情愫、一种执着。

我认为，法律人需要有一种特别重要的品质，就是提升社会关系进入法律关系，利用法律关系处理社会关系的特有水平和能力。我在《沿着法治的方向》这本书里提到了这个问题，律师虽然不是立法者，但哪些关系、哪些社会关系、哪些经济关系可以上升为法律关系，用什么样的法律和权利义务关系来“解剖”案件，这是我们律师特有的工作内容。华商总所每年办理差不多1万个案件，我经常跟律师说，每一个案件都是一段社会生活，律师用权利义务来处理法律关系，把它解决好了以后，反映给社会，让社会更加健康、稳定、和谐地发展。

另外，我同时也主张法律是用来修复和救济而不是撕裂人与人之间、人与社会之间的关系。之前探讨营商环境，我就讲到这个问题，我提出我们的营商环境是比以前好了还是差了，这个问题值得大家思考。现在涉及企业家的罪名有100多种，企业家在处理业务时必须更加小心谨慎，我们律师也要有一种特有的水平和能力，来处理好有关的法律问题。

第四，为行业发展贡献己力。律师当中有的人很孤僻，成长以后，他虽然跟社会接触，但是他的狭隘思维也逐渐形成。有时会发现有的人在行业一辈子，其实和行业几乎没什么关系。这算不上一个好律师。律师要为行业的强大而努力，要为提升行业的社会影响力而努力，不遗余力地建言献策，忠诚于行业和行业同仁。我们现在行业之间相互撕裂的现象实在太多了，不仅仅是因为区域之间、大所小所之间的不平衡，也是因为律师工作的特点，我们总是以消灭或减损另一方当事人的权益，成就己方当事人的权益，所以造成了律师在思维上容易有极大的狭隘性，这一点大家一定要高度重视。

第五，律师要检讨和修正自身的不足。这是我们作为一个行业工作者很重要的方面，因为律师身上难免积累“戾气”，正如刚才所提，律师总是以消灭或减损另一方的权益来成就己方代理人的权益。所以律师要经常保持节制和克减的职业习惯，但大部分人很难做到这两点。在开庭的时候，我经常看到有的律师滔滔不绝，但又言不及义，这就是因为他不懂得节制。

律师要发现自身问题并改正完善，不一定需要行业和政府的纠正，自己能纠正，我觉得就很好。律师需要毕生学习和反思，因为律师跟其他人不一样，成为一名律师以后，几乎没人管你。父母或者同学都觉得你已经很厉害，不会指点你，久而久之，像“刺”一样的东西不断长出来，就需要不断修正。在律所工作不像在法院工作，会有庭长管你、院长管你，律师最多是律师事务所主任来管你，但很多律所主任对管理工作并不负责，所以我认为律师的自我改正非常重要。

三、社会责任的构建与践行

自觉地反思，不断地反思，这是律师行业很重要的一个品质，现在中国律师缺乏这种品质，尤其是反思。第一，我认为社会责任构建与践行最重要的一点就是要担当行业责任，如果一个律师，行业责任承担都做不好，却说自己为社会发展有远大的理想，我觉得好像比较不现实，似乎是空中楼阁，这是我的观点。第二，奉献行业的发展。第三，超出行业奉献之外的必要奉献。第四，关注并促进社会发展。第五，投身社会进步和社会公共事业。责任的构建基本上就包括上述这些。

关于行业责任和社会责任的共同要求，我认为有以下几个方面。作为一个人，做好一个人是件很难的事，做不好一个人，理论上也做不好一个律师，这是我的哲学。有个律师经常跟邻里发生很低级的纠纷，当他发生纠纷的时候，有时会反映到我这里来，我说这个律师有点问题，他很难成为一个优秀的律师。

第一，社会追求每个人都是好人，做好一个人是首要的。第二，要做好一件事。办好一个案件或者法律事务，就是做好一件事。作为律师的法律人运用法律手段，通过对法律关系的解剖来处理社会事务，还原社会关系的良好状态，这既是行业责任使然，也是社会责任的要求。第三，影响带动更多律师做好一个人，做好一件事。第四，“讲政治、重专业、比贡献”，这是我今年在华商的新时期提出来的，首先要“讲政治”，不仅仅是对党的忠诚和做好党建工作，它还有极其丰富的政治建设内容，然后要“重专业”“比贡献”。

作为一个资深律师，我送给所有同行八个字：专注专业、行稳致远。作为有行业使命的法律人，最后我送大家一句话是，让我们朝着同一个方向，用专业书写我们的家国情怀。作为一个诗人，我第一次来沈阳时在飞机上写了一首诗，叫《北方，北方》，在这里也献给大家。

《北方，北方》

不是因为遥远
当时间把所有人打倒
你一定会怀念一场雪
一场纷飞的雪让你倾倒
然后继续前行和回顾
雪落在我苍茫的诗笺中

人的一生总要落一场雪
人的一生总有爱与哀愁
碧霄的高远让我澎湃
深切的柔情因为再次拥抱
古老发端于无限的边陲
迈过横亘的山河是何等的壮烈

而今我以作别的方式从新归还
遇见一场纷飞的雪让我柔情万丈

一种比爱情更深更痛的物状叫我欲罢不能

在雪飘过的地方选择一方桑田

在阳光下站立看看这一切

世界还是原来的世界

而我的心已然打开

一场新雪又将我带向深远

相倾无言冬将至，马上新雪又为花！

我的分享到此结束，谢谢大家。

注：本文根据高树主任2019年12月6日在辽宁省律师协会主办的“中国律师的使命和力量”之高端论坛上的演讲稿整理而成。

律师为什么要“讲政治、重专业、比奉献”

一、建立共同价值观是律所发展战略的核心

理论上讲，价值观的生命力在于它既能够超越历史时空，又是在现实中形成凝聚力和战斗力的主观能动和目标驱动。在人际交往中，价值观的纽带作用甚至超越血亲和姻亲。在群体组织中，有没有共同的价值观是决定该组织能否持续存在以及存在多久、能否发展壮大的关键要素。群体组织的强大过程，就是该组织价值观从“趋同”走向“共同”的过程，以建立起组织价值观作为发端和标志。

华商律所从1993年成立以来，一直努力进行共同价值观的构建。从最初提出的“保密、承诺、礼貌、沟通”作为所训，后来又总结出“专业、诚信、和谐、共进”作为律所文化，再到后来，全所200多人到井冈山参观学习，激发了全所艰苦创业的豪情壮志。全所在井冈山巅喊响了“发扬井冈精神、打造百年华商”的口号。10多年来，这句凝聚华商人斗志的口号确确实实让我们因为心中有了“百年华商”的目标驱动而共克难关、一往而前。再后，华商又提出“律师维护正义，法律创造价值”，华商作为“法律创造价值”的倡导者和执行者，让更多华商人明白法律对于公平正义的重要，明白培根的那句名言：“如果我们不维护正义，公正将不眷顾我们”，也渐渐懂得法律在现实生活中的运用及价值体现。特别是通过自身的执业活动让法律价值得到充分展示， 使华商人不仅有了担当，还增强了荣誉感和事业心。

在2019年司法部举行的“司法行政原创金曲”比赛中，《华商之歌》荣获“司法行政原创优秀歌曲”奖。歌词为我本人撰写，

“做一粒种子，把春天打开”“像一棵树那样长成松柏，脚踏实地是真正的豪迈”这些句子已为华商人反复吟唱且深入人心。

实践证明，华商所上面提到的无论是律所所训、律所文化，还是宗旨和理念，实际上就是华商价值观从“趋同”到“共同”的努力过程，这个努力的结果为华商27年来持续稳健发展提供了价值观的坚强保障。它让大家心里有了目标，明白当下该怎么做，形成共同使命并共同为之努力，我认为这是律所战略的真正核心。

二“讲政治、重专业、比奉献”是华商新时期继往开来的价值观构建，它既是律所的未来方向，也是我们当下的使命担当

华商走过27年，一直在探索共同价值观的构建，实践证明，共同价值观为律所的稳健发展提供了坚强支撑。但在新的历史时期，有没有一种价值观，既可以高度总结前面提出和践行的价值理念，又可以站在更高的起点，直奔时代主题和使命担当？于是笔者在全所大会上提出华商要“讲政治、重专业、比奉献”。

第一，“讲政治”。一个人打不过一个团队，一个团队打不过一个系统，一个系统打不过一个趋势。笔者认为这个趋势就是政治。从宏观、从历史现实和未来来看，中国之于世界，中国共产党之于中国的领导这是趋势必然，所以说首先要坚持党的领导，这一条不仅要明明白白写在律所章程里，同时也应该成为全所的共识原则。不仅不能越过这条“红线”，党建和所建互相促进，党建政治引领方面还应要有具体制度安排和切实保障。所务重大政策出台先经过

党委讨论，华商党委委员每周轮值，各专业委员会主要负责人由党员担任，建立总所派驻各分所党建教导员，党委统筹工、青、妇及律所公益文体活动，统筹律所业务、纪律惩处、风险防范和内审等各项制度的推行，都是坚持党的领导的具体表现。从另一个方面讲，坚决拥护党的各项方针政策，紧跟党的战略部署，我认为这也是讲政治的重要表现。近年来，华商积极响应“一带一路”倡议，率先发起设立深圳前海“一带一路”法律服务联合会；响应大湾区政策，率先发起设立首家内地与香港联营的华商林李黎（前海）联营律师事务所，在香港设分所、在澳门设联营所；响应深圳作为先行示范区的政策，率先起草贯彻落实深圳先行示范区的行动方案；响应海南自贸区建设政策的出台，在三亚设立分所，在海南设立首家琼港联营所；等等，这些表明我们把响应和贯彻党的方针政策纳入了“讲政治”的战略，我认为这是律所构建共同价值观的核心要素。

同时我认为“讲政治”还应表现在律所和律师管理及服务中，比如律所在树立正气、组织保障、规范运作和服务强化等的方方面面，这些都是律所“讲政治”要特别关注的内容。

第二，“重专业”。这是律所发展战略中的必备之选，但我国律师业发展到现阶段，“重专业”在外延上必须有新的拓展，传统意义上，它是指每个律师在专业理论方面有所造诣，在专业技能上有所成就，以及通过专业达致律师事业的成功，杜绝通过非专业手段达到专业目的等，它还是对律师个体执业在技能上的偏重与价值取向。而在新的历史时期，强调律师个体专业能力固然很重要，但已远远不够了。现代律师业的竞争力已从个体转向群体，即团队，团队专业建设无疑在律所竞争中举足轻重，一个在竞争中赢得优势和先机的律所，其前提就是专业集群的塑造和运作，团队专业建设已是律师发展战略中不可或缺的一部分。

华商历经 27 年的成长发展，除 10 多家境内外分所和联营所之外，总所人数已超过千人，总所执业律师已超过六百人，一方面，专业团队建设迫在眉睫，势在必行。另一方面，20 多年来，华商已经培养了一批专业人才，形成了一定的专业格局，如果在这个阶段我们还不着手提倡个人专业的提升须融入团队的专业化建设，那么华商的发展必定滞后于时代要求，甚至会遭遇发展瓶颈。正是基于这样的考虑，华商至今组建了 28 个专业委员会，让全体律师加入专业委员会，这些专业委员会与传统意义上的律所或律协专委会有很大不同。首先，立足于市场需要和客户体验，重在研发和推广专业产品、操作技能融入了法律业态之外的一些行业技能和行业标准。重点在于法律与服务对象的紧密结合度和产品特质。其次，专业委员会在职能上有所不同，律所在管理方面的权责下放至各专委会，把专委会建成一个类公司制的平台，这样律所专业化就能够渠道畅通和平台依托。

除此之外，结合华商 28 个专业委员会成立和运作情况，特别是在总结律师成功经验和不足之教训的基础上，我提出华商要建立全产业链的法律服务体系，要建立“研发 + 产品 + 法律服务”三位一体的新型专业运作体系，华商建立了“创客法律中心”“合规法律服务中心”“区块链法律研究院”等，对此进行具体的尝试，择时专门介绍。

第三，“比奉献”。这也是律师事务所发展到一定规模之后，在律所价值取向方面特别重要的选项。从大的方面讲，律师哲学讲究“取”和“予”的平衡，提倡“予”是消除过度“取”之戾气的重要方向。

而从“讲政治”的角度，使命担当的前提就是要能为他人付出，为社会付出，为未来付出，如果没有“予”的氛围，而只有“取”的争夺，一个律所不可能有成长基础和发展空间。从宏观层面上讲，律师首先要为行业担当，尽好行业责任，在此基础上构建和承担社会责任，才能为律师和律师行业发展奠定行业基础和社会基础。从微观层面上讲，每个人做到大公无私很难，但先公后私、大公小私这样的理念贯穿并形成律所文化是一个律所真正做大做强的先决条件。

正是基于这样的考虑，我们华商在深圳率先成立律师义工队，成为深圳市公安依法维权法律援助中心的义务法律援建单位。在公益法律服务方面屡屡先行先试。我们目前引入了全员述职机制，全员述职的重要方面就是“比奉献”，对他人奉献，对律所奉献，对社会奉献。

对社会奉献，对律所所务的参与和对社会公益事业的参与是律所对律师个人考核的主要方面。同时，律所管理班子每年也要总结和检讨我们全所对社会公益以及法治建设有哪些投入和奉献。

以上是我们把“讲政治、重专业、比奉献”作为律所价值取向的一些思考和实践。或许，我们在这些方面思考还不够深入、落实还不到位，但我们把情况在此做初步介绍，也是以学习的态度，希望就此请教同行大家，以期共同进步。

注：本文刊载于《中国律师》2020年第3期，收录本书时文字有删改。

建构卓越思维，
成就专业人生

华商律师欢迎您

大家好！我首先要讲的是思维的差异性和思维的层级。我把思维定义为正向（卓越）思维、中性（平庸）思维、负向（偏差）思维。什么是思维？思，顾名思义就是思考；维，是一个平面、一个方向、一个角度。一个人有什么样的思维就有什么样的行为，有什么样的行为就会导致什么样的结果。人生是思维决定的，考虑的角度不一样，做的事也不一样，而做的事会产生对应的结果。

一、做一个好的律师要起于中性思维，去掉负向思维，建构卓越思维

先说正向思维。一个人对客观事物的反应不一样，对人和事物的态度也不一样。比如，晌午的太阳，有人觉得很热，因此不愿意出去跟人交往，也就是我们说的不阳光。这种负面情绪会影响人与人之间的关系，会减少一个人的成功概率。如果抱着阳光的心态出去，他会交到很多朋友，可以提高他成功的概率。所以，思维和一个人的行为、结果和人生有关系。凡事都向好的方面想，也可能真的就变好了。有一种说法是，一个人经常骗人，这些骗人的场景以后可能就真的会出现。比如，你经常找借口说生病，无法参加活动，说不定有一天就真生病了。故而，就正向思维而言，第一反应是往好的方向去想、去发展。

中性思维，相对来说比较客观。这种思维看待事物不做过多的解读，相对来说平庸，但变化最大。我们经常听人说“平平淡淡就是真”，这是街头老百姓说的，我们律师不能说。如果经常说这种话，他的人生真的会很平淡。在春秋战国时期，社会不太平，但在

思想上却呈现百花齐放的态势。那时候欺诈横行，你骗我我骗你。当时很多老百姓心里不舒服，为什么骗人的人可以过得这么好？于是社会就开始动乱。老子是一个好人，也是一个伟人，他写了《道德经》，目的是安抚老百姓，你做好自己，不要跟人家比，不要说心里不平衡。我认为，历朝历代的统治者、皇帝“用”的都是老子的思想，但“说”的都是孔子的思想。老子的思想是天人合一，这就是中性思维，也叫中庸之道。

负向思维，会减损自己和周边人的能量。平时我们最讨厌偏差思维、负向思维，但它可以转化，可以往上走。我们律师不要有负向思维。英国律师制度起源时，律师的思维是很保守的，但这已不符合我们这个时代的发展，包括我国香港特别行政区的大律师制度也一样，我也对香港特别行政区的律师同人提到，我说你们这样不行，你们要多跟内地律师进行合作。思考一下，为什么美国的律师比英国、欧洲的律师发展得快？他们律师多且体量大。我们中国的律师今年做了 1000 多亿元人民币，人家做的是 3000 亿美元，我们跟人家的差距可想而知。商业活动在律师业务中占了很大的分量，他们没有完全贯彻英国律师的中性思维，美国律师有很多业务是中国律师望尘莫及的，有的甚至我们都没听过。比如中美贸易纠纷，我们说合规业务，美国相当比例的律师费来自合规，中国律师只拿到一丁点儿。美国审查中国企业是否合规，我们的企业还要付巨额的律师费给他。企业被管制，相当于“有期徒刑”，每年看你不顺眼你就要交钱。中国企业在美国上市，经常收到罚单。美国把法律服务业做到了极致。我们遇到问题会用强烈愤慨、坚决反对等外交语言，但我认为我们在外交上要说法律语言，要让律师上去讲，否则我们说的是政治、外交，但人家说的是法律，思维还是不一样。

中性思维发挥得好，就会走向正向思维。律师的职业特点决定了我们稍不留心就会形成中性思维或者负向思维。我们什么都要讲事实、讲客观，长期以来会形成职业包袱。什么事情都流于一般法的思维，在常识面前有些人是天才，有些人是傻瓜。

很多时候，律师的思维出了问题，他想问题并不是从技术层面来想，更多的是从态度层面、道德层面考虑。事情做不下去就要跟政府、当事人、法官“顶”。还有很多律师技术能力和专业水平不足，写出来的文书漏洞百出。真正专业的律师不需要通过非正常、非专业的手段达到专业目的。这个社会是存在不公平现象，但我认为这属于小概率的事情。如果我是小偷，我希望你是一个良民，至少我可以偷你的东西。如果你跟我一样是小偷，我偷谁的东西？人人都希望别人是好人。所以做律师要洞察人心。同样地，一位法官，为什么 A 律师可以与他交流得很好，而 B 律师就出现问题呢？成功的律师，他们会给你讲一些道理，但不能总讲道理。真正的道理只需要讲两三句，反复说的不是道理，是累赘。我们不要讲人人都能说的东西，而要讲大家听得懂的语言。律师要尽量构建自己作为律师、合格的律师、成功的律师、优秀的律师的语言，你要有自己的思维体系。你做哪个层级的律师，就要有与之相匹配的思维模式。

二、谈谈律师卓越思维的表现形式

第一，与世界共存的融合思维。

律师很容易走向对立思维，我们的职业往往是以成就一方利益，破坏另一方的利益为前提，这是传统律师的特点。这种思维长期发展下去就会形成人与人之间的对立思维惯式，这是要不得的。我们要有修复、完善的思维体系，也就是与世界融合。

前些年的一个某电信公司被起诉要求赔偿的案件，一审败诉，一审代理律师开庭时一上来就说公司没有责任，一点责任都没有，而法院判了该电信公司全赔。公司找到我们代理二审，我说你是垄断行业，你在二审的时候要表明自己承担的社会责任、行业责任，如何表述？首先可以说，我们一直在努力，试图建构一种可以防止电信诈骗的新技术体系，可是我们的努力还不够，不足以消除、消灭犯罪层面的屏障，所以我们是有责任的，但这个责任能否成为法律责任，这需要商讨。我认为这是行业责任、社会责任，我们对此应该承担起来。我们承担的方式是技术的投入、人力的投入、科研的投入，让电信诈骗成为不可能。在法律层面上，目前这确实无法构成法律责任，接下来讲理由。如果你是法官，你肯定听得进去。我“打官司”是可以说我当事人的不是的，并不是当事人都没错，他的不对就算有这么多，也要判断他承担的责任应该在哪里、是多少。“打官司”还需要建立体系，先“守得住”，然后是“攻得进”。如果你“守不住”怎么“攻击”别人？“攻得进”之后是讨论合理性，你说的话法官要听得进去。法官希望的是我们说“怎么办”，他希望我们成为他很好的助手，希望我们给出很好的案件处理方案，这也是优秀律师和一般律师的不同之处。

做律师要有融合思维。我的很多同行好友都是我当年打对家打出来的，本来想铆足劲跟我“打一场”，最后打不起来，反而跟我成为了特别好的朋友。所以，你不一定要气势汹汹，有理不一定要声高。尤其是在法庭上，我们一定要找好方向。比如十几年前我在广州开庭时遇到一个人，一上来就跟我对上了，我说且慢，在这个问题上，我不跟你争。我们所有的陈述是给法官听的，就算是辩论，也是给法官听的。很多人不明白这个道理，这是融合思维不够，导致其职业生涯出现问题。

第二，与人相处的能动思维。

我们如何跟别人相处好？一是不要给别人添麻烦；二是要给别人带来建设性的东西，你要给别人带来一些方便和启发。就像你跟我在一起待上一天，我不能保证你的修养提高多少，但至少唐诗宋词可以让你背上几句。很多人说看高会长的诗心情会很好，男孩子看了我的书一定会帅，不帅也会变得帅。女孩子也是一样，不漂亮会变漂亮，漂亮的会更漂亮。也有很多人说不看高会长的诗觉得不舒服，不舒服就不精神，不精神就不那么漂亮，所以一定要经常看我的诗。这是“广告”。

做人不要太扭扭捏捏，有的人扭扭捏捏，当律师七八年说话也说不利索。有时候求人帮忙也是一种交流，找人帮忙可以大大方方的，你扭扭捏捏，让我也扭扭捏捏，我怎么帮你的忙？求人是一门艺术，都不求人也不好，要在跟别人交流的过程中建立纽带和感情。人与人之间的互动很多都源于交流，大部分交流内容是求人、求朋友、我的朋友求我的朋友，以此类推，但不能求得很低俗。昨天，有一个律师给我打电话，说他没有业务，请我给介绍点业务。我说可以给你介绍，但我说你能不能先在微信、短信上跟我说一说，让我有点心理准备，你这么莽撞，我有业务也不敢介绍。就像一些中介莽撞地打电话让你买这买那，你百分百不会买。产生了反感的情绪，成功交易的可能性就会很小。我们要学会如何跟人交流，就算是求人也是一种交流。

第三，处理事务的思维方法。

不同的思维导致不同的行为，不同的行为和态度导致不同的结果。有些方法很简单，当你一旦将之复杂化，这个方法就没有意义了。无论是诉讼案件还是非诉讼案件，我们华商所每年要办理约 1 万个案件，如果案件折腾时间长，效果差，那就是方法或态度不对。作为律师，大致来说态度没问题，主要还是沟通方法或者处理事情的步骤、程序有问题。思维方法建立起来后，做起业务来就会顺风顺水。你不要觉得自己是万能的，我也在学习，我经常请教优秀的、专业的律师，做他们的学生，我想向他们学习专业、学习方法，人家能做好必定有能做好的原因。

第四，检讨自身的批判性思维。

我们律师从大学、研究生毕业到取得资格开始执业，就没有人管我们了。父母说你都当律师了，一张嘴这么能说，我管不了你。爱人能管吗，也不一定能，他们可能并不懂我们的专业。没人管的结果就如野草生长，长着长着就成了荆棘。我们一定要经常对自己每一阶段、每个法律事务或者某一系列的法律事务进行总结，并形成批判性、建设性意见。人人都喜欢听好话，但我们一定要敢于批判自己。

我研究孔子，因为我认为孔子是世界上有史以来最浪漫、最幽默、最天真的人。《论语》不是他自己写的，但很多话应该是他说的。他就像一个“老顽童”，非常真实生动。孔子说“肉割不正不食”，这是什么逻辑？孔子是一个很幽默的人，他经常嘲笑自己，也只有他敢说自己连一条狗都不如，和苏格拉底一样，他愿意把不好的一面暴露给大家。我很喜欢这两个人，我们要在批判性思维的构建上有所建树，而不要把自己藏起来。

第五，成就事业的专业思维。

专业思维包括语言思维、逻辑思维、写作思维等，法律讲究要法言法语。律师是生活的解惑者，我们有幸遇到一段与众不同的现实生活。律师用权利、义务解剖现实社会，处理好后，再回到现实生活中。我们律师比别人多了一种生活——法律的生活，同时也一定要珍惜现实生活，这是律师要敬畏的。

三、给青年律师的几点建议

第一，把律师职业做成一生的事业。

我们经过了小学、初中、高中、大学、研究生等阶段的学习，可谓大浪淘沙。经过了这么多年的学习后把律师作为我们的职业，务必把它当成我们的事业，安身立命。

我在司法局律管处工作时，深圳有 300 多名律师，我发现一个现象：有些人做律师赚了一点钱后就转去投资、炒股票、做房地产，但整体做得都不是很好，真正比较好的还是在一线做律师的人，物质生活和精神状态都不错。律师做投资的很多，但律师做投资的成功率不到 5%，大部分是失败的，反而从其他行业转做律师的成功率在 90% 以上。我问过一位从物理学家转行做律师的同人为什么做律师，放着好好的物理学家不当？他说他认为将律师行业和物理研究结合起来很有味道，所以他做律师做成功了！像他这种转行成功的概率比我们学法律的还高，因为他们有韧劲儿，有的法律人时间一长就没有韧劲儿了。他觉得看多了眼熟了，然后就不以为然了。许多去搞投资的律师，他们大多数灰头土脸，成功的很少。

在座的人要珍惜，不要觉得自己取得律师资格就无所谓了。要把律师职业看作一生的事业，选择了就不要放弃。我们有一个分所主任，昨天跟我讲有个大投资的机会，要转行。我说你可以去，但结果未必能像你想的那样。我给了他一个忠告，当你做律师做不下去时还想做别的东西，那不是“活路”。

第二，任何时候不要放弃专业。

有文学界的朋友曾和我说，你小说写那么好，诗写那么好，不做文学太可惜了。我说你别忽悠我，你讲天讲地我都不会放弃我的律师职业。我对律师职业有如此大的诚意、热爱和忠诚，上苍也会怜悯我三分。忠诚是最重要的品质，包括对职业的忠诚、事业的忠诚、专业的忠诚。作为律师，不仅要做成专业，忠诚也特别重要。有的律师做得“四不像”，就是因为他没有专业、没有忠诚，这是很可怜的事情。

第三，做好一件事，就事论事。

就事论事，可以学习《罗伯特议事规则》，《罗伯特议事规则》的作者是美国内战时期的一个工程兵，有一次他组织了一个会议失败了，他不服，所以他一辈子研究怎么开会。我们很多人每天开会，却不了解多数人、少数人、缺席人、辩论、主题、组织规则等概念。《罗伯特议事规则》到现在为止发行了500多万本，告诉我们如何操作一个民主制度，让我们开会开得心情舒畅。不要以道德指责别人，我们是法律人，就更应该学会表达我们的意见和想法。我开会不喜欢拉拉扯扯，比如，大家分水，如何按比例分。有些人就拉扯，首先说该不该分这个水，这个水如何构成。我不讨论为什么要分，这个水是怎么构成的，我只提出方案，对方案进行表决就好了。很多人喜欢把事情搞复杂。我们律所买房子时，有人说房子买回来将来怎么分？我说我们有能力买房，没能力解决买房产生的问题吗？不能把我们当圣人，把所有问题解决好才能去做。可能到那时候做这个事情就没有意义了。一事一议，一人一票，一票一决。否则，你的核心问题得不到重视和关注，问题就解决不了。

第四，建构正向的职业价值观和创造性。

我们的职业是有价值的，我们的价值是可以量化的。成功的律师可以计算每个时间节点创造的价值。法律创造价值！这是华商的所训。我们不要每一天过得浑浑噩噩，一定要充分展示价值。

第五，让自己忙起来，勤于修业，闲于修心。

我有一个同学，任何时候聚会吃饭，迟到早退都是他，说来的是他，说不来的也是他，但其实他是最闲的一个人，我常说的闲人事多就是这一类。真正忙的人很干脆，他没时间思考这些问题，更没有时间家长里短说别人的坏话。闲的人有很多时间考虑、酝酿和勾兑这些问题，导致他的人际关系复杂。让自己忙起来是非常重要的，我们华商有足球队、篮球队、网球队、羽毛球队、游泳队等10多个队。每年所里为此花费几十万元，坚持了20多年。我自己从足球队前锋打到守门员，再打到领队，现在改打网球。我平时和所里同事讲，你在闲暇时间去打球、去跑步，或者和我一样写点诗什么的也行，就是不能闲着，因为你闲着就会折腾不好的事。你要忙身心健康的事，有人说搞这些会耽误正事，我说这是借口。2000 年我既写了长篇小说《拒绝辩护》，也办了不少案，还去澳大利亚和西藏待了一段时间，什么都没耽误。建议大家忙于修业，闲于修心。

第六，自己照亮自己，留下闪光的荣耀。

我很想写本书，叫《律师的荣耀》。律师是要有荣耀的，我们律师自己应照亮自己。我们每个月、每个季度、每半年、每年要总结一下，把案件、咨询过的法律事务装订成册，让当事人看我们是怎样思考问题的，时间长了会养成专业习惯，在推广自己时就有了资本。你也可以在电台、所里办研讨会，这样你的专业形象就会跟其他律师有所不同。不要小看小事情，这些小事情是照亮前程很重要的一部分。如何为当事人解决法律问题，这就是我们要考虑的。我们要学会建构自己的职业体系。

第七，懂得节制和克减。

作为一个诗人，我常讲，诗人要懂得节制，一个优秀诗人的诗篇不长，表达到位就可以了。律师也一样，在法庭上不能太啰唆，有些人从法庭调查就开始辩论，反反复复就讲那么几句话，要法官反复地提醒他时间。我开庭跟别人不一样，言简意赅把案件说透彻了，告诉法官一个方向、一个思路、一个方案，推动他完成审判任务。有些律师同行疑心很重，动不动就觉得法官偏向对方，实际上是自己偏了，为自己的不努力、不专业开脱。跟当事人之间的沟通也是，一定要节制和克减，一定要保持适当的距离，节制与克减是世界上最美的一条线。尤其在新的历史时期，我们要改变那些繁杂冗长而没有专业主题的观念，从而构建新的律师执业价值观和职业体系。

【对话高会长之互动提问】

台下听众：高会长，您好。刚刚您谈到现在法律市场的竞争很大，在执业过程中竞争压力会很大，您对年轻律师在开拓案源和开发市场方面有什么建议？

高树：目前在开拓案源方面没什么很特别的东西，就当事人而言是其需求能否得到满足，这是最需要关注的，不管你是大律师还是初入行的律师。开拓案源无外乎这三方面：一是态度方面，年轻律师的诚恳态度和工作付出方面，比资深律师有优势。因为年轻律师的时间更多、更充足，在放下身段这个问题上也没有障碍；二是专业和实践方面，年轻律师有优势。他可以把一件事做得很细，在局部问题上的处理和细节的处理上，甚至可以做得比资深律师更好；三是年轻律师一定要有自己的推广模式以及可以拿出来推广的内容，作为初入行的律师，年轻律师可以把当事人的咨询以及咨询内容稍微扩大，做成自己的案例发给客户。年轻律师要有自己的东西，实在没有，可以用自己在大学、研究生时写过的论文，说这篇论文在处理某些问题上如何有建设性，然后编一本小册子，让人看起来很专业、很舒服。年轻律师资历浅，但可以帮客户在案件的某一环节，比如，调查、衔接等方面做得非常好，久而久之，当事人就会信任你。这就是案源的开拓，与客户间建立联动效应，这些事做好了，其他的自然会跟着来。

注：本文根据高树主任2019年6月14日在深圳市图书馆“青年律师成长沙龙——对话会长（第八期）”上的演讲整理而成。

争议解决律师的
创新思维方式、庭审技巧探讨

“每个案件都是一段现实社会生活，对案件的态度，表明你对现实生活的态度，希望华商未来能培养一帮有战斗力又理性自觉的华商人，有担当，有作为。”2019 年 12 月 24 日，华商争议解决法律专业委员会正式成立。高树主任在成立大会上发言，既有对华商总体战略、专业委员会发展方向等的宏观架构，又有对案件实际操作、庭审技巧、法律思维培养等的专业建议，干货满满。

下面将高树主任的发言整理成文，供大家分享学习，希望对大家的工作有所启发。

一、未来三到五年，争议解决要成为华商新的经济增长点

今天，华商正式成立了争议解决法律专业委员会，由我来担任主任。在华商整个专业格局中，一些专业委员会是当下不可或缺的，一些是可以向前延伸的。比如，区块链法律研究院、营商环境研究院、合规研法律服务中心等，这是战略性的、前瞻性的，会是我们未来的“抓手”。

经济增长点、可持续发展、建立全产业链的法律服务体系是华商发展战略要推的三个方向。经济增长点是市场的战略，可持续发展是解决生产力和生产的关系、现在和未来的关系，建立全产业链的法律服务体系既是我们的手段，也是我们立足法律服务市场、国际化的必备之选，还有对自贸区法律服务体系的建设，以及在国际化的新型布局方面，华商要有所作为。

因为大家知道，在低端业务区，我们做不过小所。低端业务其实并不低端，如劳动争议、家事等，这些业务与老百姓的生活息息

相关，是大众生活的一部分，这些业务我们不一定做得过小所，他们成本低，我们成本高。而在一些重型业务、战略性业务上，我们未必做得过国际上的大所，乃至国内的红圈所。于是华商在两者之间要找到最佳的点，也就是合适的位置。上次我在合伙人会议上说过，我们不能“弯道超车”，很容易“碰撞翻车”，我们现在要“借道超车”“换道超车”，把最不利的东西回避，把最好的拿出来。

现在成立争议解决法律专业委员会，最主要的工作就是要把做得最好的拿出来。在华商体系建设中，争议解决法律专业委员会非常重要，要在未来三到五年，像不良资产专业委员会、破产专业委员会一样，成为华商新的经济增长点，支撑律师事务所的可持续发展。

华商发展了 27 年，在争议解决方面还不够强，主营业务主要在 IPO、金融、资本业务方面，但是现在社会进入深度转型时期，争议解决一定是大所的生存命脉，未来我们律所“GDP”的相当一部分也会来自争议解决。

争议解决不仅仅是诉讼，还有仲裁、执行领域以及民商事领域的一些新的解决手段，如调解、专业机构的第三方介入处理等新型方式，专业上大有可为。因为在社会深度转型时期，国际国内争议增多，期间会爆发很多社会关系和经济关系走向的问题，需要通过法律途径解决，上升为法律关系。华商能够为争议解决提供代理、设计解决方案等法律服务，或通过非诉讼手段提供解决方案，以及延伸出来争议解决方案的手段、目的、途径等多方面业务。

如果没有创新，争议解决仅仅限于诉讼、仲裁，我们的体量会受制约。我现在担任前海“一带一路”法律服务联合会执行会长，目前正在建立国际商事调解中心，它是争议解决非常好的平台，大家要积极参与。

华商争议解决法律专业委员会最重要的目的是培养一批人才，将来委员会做得好不好，要看有多少人“拿”得出来，“拿”到法庭上、仲裁庭上、调解平台上、新型争议处理创新手法上，也就是要看有多少人才，能办多少大案、要案。

昨天和我的师兄李涛交流，之前他在华商做过一些大案，此次是委员会的名誉主任。他办理的一个案件标的108亿元，很多上诉和再审案件做得也很不错。他的案头工作做得足，在庭上非常专业。我到时也会邀请他来讲课，教大家怎么做案头工作，怎么开庭，怎么和当事人沟通。

二、争议解决的思维方式要别具一格

在座的律师，如果没有开过一个好的庭，没写过一个好的代理词，没解决过一两个有重大影响力的经典案件，没在不同争议领域有所作为，甚至连高级人民法院都没去过，这是很不够的。

我当律师时，大概有10年时间在最高人民法院开庭是最多的，如办理招商银行系列案件。我们办了一系列非常有影响力的案件，这奠定了我作为一个诉讼律师、争议解决律师的基本底气，要做到在庭上站着，就应当知道案件是怎么回事。所以大家要不断争取这种机会，比如，我以前的助理唐华英律师，我们一起解决过新宝安地产虚假陈述案件，因为案件的成功，这个公司后来改名，卖了几十亿元，不然公司当时可能直接破产了。由于我们的努力，把公司挽救回来，也成就了一个经典案件。

对待争议解决案件，要有平衡的、创新的法律思维。今天上午我写了一段仲裁意见，和大家分享一下。这是我作为仲裁员参与的一个案件，我认为这一案件的处理在基本法理上不清晰，于是给首席仲裁员写了个意见。

这个案子涉及合同解除问题，我把它称为“头轻脚重”的合同，这是我自己总结出来的，我们律师要善于总结。案子概况是双方合作 20 年，签署合同，期间甲方租给乙方近 10 万平方米的场所，开始 5 年、10 年、15 年，收取的费用租金很低，最重要的在最后 5 年，租金收得很高，覆盖了前面的 15 年。但合同也有条款，如果承租方经营环境恶化，或者是商业环境恶化，利润点达不到要求；等等，可以解除合同。

首席仲裁员认为，确实出现了经营环境恶化，可以解除合同。但我认为，从条件上来讲，所谓营商环境的恶化，没有指标很难认定。周边的店开多了，但在总的营业额上是没有减少的。因为旁边出现了几个店，不能认为环境恶化，选择在合同没到期前裁决解除合同，是不合理的。

意见中我是这样写的：“个人认为合同解除应循严格条件，申请人要求解除合同的理由及条件未能成就，从定分止争特别是僵局解困目的出发，可裁予以解除，但以申请人理由解除则欠妥。显见此时解除申请人系利益安排，而此安排系对合同义务规避而非其所称环境恶化等，况且其应支付三月赔偿费应是解除前置条件，裁决不宜另作解释。此案解除之主要法据应为合同目的已经无法达成，僵局解除符合双方选择。此情况下解除则须对作为出租人的被申请人之合同利益作出倾向性补偿，或对其请求予以充分关注和保障，才会对此类头轻脚重的合同给予合适救助，以维护合同和交易之诚信公平。”

合同就像是一个婚姻，婚姻能不能随便解除？《婚姻法》的目的是什么，是为了让所有人去解除婚姻吗？婚姻和合同一样，自愿、诚信是它的应循严格条款。婚姻解除对社会、家庭成员、准家庭成员带来很多负担，所以我们对解除婚姻持审慎态度。《合同法》也是如此。

我和很多人，包括法官谈到过这个观点，合同解除既有约定解除，也有法定解除，但是除非有重大的、刻不容缓的理由，否则约定解除不得伤及第三方和社会的利益，有损于第三方和社会利益的约定解除是不可接受的，这就是我们的法治精神。你们办案时考虑过这些问题吗？像我这些观点就可以直接写到裁决书或者判决书当中。

三、律师应该是法官最好的助手，代理词能直接应用到判决书里才是合格的律师

我前段时间还讲过一个证据的举证责任分配问题，律师说服法官，我有别具一格的说法。举一个例子，A 借几千万元给 B，钱到了 B 口袋里面，双方开始说是投资，后来说是借款，情况不清不楚。法官认为“谁主张，谁举证”，A 主张 B 要还钱，所以 A 来举证。在事实不清的情况下，我认为要突破“谁主张，谁举证”的规定，应该参照《劳动法》的规定，用工单位是优势一方，他来举证。案

子中，钱到了B的口袋里，那么是用什么方式拿到的？B必须讲清楚。

我对法官说，这个时候被告也要承担举证责任。原告有举证责任，但举证不能的情况下，不能想当然地排除被告的举证责任。钱到了B手里，A是被动的，B此时是主动拿钱的，难道不应该B举证吗？如果钱在A的口袋里，肯定需要A举证。

我在裁决很多案件时都有此类思维，很多资深仲裁员认为我的视野跟别人不一样，我说因为我对法律是有建构的、有智慧的，所以我处理过的很多案件都是有建设性的案件。比如，解除合同，我说我们承认需要解除合同，但解除合同是一件非常艰难的事情，必须履行严格条件。

所以为什么有些律师总是输官司？因为他仅仅是按照法律规定思考，而没想到法律规定之下，要到那种条件，需要付出多大的努力。我们要这样思考，才能给法官和仲裁员提供方便，作为诉讼律师，我们应该是法官最好的助手。我们所有的说辞、代理词，都可以直接应用为判决书和裁决书，这样才是标准的律师。

律师开庭的时候，不要长篇大论，而要三句话把案件最要害的地方讲清楚。我们需要做的是怎么把一万字浓缩到五千字，把五千字浓缩到两千字，把两千字浓缩到一千字，把一千字浓缩到五百字，最后把五百字浓缩到一百字，这就是我们律师要做的事。你们有这么做过吗？

如果你们说，我就这么干过。那我会说，你是好样的，将来会是成功的律师，所有法官都会喜欢你。我常感慨，为什么现在出不了大律师，出不了有法律建构的、有重大法律关切、人文情怀的大律师，目前，大家都有一定距离。

我经常参与仲裁案件，有些是标的几十亿元的案件。有时我会感慨当事人怎么会请这么一个律师，永远说不清楚，絮絮叨叨、啰啰唆唆、越说越乱，本来清清楚楚的案件被折腾得“惨不忍睹”，简直是在“蹂躏”案件。每个案件拿到我们手上，一定要用珍重之心对待这个案件。比如说一个医生看到病人充满嫌弃，他能把这个人治好吗？他看到病人有关怀，他就有可能把病人治好。我们律师也是如此。

四、打官司要有稳定性、攻击性、合理性

今天讲的内容不知道对大家有没有启发，我希望有。我希望华商出一批大律师，从争议解决开始，把功夫做足。这么多年来，在老的一批律师中，如谌秋林、徐灼安，他们甚至成为政府法律顾问，一年做非常多法律事务，老老实实、认认真真做每一个案件，这就是工匠精神。在这个基础上，我们再上升一点，尤其是应在法据、法理上面有所建树。

打官司要下很大功夫，如我们团队承办过的一个案件，光模拟法庭就开了八次，我说这样就对了，后来这个很难“打”的官司果然赢了。

打官司就要这么一点一点敲、一点一点磨，我上课时讲过，打官司一定要有三性，第一个是稳定性。站都站不稳，还想跟泰森这种级别打？首先站得稳如磐石，像中国功夫讲究的，站如一棵松，坐如一口钟。

第二个是攻击性，要“守”得住，才能“攻”得进。可是，有些“攻击”像义和团，虽然念念有词，但就是飞蛾扑火，很愚蠢。我们所有的“攻击”首先都是围绕保护自己展开，所以你的“攻击”一定是要别具生面的，要有特殊的手段，要建立创新性的“攻击”手段。别人能想到你“攻”的地方，你就不要去“攻”了，别老是念那几个法律条文、那几个有利于自己的东西。我打官司会讲不利于自己的东西，我在这些地方是不利的，我就告诉法官，我有这么多不利，但官司还能“打”得过对方，这就是我们要做的。

第三个也是最重要的，就是合理性。不要小看这三个字，这三个字重如千斤，一个律师所有的话，都要说到法官的心坎里去，如果有检察官、公诉人，也要说到他们的心坎里去。

五、庭审时密切关注法官的神态，不要试图用非专业的手段达到专业的目的

在庭上时，要密切关注法官的神态，三个法官中只要有任何一个人开始走神，或者开始提一些稀奇古怪的问题，你必须马上打住，你说我已经讲完了，或者说请给我一点时间，我在庭后给您书面回复。

这个时候一定不能再讲。举一个例子，我曾经仲裁过一个案件，是中国女性和法国男性的婚姻纠纷，他们涉及很多专利和财产纠纷，大概是几千万元。结果代理女方的律师絮絮叨叨，关键是没有方向，言不及义。

我问：“你讲完了吗？”对方回：“快了。”我说：“差不

多了吧？”他说：“马上。”最后他说：“仲裁员，就一分钟讲完。”结果他又讲了半个小时，整个下来讲了40多分钟，我旁边的首席仲裁员后面说“他讲得实在太多了。”

合议时，首席仲裁员问我意见，我说你是首席你定吧。首席说女方的诉求没有依据。我说是不是她的代理律师说多了，没有重点了？首席点了下头，说：“是，但不全是，主要是没说对。”

律师开庭一定要观察每一个法官的神态，他对你的关切，他点头的时候什么意思，摇头的时候什么意思，抬头看一眼什么意思。很多律师试图用非专业的手段达到专业的目的，这是非常愚蠢的。法官问你几句，对方律师问你几句，你心里就开始打鼓，胡乱猜测对方是不是做了什么工作，法官会不会偏向他。如若这时候不好好调整策略，不简略地把案情、意见说清楚，反而和法官形成冲撞，这就不好了。还有，如果法官问什么问题你都不知道，那么到法庭来干什么？作为律师你必须知道！如果说不知道，应该表示歉意，对法官和对方表示歉意。

对我们法庭的三性（真实性、合法性、关联性）不能只会千篇一律地机械套用。一些律师动不动说没有关联性，有关联性也说没有，自己盖的章，说没有真实性，在庭上“胡说八道”。

我希望我们华商律师不要“胡说八道”，你“胡说八道”，人家一定知道，不要藐视人们对基本常识的判断。还有很多人喜欢在法庭上说谎，顾左右而言他，对很多已经落实的问题，还在那里反反复复地纠缠，延伸出很多的问题，让庭审无法正常结束。

还有一种情况，一上庭就和对方律师、当事人卯上劲儿。我们当律师的永远要清楚，我们不是跟对方当事人“较劲”，我们所有的观点要陈述给法官。我以前讲过，辩论原则最重要的，不是面对辩论的对手，而是面对辩论主持人。

很多律师一上庭就跟对方律师卯上了，鼻子不对鼻子，眼睛不对眼睛，站在那里发狠。还会因为形势于己不利而无端猜测，认为法官偏向对方，甚至用攻击性的手段，如投诉，去跟对方律师甚至法官较劲儿，反而把专业的东西抛之脑后。很多“死磕”律师都是这样练出来的，试图通过不专业的手段达到专业目的。

六、对案件的态度，表明你对现实生活的态度

今天讲得比较多，因为我对华商人是有要求的，所以用这种方式讲话。其实我以后可以给大家上一堂课，用很多专业案例，讲解为什么可以这样，为什么不可以那样。

今天华商成立了争议解决专业委员会，希望每个人都像一个争议解决律师一样，有基本的风貌、素养、专业水准，处理问题、解决问题的能力，能出具更多的方案。注意，以后我们作为争议解决的律师，都要能出具争议解决的具体方案，这是非常非常重要的。

我现在发现很多案件被“浪费”了，那么好的案件到我们手上，如果打成了“不汤不水”“不三不四”的样子，要有歉意。我赢过很多官司，也输过官司。输掉官司后的一段时间，我心里都很过意不去，我首先觉得对不起案件，每个案件都是有生命的——每个案件就是一段现实社会生活，对案件的态度表明你对现实生活的态度，这听起来很玄乎，但实际上就是这样。

所以今后的华商，我们要培养一帮有战斗力又理性自觉的华商

人，有作为，有担当。每一个案件，我们都能建设它，而不是破坏它，我们律师把好好一个案件“破坏”掉，这是不可以的。

今后华商在争议解决案件问题上，管理应严苛一点，要么别做，要做的话就认认真真好好地做。一个案件可以大家一起上，一起拿下来。利益的事情好说，能拿下来一起做才是最重要的。

此次成立争议解决专业委员会，也要建立一个新的格局。最后我想说，作为争议解决律师，大家尤其要注意所有的行为表达、素养。华商对外的整体形象很好，不要因为一两个律师的行为而造成负面影响，因为我们是职业共同体，一定要有职业道德，一定要尊重法官和检察官，还有同业同行，一定要维护好我们的形象、声誉。

注：本文根据高树主任 2019 年 12 月 24 日在华商争议解决法律专业委员会成立大会上的演讲整理而成。

律所主任
如何带领律所拓展业务

IRM

律所主任的核心职能是什么？我认为答案是动态的，如果把律所按规模划分的话，大所主任，重在“管理”；中所主任，重在“经营 + 管理”；小所主任，则是“经营 + 办案 + 管理”。显然，这是律所主任管理专业化的发展路径与规律，昭示着律所主任的职能，应随着律所规模的扩张而走向管理专业化。

我今天讲的主题是“律所主任如何带领律所拓展业务”，作为一个具有一定规模的律所的主任，应当具有业务拓展理念、战略与方法，即律所主任的业务经营体系。一个律所的成长发展跟律所主任有非常大的关系，全国有几万家律师事务所，怎么样才算是一个好的律所主任？因为我一直在一线，一直当律所主任，对此有一些见解。

一、律所主任要能引领和带动业务拓展

（一）主任不能脱离律师的本位属性

我谈的第一点，是一个优秀的律所主任要能引领和带动律所业务拓展。

律所主任不能脱离律师的本位属性，律师的本位属性是什么呢？公共性、专业性、社会性，这都是我们律师的本位属性，但律师最重要的本位属性是拓展业务和做业务。如果离了这个，律师的公共性、社会性、专业性，就都无从存在。律所主任脱离业务对个人和律所有一个非常不好的影响，就是空心化。

你看到一个律所主任，不管他是去当律协会长、当人大代表、当政协委员，或者进入其他的行业，如从商，如果脱离了这个行业

的业务范畴，那么在他身上就很难看到律师的痕迹了。也许只会留有一点点印记，但是他已经不像律师那样去思考了，他慢慢地在转化。我发现很多的人、很多的律师，尤其他的生意做大了以后或者脱离了律师业务以后，他自己就没有律师思维了。他所在的律所，如果他还是主任的话，这个律所也面临着一个转型，也可能就不是一个专业所了。

这方面的例子很多。我到深圳的时候，我在律管处管理律师执照发放，而我是第 119 个律师。实际上我是在百名之前，因为我把自己的执照发得晚了一点。后来我离开律管处的时候，有 321 位律师，那个时候大概就十几家律所——六家国外所、十来家区属所，有一批非常优秀甚至在全国都有影响力的律师。

这 300 多个律师，到目前看来，还战斗在一线的可能也就不到 25% 了，大概是 20% 的样子。其中有一些人，在当时的情况下，就是现在我们通常说的律师大咖。那个时候他们的创收，在八几年、九零年这样的时候，他们就能做到几十万元，非常不错了，有些甚至能做得更多。

可是，这一批人中有一些已经离开了律师行业，现在我们叫大浪淘沙。有一些人经商失败了，有一些是因为其他变故。那个时候，虽然说他只做业务，但还是积累了一定的经济财富，但这比不过时间的流逝，也挡不住通货膨胀。当时，可能他有几百万元，买了一套房子或者干了什么产业。现在回过头来看，如果他停下，他还不如一般的经过了多年奋斗持续到现在的律师。

所以，律师和律师业的这种持续性，对每一个律师来讲非常重要。我现在有一个很深的领悟，你看我们华商现在有上千人，有

600多个律师。我经常跟他们讲，你们什么都不要想，就想一件事——做好一个律师，这比什么都重要，这比什么都幸福。很多人跟我说，我要去当独董了，我要去当公司合伙人，我要去做生意，我说你不要跟我讲这些事情，这些事情将来带给你的可能没有你想象的那么好。

所以，我讲这个的意思就是说，一个律所主任如果天天强调业务的重要性，这一专业导向势必对一个律所，对所有的成员来讲会形成根深蒂固的价值观念。而不会说一天想东、一天想西，然后一批人就在那“莺歌燕舞”，不是搞这个，就是搞那个，一个律师事务所的文化就会产生混乱。

第二点，律所主任的进位和回位。我当了那么多届的深圳律协的副会长、会长，我跟很多律所主任开会的时候讲，我们大体上就是一个律师，律师就是工匠，我们定位低一点没有问题。如果我们能做好一个专业律师，我们可以再往前走一点，我们去当一个律所主任。如果这个主任我们也能当得很好，律所管理得还不错，那我再进位一点，去当一个协会副会长、会长，乃至去当政协委员、人大代表去参政议政，这些都是可以的。

但是，如果作为一个律所主任，当承担某些职务开始很吃力的时候，马上要回来，不要去做了，赶快回来做好律所主任。这样，你的律所才不会迷失，才不会“丢掉”。如果突然间觉得你的律所主任当得已经非常吃力，你不足以带动承载这个律所的发展，那也不要紧，还是赶快回位，当一个专业律师，一分钟都不要耽误。

这就是我跟大家传递的一个基本理念，我觉得还是有一些用。人生有进有退。我在十几年前就跟很多律师讲，我说我们没有大小之分，只有一个不一样，能不能把各自的工作做好。

我是这样践行的，希望大家也是这样。不要因为你是一个律协会长、副会长，就把自己的本职工作忘了，然后把自己的律所带到“坑”里面去。

这方面的例子很多，教训也很多。很多的律所，因为律所主任后来担任了一些职务，律所每况愈下。我觉得这种情况应该引起律师行业的反思。

（二）律所主任应注重律所业务拓展规划

律师业务拓展规划在律所发展规划中的定位非常重要，律所的发展是第一位的。如果没有律师业务拓展规划，一个律所的 3 年、5 年乃至长远规划是落空的，客户群体在哪里？专业性在哪里？你对行业的远见，以及创新的地方在哪里？这是每个律所都必须思考的问题。

这么多年来，我都在考虑律师业务的定位在什么地方。我们必须思考，否则一个律师事务所就会流于一些很次要的东西，而不能抓住最主要的、本质的东西。

当然，有了律师业务拓展规划，也必须在律所业务拓展规划的执行落实和完善当中不断地推演下去。一个律师事务所的业务拓展规划的制定和执行是一个律师事务所发展的生命线，这是非常非常重要的。所有的优秀律所在制定和执行业务拓展方面，都是不遗余力的。而且，他们总是一开口就在讲他们的业务拓展、人才、客户，乃至创收。

我就讲一下我们的合作伙伴之一——霍金路伟国际律师事务所（以下简称霍金路伟），一家在国际上排名靠前的律所，也是我们的联盟合作所。2017 年，霍金路伟在创收上大概有 20.7 亿美元。我觉得大家应该看一下一个优秀的律师事务所怎么去经营、怎么去拓展业务，我每年都关注他们的年终总结，其首席执行官在年终总结对律所有一个展望，通过这些我们能看到外国的优秀律师事务所是怎么去展开律所工作，怎么去收官，以及每年结束的时候怎么去总结。

该所去年（2017 年）合伙人人均利润是 1250 万美元，律师平均收入是 850 万美元，霍金路伟去年的亚洲业务只占 7%，欧洲业务占 42%，美洲业务占 51%。去年，霍金路伟做了一些非常大型的业务，如英国脱欧公投有关业务、我国中兴通讯的合规业务。当然，他们的收费是比较高的，其中在中国的一个项目收了 6000 万美元。他们的业务还涉及像德国、法国的大型收购，互联网，汽车，药业，阿联酋整体的国债，以及全球气候变暖相关影响等领域，他们都承担相关工作并出具法律意见。

还有大家可以关注一下，霍金路伟有一个非常重要的业务，他们每年都在非常努力地去拓展，叫游说业务。他们的游说业务在欧美很多所都占有一席之地，游说国会、游说总统、游说大型机构和商业公司，一个项目收入非常可观。

霍金路伟经常有收取上亿美元律师费的项目，如新型的医疗健康、互联网、金融、无人机等。霍金路伟每年还会检查每人每小时完成的业务量以及每个业务执行的情况。我们看了以后发现，原来一个优秀律师事务所是这样去展开业务规划的。这样的律所很值得我们去学习，不论大所还是小所，都应该去学习这样高水准的业务拓展规划和业务拓展规划的执行、检查及完善体系。

霍金路伟在全球有差不多30个办公室，总部在华盛顿和伦敦，是由英国的路伟和美国的霍金两家律所合并起来的。你看霍金路伟的这些业务，如金融科技、无人机、网络风险、数据隐私、互联网汽车和数字健康等，非常前沿。

这就是为什么他们律师年平均收入能做到七八百万美元，合伙人年利润能做到一千多万美元。他们在业务规划和布局方面的一些做法，以及律所管理层对业务层面的建设性，确实值得大家好好学习和借鉴。

（三）主任带头拓展业务的示范效应

一个律所主任有没有个人实践体验，能不能在拓展客户、拓展业务当中有一些体会，对一间律师事务所其实是非常重要的。

在我们所，我的体会就很深。如果律师跟你说的你都不知道，不知道业务是怎么开拓的，你这律所主任做得就不合格。我们律所星期五开了两个标，全都中了。当时两个项目都问了我的意见，我也都给出了意见。如果律师讲什么你不懂，他会看不起你，自然就不会和你交流。

“强将手下无弱兵”，当一个律所主任带头做业务时，其他人没有道理不认真去做。而当这样的习惯成为一种文化后，它就是一个方向和一面旗帜，让一个律所始终能抓住最本质的东西，而不会不务正业。

有一些律所总在干一些“不务正业”的事情，甚至有的是大咖级的律所，我经常批评他们，我说：“你这个事跟业务离着十万八千里，好好做一点业务不好吗？做好本职才是最重要的！”律师做非律师业务，特别是一些大而无当的空泛业务，目前来讲还不应该是主流，虽然我们也在开拓一些边缘产品，但这都不是我们的主要方向。

二、律所主任如何引领和带动业务拓展

（一）主任带头拓展业务的要点把握

1. 代表律所业务拓展的水平

这个不用多讲，一个主任出去，代表的是律所的基本水准。我今年开拓的不少业务是世界五百强公司的，我亲自带队。人家就问：高主任，你是什么水平？我说，没得讲的，我就是大律师的水平！

2. 发挥律所和个人的影响力

律所主任去拓展业务的好处，就是用律所和其个人的影响去拓展业务，身后的律所什么样子，个人大概就什么样子。

3. 调动律所的资源拓展业务

然后，律所主任还能调动律所的资源去拓展业务。当然，律所主任拓展的业务，不一定都要自己去做，但是一定要有团队会做。

4. 拓展业务和做业务的关系

当律所主任去谈业务、拓展业务的时候，对于律所主任会不会做这个业务，对方可能会打上一个很大的问号，所以要把这方面的关系协调好。

5. 需要克服的不足

不足之一是律所主任的关注度不够，他的专业性有时候会受限。因为他没有那么多时间去全面展开专业检索，去研究和论证。

另外是持续性不够，因为主任关注的事情比较多，尤其一个大所的主任，像我每天的工作量，可以说是常人的至少十倍以上。所以持续性方面会受限，要想办法克服。

（二）主任带头拓展业务的体会

1. 共建共享的理念

我个人在带领律所拓展业务方面有一些体会，首先要有共建共享理念。这其中包含三个方面：第一，共建平台，一荣俱荣。第二，平台大于实际利益。第三，先付出和共同分享。我发现、总结了一个经验，不知道大家有没有同感。在中国，一些品牌影响力大的客户，你服务它时可能获得的实际利益并不大。反而，做一些看起来“不怎么样”的客户，所获得的收入很高。比如，几百万元甚至上千万元的收入，说不定来自一些很不起眼的客户。

我还发现向这些大品牌的企业收取律师费有时也比较困难，比如，我现在是国内最大地产商的首席法律顾问，收费比想象中的要困难。但即便这样，这些客户仍是不可或缺的，因为律所还是要做“大”业务，做“大”诉讼，接“大”客户。

有一家世界五百强企业的负责人问我，如果不收费，你们愿意给我们提供服务吗？我说，那不可以，会伤害我们这个行业。他说很多律所，包括比你们排名靠前的律所都愿意做。我说那是两回事，我不希望在行业里面出现这种状况。有的时候如果要去拓展业务，的确需要有一个平台建设的理念，首先把这个平台拓展开来，费用的事情可能往后放一放，但前提不能坏了行业的规矩。

2. 个人和团队关系

我经常说，一个人一辈子或者一段时间能干成一件事，几个人能干成几件事，一群人如果精诚团结、志同道合，能干成很多事，而且能成为事业。这是我的理念。一个律师事务所，在你没有把它组织好的时候，它真的什么事都干不了。个人带动团队，团队做强律所，这是今后的方向。

3. 建立客户信任度

建立客户信任度，这个我自己也有很多体会。有不少客户对我说："高主任，我为什么请你，我觉得跟你在一起很舒服。"当一个客户能讲出这句话来的时候，你做得也就差不多了。

与客户相处，首先要能换位思考，表达要适可而止。一些律师开庭时滔滔不绝，尽是一些大而无用、完全切不中要害的话，还不如少说。

其次要有合理的距离。人与人之间需要空间，律师跟客户之间也是如此。尤其是一些大的客户，我跟他们的交往总是十分谨慎，不会说他一请我吃饭，我就去。

最后是适当的紧密度，经常给客户惊喜，这样客户才能感觉到你存在的特别价值。比如，我是一个诗人，但我从来不过多宣传，有时客户突然发现，说高律师你居然还是这么有名的一个诗人，这么能写诗。我不告诉客户我是一个作家、一个诗人，因为在客户眼中我的身份定位不能错乱，这一点非常重要。

4. 专业方向与案例

不断总结专业成功的案例，不断学习和提升。

5. 领先与可持续性

关于可持续性，我们跟生意人是不一样的。之前有个跟我关系不错的朋友向我讲过一句话，他说事业和生意的区别是什么？在某一个行业、在某一个城市里面，你能做到前三名，那么就是事业，其他的都是生意。讲得有点绝对，但是也有点道理。

我们做律师也是如此，在某一个行业如果能做到前列，就算不错了。这些年华商在深圳市按创收算数一数二，我个人创收在所里也名列前茅。最难和最要紧的是持续领先，华商成立近30年了，虽然我当会长的这些年个人业绩受到了影响，去年我卸任，今年我的业绩马上又上来了，而且我每年会亲自带领两到三个团队去操作我认为比较值得深化的案件。

我们所主要做IPO资本业务，当然海事、海商、知识产权、金融、公司等领域的业务也比较多，还有一块比较大的是诉讼业务，比例大概在30%。

华商现在试图改变一下。这两年我亲自带了几个团队，做一些大的诉讼案件。我给他们讲解流程和实务，和他们开模拟法庭，告诉他们怎么展开诉讼，怎么去建设一个案件，我说作为一个诉讼律师，应具备稳定性、攻击性和合理性。如果这“三性”都没有，这官司就不要打了。

我可能在诉讼方面有一点作为，我们团队操作的一些案件做得也算比较成功，每年至少有一些经典案例可供总结。

注：本文根据高树主任2018年6月9日在点睛网的演讲录音整理而成。

建构律师参与不良资产处置新生态

——“区块链 + 不良资产”风口将至

在一个完善的不良资产处置流程中，律师不可或缺。近年来，随着社会进入深度转型期，不良资产处置市场也被视为“蓝海”，众多机构争相入局，不良资产处置市场也不再是“剑走偏锋的游戏”，而是愈发成熟与完善。

新的社会时期，不良资产将作为生活的常态存在，因此律师要对不良资产建构起新的认识，对其新特点、新形式有所了解。近日，华商律所不良资产法律专委会举办了关于“经济下行趋势中如何把握特殊机会”研讨会，邀请了不良资产处置专家讲课。研讨会上，高树主任发表了对不良资产重新认识的演讲，整理成文，与大家分享。

本篇文章集合了近期高树主任对不良资产领域的思考，从不良资产定义、新时期发展特点入手，探讨引入区块链技术处置不良资产的可行性。望以此为契机，与同行广泛、深入交流区块链技术在不良资产领域的应用。

一、建构对不良资产的新认识——律师在不良物权领域大有可为

今天我谈的第一个问题是根据不良资产在当下的趋势和特点，我们要对不良资产有一个新的认识。

中国不良资产市场的发展，从1999年正式开始，当时为了处置工商银行、农业银行、中国银行、建设银行四大国有银行的不良资产，分别对口成立了华融、长城、东方和信达四家国有资产管理公司，担负起收购、管理、处置国有银行剥离不良资产的重任。资

产管理公司（Asset Management Companies,AMC），发展至今，国内形成了“4+2+N”的基本格局，即 4 家国有 AMC+ 各省（区）2 家地方 AMC ＋银行系 AIC ＋非持牌 AMC。

1999 年作为一个历史契机，使很多人对不良资产的认识越来越深入，但是很多人对不良资产仍停留在不良资产就是从国有银行或是商业银行剥离出来的不良贷款的认识水准上，我认为这样是远远不够的。目前从国有银行、商业银行剥离出来的不良贷款额度超过 10 万亿元，加上股份制银行、信托机构、金融机构等，体量接近 20 万亿元，这是一个很大的体量，但是不良资产不仅限于这个范围。

从不良资产的定义来看，首先它是一种债权，是以现在《民法典》中所讲的债权形态的资产存在的。另外，今天我要提出另一个定义，不良资产还包括不良物权。

什么叫不良物权？我认为待定义的物权就是不良物权，比如说“烂尾楼”，没有办证的集体所有制、村民所有制物权，以及《民法典》中提到的用益物权，还有属于模糊界限、陷入争议的，或是陷入公司和股东僵局的一些资产形态，我把这类准资产形态界限不明的，或者正在划清界限的资产形态，都划为不良资产。

在不良物权方面律所和律师大有可为。土地、房产，包括陷入僵局的公司股权等争议形态下的资产，严格意义上都属于不良资产，并且体量非常大。

目前，我国已经进入了社会深度转型期，很多社会关系和法律关系之间存在待确认的过程。法律是把社会关系上升为法律关系的一个过程，法律关系就是法律化的社会关系。此次颁布的《民法典》，把很多契约关系上升为国家法律，例如合同关系，双方签订一个合同，该合同的强制力和国家公法的强制力是一样的；再如结婚关系，社会上的两个人之间因此构成法律关系，由此将产生很多家庭资产，这些资产在争议过程中，处于闲置或者待确认状态，就是不良资产。

以上就是我对不良资产的新认识，我认为，律师要广泛关注这一方面的不良资产，能为律所和律师业务带来巨大的增量空间。

二、新时期不良资产呈现体量大、多发性特点——不良资产将作为生活常态存在

在新的经济和社会形态下，不良资产呈现多个新特点。

第一，体量大。1999 年不良资产刚剥离出来的时候，大概是 1 万多亿元的体量，而现在接近 20 万亿元，体量十分庞大。如果加上由此延伸出来的次不良资产，比如说生产经营活动陷入僵局的那些资产，体量可能接近 40 万亿元，所以业界把不良资产市场比喻为潜力巨大的“蓝海”市场，很多人争相入局。

第二，多发性。在举手投足、云淡风轻之间，一个不良资产可能就悄悄产生了，它产生的根源、渠道乃至平台越来越呈多发性特点。尤其是《民法典》颁布之后，前文已经提到了两者之间的法律关系，以及《民法典》对债权转让的一些规定，今后越来越多不良资产将逐渐浮出水面，很多社会关系转化为了法律关系。

第三，不良资产将作为社会生活的常态存在。不良资产的发生领域，不仅是公司与公司、机构与机构之间，发生的主体也可能在个人之间，比如婚姻家庭关系延伸出来的一些争议资产，这表明了

以后不良资产将作为社会生活、社会关系的常态存在。

这里要说明的是，不良资产不是特别不好的东西，它是一种资产，还有种观点认为，不良资产是放置错误的优质资产。从哲学角度看，优质资产和不良资产犹如一个人好的一面和坏的一面，是社会关系的构成，现在不良资产和优良资产间的转换速度加速了。所谓清浊的辩证关系就是如此，无清便无浊，无浊便无清，所以不良资产不可能被完全消灭，除非社会关系被全部消灭了，我们要做的，是降低它的程度和水准。

三、不良资产处置不拘泥传统手法、可引入区块链等科技创新手段

不良资产目前呈现多发性特点，那么在处置手法上，相对应的要有灵活性，不拘泥于传统手法，而可以利用金融科技、法律科技手段，为不良资产提供新型解决平台。这也是我最近一直在思考的问题，我认为引入区块链技术处置不良资产，或许是一个创新突破。

不良资产的处置手法多样，今天重点谈谈不良资产证券化和不良资产数字化两种方式。

第一种处置方式是不良资产证券化。根据定义，不良资产证券化是把具有共同特征的、流动性较差的贷款、租赁、应收账等资产集中起来，形成一个“资产池”，通过结构性重组，将其转变为具有投资特征的可销售证券的过程。不良资产证券化产品在我国属于小众、边缘化产品，证券化率总体偏低。根据2019年中债资信的统计数据，不良资产证券化产品的平均发行规模为4.95亿元，发行

规模仅占 2019 年全年发行总量的 1.49%。

第二种处置方式是不良资产数字化。我认为，不良资产数字化也将是未来的一个发展趋势。《民法典》修订过程中，理论界对数字经济有一些争议，究竟大数据是不是一种经济？从《民法典》的相关规定来看，我认为它给了我们一个肯定的、正面的答案，大数据是经济，大数据是生产要素，是生产关系当中非常重要的一环，是可以拿来进行交易的。将来社会的生产进入大数据时代，不良资产自然也要纳入大数据中。因为不良资产体量大，处置成本高，迫使我们在不同经济主体下处置不良资产时需要通过一种更简单易行的、更容易计算的方式，这就是数字化，以后诉讼仲裁可能随之发生巨大改变。所以我认为，不良资产处置数字化、模块化一定是大势所趋。

最后我要来谈一谈我的新观点，最近我也和一些业内人士交流了此观点，那就是引入区块链技术处置不良资产。

区块链是一种去中心化的技术，其信息具有不可篡改性、不可毁损性、开放性、匿名性、自治性等特点，可以解决诸多实务领域的难点与痛点。对于区块链技术研究，华商律所已有所布局。2019 年 12 月，华商律所成立了华商区块链法律研究院，并举办首场“区块链合规监管与法律服务研讨会”。当天邀请了全球移动 JAVA 标准 6 个起草人之一且为中国 15 位“核高基”科技重大专项总体组成员之一的许洪波教授、直布罗陀 Hassans 律师事务所（该所负责起草了全球首部区块链立法）高级顾问赵赫男博士、华南理工大学滕宏庆教授、深圳职业技术学院沐潮教授、法链实验室（深圳）主任王新安、鼎铉商用密码测评技术（深圳）有限公司董事长李大为、深圳前海微众银行股份有限公司区块链法律应用产品专家谷晓强、深圳凯华技术有限公司董事长及 KHU 底层复盘技术创始人黄建华、深圳市前海大来数据服务有限公司董事长及产业数据共享推进人黄河愿等业界专家共同参与讨论。

区块链是一个全球性的话题，中国已经在基础研究和大范围、多角度应用这一个技术平台走在前列。当天发言中我这样提到，希望华商律所能带个头，建立集研、学与产业实体与法律服务业于一体的开拓性平台。希望华商区块链法律研究院建立产业与法律服务对接的共同语系，在研究、应用等各个领域法律服务体系方面能紧跟时代的步伐。

我大约有 10 年的时间，专注于金融和物权类不良资产的实务操作和类型研究，特别是在僵局解决和权益定性及其分割方面，积累了一些经验，前些年还被四家之一的某资产管理公司评为 20 年来“最佳合作伙伴”。基于此，我一直在思考不良资产处置的新途径，引入区块链，我认为这或许是一个突破。前面介绍了区块链的特点，我们可以这样来理解，不良资产进入区块链，相当于由一个个资产包构成一幅区块链版图，只要进入它的体系里面，就可以进行切割、交易、处理。在交易过程当中，不良资产主体之间的量和质每一秒钟都在发生变化，在运动的过程当中，有的消亡，有的产生，有的削减，有的增加。最后一个巨大资产包浓缩在一个个小包里，实在无法处理的，再通过法律进行处理。

引入区块链技术的好处是，在交易过程当中可以解决很多处置的问题，甚至不需要去法院起诉，也不用去仲裁，这也是大数据应用下的计算方式。前几天，我和一家正在开发金融科技、连接供应链创新平台的公司进行了交流，我对他们开发区块链技术的做法非常认同，并且他们的做法与我近期的思考不谋而合。我提出运用区块链技术构建法律科技，建设创新型交易和处置平台，特别是在交易过程中解决处置问题，降低处置成本。他们也认为这个方向很好，可以尝试。

区块链技术发展到今天，已经越来越为大众所认知，如同大数据进入我们生活是不可阻挡的一样，区块链未来也将成为我们的生活常态。所以对于新技术，希望大家抱着接纳、学习的态度，把新技术与传统手法结合，建构出新的行业生态。接下来，我也将深度学习区块链，把不良资产区块链技术这一想法进一步完善，届时择机再与大家分享。今天的演讲也相当于抛砖引玉，欢迎对此有见解的同行与我交流！

注：本文根据高树主任 2020 年 7 月 1 日在华商律所不良资产法律专委会“经济下行趋势中如何把握特殊机会”研讨会上的演讲整理而成。

如何解除“达摩克利斯之剑”：谈谈合规体系建设的痛点与突破

我们说，一个人“打”不过一个团队，一个团队“打”不过一个系统，一个系统“打”不过一个趋势。现在，合规经营与应对合规风险议题持续成为企业关注焦点，强化合规管理、防范合规风险亦成为全球企业发展的一个新趋势。华商近年来围绕合规进行了不少探索，2019年成立了华商合规法律服务中心，2020年年初邀请《美国陷阱》一书的作者皮耶鲁齐来深圳，为深圳企业家和律师们讲课。

前段时间我接受媒体采访，谈了谈合规的概念、合规管理的误区，以及如何建设合规体系。世界上最好的事物，莫过于自身的需求和时代使命的高度契合，正值青岛中世合规研究院成立之际，为表祝贺，我将我的访谈进行系统性整理，与大家分享。希望能为合规建设的推进尽一些绵薄之力!

一、企业合规概念比合法更宽泛，合规有助于企业形成国际竞争力

企业合规的概念比企业合法的概念更宽泛，进一步延伸的话，它也更现实，社会意义更大，更容易为我们所感知。

具体而言，企业合规包含了企业合法。企业不合法的行为，一定是不合规的。通常意义上讲，合法，主要是指符合或者不违反我们国家现行的法律和法规，还有一些规范性的文件，如行政法规等。违反了法律法规或者行政规范，就叫违法，但是合规包含了这些，并大于这个范围。

合规，是指不仅要遵守相关法律法规，还要遵守国际条约、行业准则、自律性组织制定的有关规章制度和章程等——比如市场监

督管理局等机构的一些规定，行业协会制定的质量标准等，上升不到法律的层面。

由内向外看，中国加入了很多国际组织，每个组织都有自己的规定，还有一些国际惯例、国际通行做法等，也属于合规范围。合规还包括与中国产生经济关系的国家的一些规定，经济关系产生了连接点，就可能有合规管理。比如说美国的“长臂管辖”，中国的企业主体在国内，分公司在美国的一个州，或者产品在美国销售，或者是以美元为结算货币，即产生了经济链接，美国就可能以不合规等理由，发起“长臂管辖”。

由此可以看出，合规的范围非常广泛，企业必须在合法的基础上，遵守国际条约、行业准则、商业惯例、道德规范和企业依法制定的章程及规章制度等，才叫合规。

合规能为企业带来诸多好处。

第一，显而易见的是企业能够避免因为不合规带来的现实损失和潜在的经营风险。

第二，合规能够为企业带来经营方面的重大影响，能够形成效益和效率。我认为合规也是生产力，因为管理有序是合规的本质要求，形成了有条不紊的管理体系，企业经营有序，自然能带来效率和效益。

第三，形成良好的企业合规文化能让企业走上可持续发展的道路，为企业的发展注入生机。

第四，合规作为企业的重大战略，不但能让企业可持续发展，还能让企业站在更高的视角，走得更远。

第五，对于“走出去”的企业来说，合规可以让企业形成国际竞争力。现实中我们看到了不少案例，中国企业如果不重视合规，不仅可能会受到美国、欧盟的制裁，未来一些第三世界国家可能也会制裁中国的企业。我在这里也想特别提醒，越来越多企业在“一带一路”沿线国家、第三世界国家进行大量投资，比如非洲国家，但是目前在这些国家投资的企业还未广泛重视合规问题，因为大家潜意识里认为在这些国家经营与合规没有关系。但实际并非如此，经济全球化之下，企业在第三世界国家经营，看似与欧美国家无关，但可能因为一些产品用美元结算，销售到美国，或是原材料来自欧盟，这样就形成了经济关系，也会引来欧美国家的制裁。另外，第三世界国家现在会开始主动要求合规。以前我们认为的友好投资国，近几年也以各种理由认为中方企业不合规，比如说企业进行了商业贿赂、不正当竞争，或是使用当地劳动力不符合规定等，导致不少中国企业的巨额投资面临重大风险。

二、企业合规管理存在痛点和难点，传统监管体制已适应不了合规新需求

现在不少企业开始逐渐重视合规风险，然而也有不少企业仍然存在合规经营管理方面的痛点和难点，我来简单谈谈。

第一，国企方面，我认为合规管理存在一个误区。深圳的国企改革起步很早，机构设置相对完善，给外界的感觉是企业已经在合规运作，如企业所有权和经营权进行了分离，设有董事会等，同时还有相应的监察部门、法务部门等，机构设置似乎已经形成了合规体系。但这样的机制并没有完全涵盖现代企业合规的关键要素，缺

乏的是什么呢?

我举一个例子，国企在海外进行投资，监督监察部门负责监督，他管理的是人，以管人为方向。然而，企业合规主要是看事情合不合规。传统的监督监察体制只管人合不合法、合不合规，仅负责盯住某个人，但很可能不清楚这个人在海外投资的行为，更不清楚他在海外投资是否遵守当地的要求，这与现代企业合规明显发生了冲突。我认为，传统的以管人为导向的监管体制必须转型，管人和管事的体制是两套逻辑，目前来看，很多国企还停留在管人的层面，这样的合规体系已经远远跟不上现代企业发展的需求了。

第二，很多企业领导对合规的认知存在误区，认为要求企业合规，是控制了企业的手脚，束缚了企业的活力。特别是一些国企，有的人甚至认为这是权力的重新分配或是权力的制衡。因为在以前的发展过程中，一些企业领导养成了凡事自己说了算的习惯，认为不应该对他监督，不应该进行分权。他会认为，企业里已经有了法务部、风控部，再设置一套合规体系，是很麻烦且没必要的事情。

然而，传统的监管体制满足不了现代企业的合规要求，再加上这种错误的合规认知，使不少企业“输”在了合规的最后一公里。我认为这就是我国企业目前合规管理的最大痛点。实践已经证明，现在我们的企业有如此强大的监管体系，但是在海外仍容易出现合规问题，就是因为新型的合规体系建设没有跟上发展的脚步。

第三，现在科技创新型民企因生存和市场的需求，在合规上有关注，有推动，但我认为力度是不够的，这方面的痛点在于对合规人才的培养和引进的认识不足。相关企业可能觉得合规无法形成生产力，觉得企业承担不了合规的成本，担心成本过高，所以在合规建设上会“慢半拍”。实际上，合规成本没有大家想象中的那么高，合规人才是高层次人才，有一定的成本，但是企业可以请专门做合规的律师、会计师等，或者成立一个几人规模的合规部门，所占的成本与企业其他成本相比是相对较低的。

第四，我们对海外合规存在新的盲点。举个形象点的例子，敌人已经开枪了，我们连枪都没拿起来，还在到处找。面对海外合规的要求，我们缺少研究，缺少战略，缺少应对的产品。我们得到的数据和情况是国外公布出来的，但我们没有真正深入了解、研究合规体系。对于国外发出的合规方面的信号，很多人接收不到，也理解不了，这一方面导致我们存在盲点，另一方面是让国外有机会对中国企业实施更严格的合规要求，对中国企业“举起了刀”。

举个例子，前年我去了一趟老挝，现在很多中国企业去东盟国家，如老挝等国投资。一个老板在老挝投资矿产，投入了2亿多元，但是老挝政府说不合规，不允许其继续运作，赔偿的话只赔偿600多万元。我对他说既然这样，那就打官司。他说没办法打官司，原来他们签的协议用的是老挝文，老挝的协议既不用中文也不用英文，所有的解释权归老挝所有，与当地沟通十分麻烦。这件事对我启发很大，我发现现在中国有这么多的企业家，去海外投资却不知道当地的规定，几亿元、几十亿元资金投入进去，最后可能“片瓦不留”。这也显示了中国企业海外投资的另一个特点——存在侥幸心理。

我常说，作为律师，我不是企业家，但我是企业家最好的朋友，是他们的战略朋友。我希望中国的企业家以后在进行海外投资时，千万不能抱有侥幸心理，企业的战术不能是侥幸，应该让企业在可持续发展的基础上建立企业战略，其中最重要的就是建立合规体系。

三、强化合规管理是大势所趋，企业应适当重视中国律师的专业作用

强化合规管理目前已是一个趋势，对于“走出去”的企业，我有以下建议。

第一，把企业合规作为企业的战略，把合规放在第一位，保障企业可持续发展。

第二，企业要对所在投资国的合规要求、规范等有所了解，比如当地的合规主体、合规监管部门、管辖机制、适用的法律法规之前有何判例以及未来的目标要求，等等，必须进行清晰的动态梳理，不能“纸上谈兵”。如可以一年为时间周期，每年对所在的出口国、投资国或地区进行合规尽职调查，企业去投资之前要做合规尽职调查，去了之后还要定期更新相关信息。

第三，希望企业不要过于“崇洋媚外”。我的意思是，在合规建设方面不能认为花大钱就能办大事，比如请国外的大律师或者中介机构就觉得可以交差了，这是不负责任的态度。现在回头梳理近几年的合规案件，我认为很多不应该输，或者说不应该输得那么快、那么彻底。

企业应该信任国内的律师，现在国内很多律师都有参与合规领域，也完全有能力处理，企业可以请国内的律师，或者是请国外律师和国内律师共同操作。现在很多输了的案子是这种情况：企业天价请了所在国的律师，结果案件稀里糊涂败诉，相当于大价钱买了一个败诉判决，但是企业却觉得心安理得，认为自己已经尽力了。

很多企业愿意支付国外律师几亿元的律师费，却不愿意花几十万元请国内律师。

在此我建议，企业要适当重视中国律师在合规建设中的作用，在打官司或者仲裁时，多征求中国律师的意见。每个国家的人都有自己国家的情怀和立场，最近华商律师在做几个“337 调查”的案件，我们的律师以高度的社会责任感梳理情况，很多案件在我们看来，当时确实不应该输得那么彻底。所以我们的企业既要请外国律师，也要相信中国的律师。

中国经济近年来快速发展，一下子要从传统的经营方式和理念转型到现代的合规体系，确确实实很有难度，但是必须要适应、要转型，因为这是新时代的要求，也是现代社会的要求。

接下来我想谈谈企业建立合规文化方面，我认为必须要用科学务实的态度推进合规文化的建立，而不能够只是单纯的概念化。比如有的企业认为聘请了合规人员，成立了合规部门，任务就完成了，这样是远远不够的，需要把合规作为战略，对合规和合规文化进行深度了解，根据市场需求形成合规体系。

第一，前文提到，合规体系和以往的监管体系是截然不同的，可以把监管体系进行改革，但是一定不能把监管体系等同于合规体系，必须要根据新的形势，注入新内容。合规体系建设是一个趋势，企业这样一个一个建立起自身的合规体系，对整个社会和合规文化培养都有推进作用。

第二，企业合规文化是覆盖每个人的，全部员工都要纳入合规体系当中，这一点是最难做的。正如前文所言，有些企业领导有根深蒂固的传统经营思维，不喜欢受拘束，他可能认为下属合规自己就不需要合规了，如果有这样想法的话，管理层、高层很容易出现决策失误。所以企业合规文化要向企业的每一个人推广，整个企业的人、事、物都纳入合规范围，不能有遗漏。

第三，合规建设要有前瞻性，不断更新。建设合规体系，要每年进行新的合规尽职调查，输入新的要素，形成动态的合规体系，以适应新情况。

第四，企业要在合规上多投入一些成本，会收获意想不到的效果。

四、写在青岛中世合规研究院成立之际

最后，简单介绍下华商合规法律服务中心的情况。2019年11月，华商律所成立了深圳首家由律师事务所发起的合规法律服务中心，该中心是在中美贸易冲突不断深入，中国企业尤其是深圳企业面临合规风险等挑战的大背景下成立的，聘请了全国企业合规委员会副主席王志乐教授、霍金路伟国际律师事务所驻北京代表处管理合伙人邹国荣、暨南大学教授郭宗杰、道琼斯咨询（上海）有限公司中国区风险合规总监马建新、《美国陷阱》一书作者皮耶鲁齐等作为中心首批合作专家。

我记得我在担任深圳市律师协会会长期间，在2016年一次向马兴瑞书记汇报工作时，马书记问了我一句话：深圳律师对美国制裁深圳企业有什么对策？这句话一直刻在我的脑海中。时值去年市里提出建设合规示范区、合规高地这一战略构想，华商所率先响应，成立合规法律服务中心。我认为成立这样一个合规法律服务中心，

是承担起律师的社会责任和行业责任，律师作为企业家最好的朋友，要站在企业家面前，尽我所能，尽华商所能，帮助企业“走出去”的时候，走得更远、更安全。

华商律所是华南大所之一，也是深圳知名品牌，生于深圳，长于深圳，我认为我们有义务和责任来承担这项工作，我们的宗旨是不只做一时一刻，而是要长远发展，建成一支专业上能打硬仗的队伍，甚至以后在国际上有一定的影响力。所以队伍建设再难，我们也要做，这个决心不会动摇。

华商合规法律服务中心成立以后，在企业合规培训方面，目前已经服务了超过上千家企业。有深圳的企业，也有东莞、佛山、珠海及广东省以外的企业。

合规法律服务中心是一个开放的体系，我们邀请了很多专家，比如之前来讲课的皮耶鲁齐，现在已是我们的聘用专家。华商律师可以参与，非华商律师也可以加入进来，深圳之外的律师同样可以加入。我们希望以开放的形式，培养一批从事合规的律师。到现在为止，华商已有70多位可以做合规的律师，有一个团队的律师最近一直在帮助企业做“337调查”，得到了企业极高的认可。合规法律服务中心接下来会进一步加强内部建设，提升队伍专业水平，同时今年还会就海外出口合规出版两本专业书籍，服务广大企业。

这两日，青岛中世合规研究院即将举行成立仪式，该研究院由青岛司法局主办，青岛司法局万振东局长亲自谋划、亲自推动，可谓鼎力促成。研究院由华商律师事务所、北京新世纪跨国公司研究所、山东众成清泰律师事务所共同发起成立，我担任理事长，感谢王志乐老师和众成清泰所的信任和深情厚谊，相信引进华商合规法律服务中心的经验，加上诸多专家、机构的支持，特别是青岛领导和同行的大力推动，青岛中世合规研究院也将不负众望，不断开拓创新。

此文写在青岛中世合规研究院成立之际，以表祝贺！未来就中世合规研究院的运作和发展情况，我也将另起一篇，再进行详细介绍，与大家分享！

注：本文于2020年6月18日发表于微信公众号“高树在远山”，收录本书时文字有删改。

深圳律师的改革与发展

40 年风雨兼程，中国律师砥砺前行。作为律师行业改革的亲历者、参与者、推动者，在深圳律师业的风云激荡中，高树留下了浓墨重彩的一笔，他以口述和文字记录，追寻那一段辉煌历史，回顾那一段峥嵘岁月。

深圳口述史：作为特区第 119 名律师，站到全国同业体制改革前沿

口述人：高树；

口述时间：2014 年 7 月 3 日上午；

口述地点：深南大道 4001 号时代金融中心。

一、在深圳做律师很了不起

来深圳之前我在中南政法学院[①] 读研究生，即将面临毕业。我在读研究生期间担任过团支部书记，还做过校刊副主编，所以文笔不错。另外我也写论文，主要是关于法学方面的，研究生期间我发表了 10 多篇论文，其中两篇还被当时多家报纸和刊物转载。

1983 年我考大学的时候，人们对法律的概念还不是很了解，我对法律的认识也很模糊，就是感觉学法律应该会有前途，就读了安徽大学法律系。我在大学时期成绩不算拔尖，但特别热衷社会活动，除了担任班干部，还担任一个大社团的秘书长以及《大学生与社会》杂志主编。我很喜欢写诗，读书时期写了很多。大学期间我还入了党，在学校算有点影响力。不经意到了大四，感觉自己还应该多读点书，于是花了很短一段时间猛攻考研，运气不错，1988 年我考上了中南政法学院的研究生。

那个时候研究生找工作大都是“南下”，我却一头扎到了北京。冬天大雪纷飞，我开始满世界跑单位。虽然费了不少周折，但当时有一个大学和两个部委都有意接收我。

这时候刚好有一个很巧的机缘。那天我要去中央党校，去之前翻了一下《红旗》杂志，看到上面有一篇探讨深圳干部制度改革的文章，文中关于领导干部选聘改革的内容吸引了我。其实之前我对

---

① 现为中南财经政法大学。

深圳也有一点了解，因为我经常关注《深圳法制报》，还投过两篇稿，一篇关于法治从理论倡导到实践走向的评述，另一篇关于行政诉讼“民告官”的困境与出路。没想到两篇文章都被先后刊登，还分别占了大大的一版。另外我还关注《深圳青年》，这本杂志在当年很有影响，观点新颖又贴近年轻人的上进心态。当时学校还有一位老师到深圳做了律师，大家都说在深圳做律师是一件非常了不起的事。

到底是去北京还是去深圳，我犹豫纠结了很久。想来想去，我感觉还是南方这片陌生而神奇的土地和自己比较有缘，那就去深圳吧。我想，作为一个年轻人，或许能在深圳看到我希望见到的一些东西，将来或许能够有机会在深圳做些什么。于是我就大胆地写了一份自荐信，加上我的一些相关材料一起寄给了深圳市人事局。

坦白说，当时我感觉希望不太大，因为1990年，深圳接收毕业生入编数量减少。但是出乎我的意料，我的信发出去一个星期左右，深圳市人事局就给我回复了。当时人事局的一位领导给我打电话，说：“我们觉得你条件不错，为了接收你，我们甚至都超编了。”他问我愿不愿意到《深圳特区报》工作。我一听，立马表示不愿意，我说我想当律师。

其实1990年快要毕业分配的时候，我就开始思考我的未来了。就我的实际情况而言，我从政的条件是很好的，刚满18岁就入党了，那个时候大学生能入党的很少。但是当时我朦朦胧胧觉得像国外的律师那样生活也挺好的，有自由，经济条件也不错，与我的专业又对口，于是，我决定了要做律师。

听到我说不愿意，那位领导很尊重我，说：“那我们研究一下。”后来我就被分到深圳市司法局律师管理处。

二、20 世纪 90 年代初深圳仅百余律师

1990 年 7 月 1 日，我从武汉坐火车辗转来到深圳火车站。下车那一刻，我感觉深圳的天空很明亮，一路都是高楼，特别繁华。可是繁华的只有那一段，车停在红岭路司法局，我往前边看了看，感觉城市好像到头了。当时我就想：这深圳是不是小了点，能不能承载我的梦想啊？

我在司法局律师管理处主要从事律师业务培训、牌证发放以及文书写作的工作，和律师事务所以及律师接触得比较多。这期间我也写作并发表了一些关于律师行政管理和业务方面的文章。当时我关注的重点是律师专业化发展趋势。那时候深圳有几家市属国办律师事务所和几家区属律师事务所，律师人数不过百人，但很有生机，在律所改革、专业分工、新型业务拓展等方面都创造了多个全国第一。

就在来深圳的第一年，我参加了律师资格考试，那个时候律管处干部可持兼职律师牌，我的牌号是 119，也就是说，我是深圳市的第 119 名律师。一开始，我以为可以持牌办一些案件，但实际上，当时的我并没什么时间，只和别的律师合办过几个小案件。

刚到司法局时，我和领导谈过，表示我是想当律师的，领导让我先干一年再说。一年过后，领导又说：“党培养你这么多年不容易，服从安排吧。”到第三年我又找领导，领导说：“你可以分房了，还走吗？”我说：“走。”于是在 1993 年年初，我到了当时的深圳国际商务律师事务所，成了一名专职律师。

刚到律所的时候，我既心满意足，也有困惑；既有轻松自由的一面，也有非常艰难的时候。那时的律师不像现在有指导老师，虽

是国办所，但因为我刚去，没有案源分配给我，没有工资，而收入又完全得靠办案提成，所以我就只好自己去找案源，一点一点积累办案经验。刚开始一个多月一直都没有案件来源，我心里很着急。

一个多月后，机会来了。一起合作建房纠纷案的当事人找到我，标的额 3000 多万元，我居然顺利接了下来。这是一个仲裁案，之前没有接触过仲裁案的我有点紧张，但因为准备很充分，我最终取得了胜利。从开庭到拿到裁决，不到三个月。拿到裁决书的那一刻，我内心涌动着一种从未有过的欣喜。

接下来，该案当事人又给我介绍了几宗案件，没想到半年下来，我的业绩居然排到了所里的前三，这是一个很不错的成绩。

从 1993 年成为一名专职律师到现在，我接手并办理的案件超过了 500 宗，接触并打过交道的当事人数以千计，案件有赢有输。但我每接一宗案件，心里都会想：我接到的是一份特殊的信任，我要怎么做才能担得起这份信任?

三、首批合伙制律所在深成立

我在国际商务律师事务所工作的时间并不长。1993 年，我之所以急着加入律师事务所，还有一个重要原因，就是 1992 年深圳开始酝酿律师制度改革，我在律管处参与了这项工作的筹划，知道律师业将面临重大改革，我想这会是我人生中的一个重大转折。

到律师事务所后不久，深圳果然争取到了在全国率先设立合伙制律师所的政策，每个律师都面临重新选择：留在国办所，或者出去创办合伙所。

我刚到所里，各方面条件都不是很成熟，加之刚来就走，有点不好意思。但我又想着，无论如何得出去闯闯，于是就找所里几个同事商量，建议他们和另一个国办所的几位律师一起申办合伙所，等办下来后我就过去。

1993年10月，全国首批12家合伙制律师事务所在深圳成立，我们筹划申办的华商律师事务所即在其中。正好这时，我在深圳国际商务律师事务所申请分配的微利房下来了。分房在当时是件大事，但我想这与我的事业比，或许算不了什么。

于是我找到国际商务律师事务所的领导，我说："感谢你们对我的关照，但我还是要去办合伙所。我来所里贡献不大，我在所里的律师费提成的部分就留所里吧，分给我的房可以转分给留在所里的人。"领导说："房你可以带走，就是你要认真想好，我们是希望你留下来的。"我说："能让我出去我就已经很感谢了，房子还是留下吧。"就这样，我到了即将成立的华商所。

我在华商所的这20多年，除了担任深圳律协会长的那几年，一直都办案，其中有些还是有影响的大案，业绩在所里始终排前一二名。

作为华商所主任、首席合伙人，我管理华商所的理念比较朴素，我们特别提倡专业的社会参与，比如在2004年，我们接受广东省司法厅和广东省律师协会的委托，对《律师法》第四章"律师的权利和义务"进行修订起草。当时我带领25名律师，经过几个月的努力，翻译和借鉴了100多个国家的律师法文本，实现了对这一章20万字的修改意见稿，其中大部分内容被全国人大在修法时采纳。

四、首位民选律协会长诞生

深圳律师和深圳这座城市一同成长、一同发展，并且在许多方面都走在全国前列。30 年经历了三个发展阶段：（1）前 10 年即 1993 年之前，虽是初生和成型的国办所阶段，但发展理念是全新的，这与深圳是一座改革之城有很大的关系；（2）中间 10 年即 1993 年到 2003 年，合伙制律所改革开花结果，占全国律师体制改革之先；（3）后 10 年即 2003 年到 2013 年，深圳律师则在行业民主制度改革方面开了全国之先河。

2003 年之前，深圳市律师协会与其他地方律师协会一样，会长由司法局领导担任，协会相当于一个行政性组织。2003 年，深圳筹划律师协会公推直选，从理事到会长、副会长全部由执业律师担任，候选人律师在代表大会上发表竞选演说，然后由代表投票进行差额选举。这在当时的律师界是一件石破天惊的事，深圳律师就在期许和争议当中拉开了改革的序幕。

我有幸参与了这一改革的策划和筹备工作，过程虽然充满争议，但作为一套行业民主改革的制度和方案，最终还是落地了。那天，深圳召开了民主选举产生律协班子的律师代表大会，深圳由此产生了中国律师行业第一位民选会长。我也有机会站在了竞选的演讲台上，并成为那一届的律协副会长。这是我一生的荣耀，因为我亲身经历并见证了一场发生在身边的民主改革。

当时，全国律师都在看深圳，许多地方也在学习深圳，直到今天为止，全国有的地方也还没能够全面推行这一民主改革，但深圳首倡的这一改革对我国律师行业发展的意义是历史性的。

也可能改革一下子走得太远，走得太快了，对于律师协会如何通过建立民主自律制度带领全行业往前走，坦率说，我们一直都在探索当中。但从总体上看，律师协会引领行业发展的作用和功能在不断地凸显，律师协会的制度建设也呈日趋完善之势，比如深圳律协首设监事会、纪律听证查处以及推行律师行业警示和职业道德守则，等等，深圳律师行业民主自律呈体系化发展。

在我担任两届律师工会主席期间，律师工会会员由 1000 多人发展到近 4000 人，律师工会与律师协会不一样，律师行政辅助人员也可以参加律师工会，每年都由各所自愿入会。律师工会的主要任务是开展工会会员维权抚恤以及各种群众性文体活动，每年要举办一场为期半年、参赛会员达七八百人的律师运动会，当时，这在全国是仅有的。

五、推进法治被写入发展规划

在学生时代，我就对法治充满憧憬。来深圳后，我更加关注“法治”这个课题。我认为深圳是一个很好的法治实践之地。在 20 多年的律师执业过程中，我对法治理论和实践进行了认真的观察和思考，从职业的角度考虑，我认为律师作为法律人，其执业活动就是兑现法治价值、开阔法治视野。

从 2005 年，我担任第四届、第五届深圳市政协委员（第四届政协社会法制与民族宗教委员会副主任）以来，主要关注和推动的就是深圳法治建设。比如对于政府规划中关于法治的建言、对政府法治建设指标体系的相关建议、深圳经济特区立法权在新时期的转型、依法构建基层社区、依法治理违章建筑、依法维稳，等等，前后 30 多宗提案均围绕法治主题。深圳市政府“十一五”发展规划发布之前，我就发现规划里关于法治的内容很少。当时深圳市发改委在征求意见，我就专门写了一个如何推进深圳法治建设、如何加强法治建设的建议。后来我写的“关于建设法治深圳的相关建议”被深圳市市政府纳入“十一五”发展规划。

现在，回望来深圳的二十多年，我想我还是一个幸运的人，幸运地接受了中国刚刚起步的法学教育，走到改革开放前沿的深圳，成为一名职业律师，又走到律师体制改革的前沿，亲身参与并推动行业民主改革。

但是我也不是没有迷茫的时候，尤其是刚刚从国际商务律师事务所出来的那一年，没有房也没有钱，我突然意识到自己来深圳三四年了，居然还是什么都没有。看着身边的人都有了稳定的生活，当时的我真的非常困惑。有时候我就在想，我这样做到底对不对？短暂的怀疑之后，我相信自己的选择是正确的。但是一踏入现实生活，我又质疑，生活这么艰难，也不一定是对的吧？很长一段时间后，我才慢慢释然。

后来，律师行业进入了快速发展时期。如今深圳律师已经突破8000人。我们华商所也从成立之初的十多人，发展到现在拥有300多名员工，其中有200多人是律师。

作为一个法律学习者、一个法律人、一个律师、一个律所的主任、一个律师协会会长，或许每个角色、每个阶段的工作重点都会有所不同，但可以肯定的是，融这几个角色于一体的我，对于深圳的这份情结，对于律师职业的忠诚，对于法治事业的追求会始终如一。如果历史重新来一遍，我还会选择深圳之路、律师之路、法治之路。

注：本文于2014年7月17日刊载于《深圳晚报》，收录本书时文字有删改。

深圳律师口述历史：

追寻历史　激励后人　改革创新　砥砺前行

——记录那些改革开放的峥嵘岁月

一、开展口述历史活动的初衷

深圳律师业和深圳律师就与深圳这座城市一样，充满了改革的传奇色彩，深圳律师业从改革开放至今发展已有30余年，有很多画面，很多场景，很多人物，很多事情是跌宕起伏的，这一段历史非常值得我们去回顾和总结。“律师业的开拓者，他们为深圳律师业发展奠定了基础，他们奔走呼号，他们辛勤努力，尤其是他们那样一种精神，那样一种事例，那样一些经过，值得我们去追忆，他们是深圳律师业发展的宝贵财富。”对于下决心开展口述历史——深圳律师业回顾与展望活动的初衷，作为深圳市律师协会会长的高树说：“很多前辈们已经垂垂老矣，记述深圳律师工作已经到了刻不容缓的阶段，我们本着抢救历史的态度，通过前辈们口述这样立体的方式进行记录、收集、整理这段历史，追寻辉煌、激励后人。”

深圳律师业发展的历程非常特殊，敢想敢干，走革命和发展的道路，不怕吃苦，超越时间和空间带给律师行业的限制，以极大的主观能动性、极大的勇气和行动力为一个行业发展注入生命力，这些是非常值得总结的。高树说：“我们当年在面临着很多困难、障碍和制约因素的情况下，在有一些时候这个行业无路可走的情况下，我们硬是挺过来了，克服了这些困难。我们要把这些朴素的理念，这种精神，这些对行业发展的方向性的经验总结出来，指引今后律师发展的道路，这就是我们做这一部深圳律师口述史的宗旨。”

二、深圳律师体制改革的过程

深圳是我国改革开放的窗口，自20世纪80年代开始，随着中国律师制度的恢复和深圳经济特区的创建，深圳律师业走过了三个发展阶段，经历了数次大的改革。

（一）第一阶段：恢复建立律师制度初期（1979~1992年）

这段时期深圳律师制度改革在全国起到了示范效应，且具有三个特点：第一，带有浓重的特区色彩，开拓创新，在全国率先成立了专业律师事务所；第二，很多律师业务发端于深圳；第三，深圳律师已经具备了专业分工的理念和专业分工的具体做法。当时深圳有近300名执业律师，主要分布在市属六大国办所：深圳市律师事务所；深圳特区经济贸易律师事务所；深圳对外经济律师事务所；深圳金融房地产律师事务所；深圳国际商务律师事务所；深圳振昌律师事务所。以及一些国办区属律师事务所：宝安律师事务所；南头律师事务所；蛇口律师事务所；上步律师事务所；罗湖律师事务所；沙头角律师事务所。

这个阶段，深圳律师从几十名发展到近300名，是一个起步、酝酿、改革、创新的阶段。这个阶段还有一个特点，就是深圳律师在全国的名气很大，因为深圳律师很注重引进开拓型、学术型人才。引进合伙制改革其实从1992年就开始了，因为深圳律师业改革的步伐从来没有停止过。除了专业化、业务创新和改革以外，深圳还设立了全国第一家以个人名字命名的律师事务所——李全禄律师事务所和全国第一家合伙制律师事务所——段武刘律师事务所。

（二）第二阶段：改革与业务发展创新时期（1993~2002 年）

合伙制改革是深圳律师业发展的第二个阶段，在经过改革的阵痛之后，深圳律师业也开始收获甜蜜果实。这一次改革首先在全国起了示范效应。1993 年深圳推出了这次改革以后，到了 1994 年全国各个省区市逐渐开始效仿；国外对深圳的这种合伙制的改革也投入了极大的关注。这一次改革除了在国际国内的影响、示范效应以外，它实际上也意味着深圳律师业从此拉开了一个大的发展序幕，背后有飞速发展的过程。试想一下，几十年前深圳律师也才 300 人，在全国已算是发展比较快的；可是改革开放以后，1993~2003 年这十年时间，深圳增加了将近 2000 名律师，至 2003 年已有 2000 多名律师。这支队伍一经改革就发展得很快，法律服务市场的触角伸得很快，因为律师人数增加了，律师业务增加了，律师的影响力和作用也增加了。

从业务创新到律师事务所专业化、规模化发展，一时间深圳律师成为全国律师行业的“排头兵”和旗帜。信达律师事务所成立，开创了深圳第一个具有实际意义的合伙制律师事务所；全国第一部律师业地方法规《深圳经济特区律师条例》出台，对律师事务所的性质、种类，律师的权利、义务、职业道德、纪律等进行了全面规范。随着经济特区的飞速发展，各类经济纠纷案件增多，深圳律师业也进入一个前所未有的黄金发展期，业务增长速度迅速。从 1992 年开始，深圳律师在办理非诉讼法律事务方面迈出脚步。

（三）第三阶段：快速发展时期（2003 年至今）

深圳律协在全国第一次采取代表直选和差额竞选的方式，选举产生了深圳律协第四届理事会，实现了深圳律协正副会长、理事和秘书长全部由深圳执业律师担任的历史性突破，为探索出一条适合深圳律师业乃至中国律师业发展的“两结合”的行业管理新模式做出了大胆和有益的尝试，深圳律师再次义无反顾地站到了中国律师改革的最前沿；极富创新特色的深圳律协新《章程》诞生，在新《章程》中第一次增设了监事会，作为深圳律协的专职监督机构，在全国首次将律协的工作全部纳入监事会的监督之下，从制度层面建立和完善了深圳律协内部的监督制约机制，真正实现了民主监督下的行业自律，再开中国律师制度改革创新之先河。

三、对深圳律师业发展展望

以前律师业的发展，很重要的特点就是它自身发展的需求。现在外部环境、社会对律师业的发展均有了新的要求，这是我们目前这个阶段的特点。以前是律师自己要想到怎么样克服困难、怎么样发展；现在不一样，现在是整个社会对律师业的发展也基于这种希望，也有这种要求。因为法治社会如果缺少律师业这样一个很重的组成部分，法治就缺少了一股重要组成力量，这个体系就很难说是完整的。所以法治社会对律师业的发展有需求、有要求、有期望。

回顾深圳律师业发展的三十余年，我们应该铭刻辉煌，展望深圳律师业发展的未来，我们应该继续筑梦起航。那么接下来深圳律师业应该怎么走？在坚持和改革发展的道路上，深圳律师业应该建立怎样的发展战略？对此，高树提出了以下几点要求：

第一，要建立新型的深圳律师业发展体系。“经过 30 年，我们要考虑这样一个问题，就是深圳律师业要建立自己的发展体系。

这个发展体系不是盲目想象，也不是空头支票，它是要结合过往30年深圳律师业发展经验和新时期中国依法治国对律师业的特殊需求，还要结合深圳律师业的发展特点，更要结合深圳社会经济发展的特点，这一点非常重要。”高树说，“离开了深圳城市的改革开放和经济社会的发展，深圳律师业的发展将滞后。我提出了深圳律师业的发展要跟深圳的社会民生相结合，深圳律师业发展体系需将这些因素囊括其中。”

第二，要结合改革需要，重点解决阻碍深圳律师业发展的障碍。作为现代服务业的重点领域，律师业已经写进“十三五”规划当中。有了这个政策之后，政策的落地还需要再进一步的争取。现在深圳律师业发展还面临一个重要的问题，就是人才发展的后劲不足。如何提高深圳律师队伍的专业化，引进高端人才，培养高端人才，给他们提供保障，这是目前亟待解决的问题。“我们希望市里在提供人才安居房、保障房的同时，能够在财税方面给我们支持，接下来在这些方面要做更大努力的争取。”高树说，“我希望在今后律师业的发展过程当中，能够让每个律师事务所和每个律师感受到职业的尊严，每个人可以有拓展事业的平台，把律师做成一份事业。要成就深圳律师业和广大深圳律师的职业梦想，既要在行业内建构一套良好的发展体系，又要为法治构建提供专业服务，尤其让每个律师感受到他是一个真正法治人，真正为社会所需要。”

第三，要结合深圳这座城市的发展需要，建构我们的发展体系。深圳将在全国率先打造相对比较完整的公益法律服务体系、公共法律服务体系、专业法律服务体系。“在这三个律师业的法律服务体系当中，我觉得最重要的是专业法律服务体系，接下来我们就是要让公益法律服务体系向公共法律服务体系转型，公共法律服务体系向专业法律服务体系转型。要将公益法律服务做到有声有色，要为这座城市的社会民生、社会治理等提供公益法律服务，同时也要把更多的东西上升为公共法律服务，让政府来购买法律服务。不管是公益法律服务还是公共法律服务，最终都要做成专业法律服务。”高树说。

第四，深圳律师必须走上国际化。几十年来，深圳进入世界五百强的企业越来越多，总部经济在深圳也比较密集，法律服务也应该跟上。司法局很重视这一方面，一是要提升，二是要引进，还有一个就是要给涉外专业法律服务的平台提供便利。目前深圳律师占全国律师人数 3% 左右，创收占 7%，对深圳律师业发展的未来，高树还有一个具体的展望，就是希望在这几年里律师的业务创收能达到全国的 10%，超越城市发展水平，这样才符合深圳律师业改革的初衷。

“深圳目前有律师 1 万余名，律师事务所 800 余家，希望在今后律师业发展过程中，让每个律师事务所和每位律师都能感受到律师职业尊严，都可以有拓展事业的平台，把律师职业做成一份事业，成就深圳律师业和广大深圳律师的职业梦想。”高树从此寄语深圳律师。

注：本文刊载于 2015 年深圳市律师协会《口述历史——深圳律师业回顾与展望》杂志。

附：深圳律师口述历史采访实录

高树：深圳律师业和深圳律师就和深圳这座城市一样，充满改革的传奇色彩，深圳律师业从改革开放到现在已经发展30年，这一段历史非常值得我们去回顾和总结。它有很多的画面，很多的场景，很多的人，很多的事，跌宕起伏。我们用这种口述式的方式记下历史，主要初衷还是想把这些，尤其是30年来开端的，就是早期那样一段激荡人心、跌宕起伏的律师业那些人和事记录下来。深圳律师业的开拓者们，他们为深圳律师业奠定了基础，他们奔走呼号，他们辛勤努力，一定要把改革开放这样一种精神、一些经过、一段历史留下来。

在这一段历史当中的人，有一些现在还在律师业的一线工作，但是相当一部分人由于各种各样的原因，有的已经退休了，有的已经年迈，有的到其他行业或者其他地方去了，当然还有一些已经离开了我们。我们是本着一种抢救这段历史的态度来记述这段历史。我记得很清楚，有几个律师业的老前辈，在他们身上具有很多值得我们去挖掘和总结的东西。有些老律师虽然还在，但是身体不好，行走不便，也开不了口。所以我们觉得记述深圳律师历史这项工作已经到了刻不容缓的阶段，我们要记录、收集、整理这一段深圳律师的历史，把前辈们的脚步、所作所为、把这些跌宕起伏的改革史留下来。

作为深圳市律师协会会长，我推动深圳律师口述史这项工作，除了以上原因，还有其他一些初衷，比如说留下历史是为了激励后人。给现在九千多名深圳律师看看，当年律师前辈是如何为深圳律师业奠定基业的，是如何在极其艰难困苦的情况下开拓出一片深圳律师业的天空的。我们要让它来激励现在和未来的深圳律师业的律师同人，同时我们还要通过这样的记录和整理，激发律师们坚定不移地走改革开放的道路。这段非常宝贵的历史财富告诉我们，一个行业从无到有、从弱到强，应该有什么样的可总结的经验。

深圳律师业发展的历程非常特殊，敢想敢干，走改革和发展的道路，不怕吃苦，超越时间和空间带给行业的限制，以极大的主观能动性、极大的勇气和行动力为一个行业发展注入生命力，这些非常值得总结。在当年面对很多困难、障碍和制约因素的情况下，在一些时候行业甚至无路可走的情况下，深圳律师硬是挺过来了，克服了这些困难。我们要把这些朴素的理念、精神和对行业发展的方向性经验总结出来，指引今后律师发展的道路，这是此次做这部深圳律师口述史的宗旨。

深圳律师业走过了三个发展阶段，已经经历了数次大的改革，应该这样说，20 世纪 80 年代到 90 年代初，这是一个阶段，可以叫深圳国办律师事务所的改革发展阶段，这个阶段其实我们没有用改革来形容，但实际上这个阶段也充满了改革创新的一些理念。那个时候，我们从无到有，深圳在全国第一个将顾问处改为了律师事务所，这件事就发生在蛇口。到 20 世纪 90 年代初，从几名律师发展到近 300 名律师。这 300 名律师主要分布在当时的市属六大国办所里面，分别是深圳市律师事务所、深圳金融房地产律师事务所、深圳对外经济律师事务所、深圳金融房地产律师事务所、深圳国际商务律师事务所、深圳振昌律师事务所。另外还有一些国办区属律师事务所，从西到东依次是宝安律师事务所、南头律师事务所、蛇口律师事务所、上步律师事务所、罗湖律师事务所、沙头角律师事务所，以及个人律师事务所——李全禄律师事务所，还有一家尝试合作制的律师事务所叫段武刘律师事务所，后两家在当时具有改革意义。

这十几年处于一个起步和改革的阶段，开始时什么都没有，甚至连事务所这个名称都没有，这个阶段的第一个特点带有浓重的特区色彩。因为我是 1990 年研究生毕业分配到这里的，我在读研究生的时候虽然还没来深圳，但在大学已经听说过很多深圳律师的故事。

第二个特点，随着深圳改革开放，律师行业也必须与深圳的改革开放相适应，很多事情在全国其他省市没有，在深圳有，很多案件之前没有办过的，在深圳也出现了，比如说合资、合作，还有招投标，甚至到后面的楼宇按揭等，这些业务均发端于深圳。

还有就是股票上市律师的介入，我记得是在 1991 年、1992 年的时候，当时开创了深圳律师为股份制改组和公司上市提供法律意见的业务。很多业务种类不断涌现，深圳律师做了一些超前的业务。还有一些国际业务，深圳律师国际业务的比重在全国来讲，那一阶段是最高的，因为深圳的外资企业最多，所以律师从事外资企业的法律服务很成熟。

我记得 1991 年的时候，我专门做了一个律师为外商投资企业提供法律服务的调研文本。当时我写了几万字，把深圳律师为外商投资企业提供的法律服务进行了分类和总结，那个时候我就发现，深圳律师为外商投资企业提供法律服务在全国量最大、面最广，已经能够总结出一整套法律服务的体系。

第三个特点，这个阶段深圳律师具备了专业分工的理念和专业分工的做法。我们回顾一下六大市属国办律师事务所：（1）深圳市律师事务所，它是最早的一个传统律师事务所，前后经历了六位律师事务所主任。因为它成立比较早，所以主要做相对传统的业务，比如刑事辩护，后来加上了其他一些律师业务，比如民事业务。尽管它是一个传统的事务所，在事务所内部其实也有分工；（2）深圳对外经济律师事务所，主要做外商投资法律服务；（3）深圳金融房地产法律事务所，主要业务方向是金融和房地产；（4）深圳国际商务律师事务所，业务主要是在国际商务和国际贸易方面。另外还有当时的深圳特区经济贸易律师事务所和深圳振昌律师事务所，在业务上都分别有所侧重，甚至区属律师事务所也开始注重专业分工。那个时候在全国律所中有这样专业分工的且比较系统的还就是深圳，其他大中城市有一些对外所、经贸所，也在学习、借鉴深圳。

所以这个阶段很有意思，从几十名律师发展到近 300 名律师，是一个起步、酝酿、改革、创新的阶段。这个阶段还有一个特点是深圳律师在全国的名气非常大，那时深圳很注重引进开拓型的、学术型的人才。

到了 1991 年、1992 年，全市大规模探讨推出合伙制改革。合伙制改革是深圳律师业发展的第二个阶段。这是一次大的改革，涉及制度层面，原来律师事务所都是市属和区属律师事务所，律师都是公职人员。在这个阶段，因为我那时是律师管理处的一员，有幸参与起草文件，收集各方对这次改革的意见。司法局的领导到市里、司法部、司法厅去沟通，总的感觉是深圳市对这次改革非常重视，部里对这次改革也比较支持。虽然律师当中的大部分人希望迎接这个改革，但心里也有一些不踏实，因为这个市场能不能保障将来的收入，保障自己的正常生活，那个时候还真说不准，难免会有点提心吊胆。推出合伙制改革从根本上解决了我国律师业跟国外律师业对接的问题，律师作为法律工作者，律师事务所自收自支，这就是改革的意义。当时首批 12 家合伙制律师事务所是在 1993 年 10 月获批的。到了 1994 年的时候，10 多个国办所，300 名律师，80% 完成了合伙制的改革。

这一次改革在全国起了示范效应，深圳推出以后，全国各个省区市到 1994 年慢慢开始效仿深圳的做法。境外对深圳的这种合伙制的改革也投入了极大的关注。这次改革除了在国际国内的影响，它实际上意味着深圳律师业从此拉开了一个大的发展序幕，进入到飞速发展的阶段。改革前深圳有律师 300 名，改革以后，十年时间深圳律师发展到 2000 多名，法律服务市场触角伸得很快，律师人数增加了，律师业务也增加了，律师的影响力和作用也增强了。

合伙制改革经过十年发展，律师行业的人数发展到 2000 多名，但律师协会还是由司法局主持，司法局领导兼任律师协会会长。这个时候一些律师事务所的主任，包括司法局领导也在考虑，律师协会由司法局主持好像有点不太适应时代发展。因为律师人数由几百名增加到几千名，律师事务所增加到两百多家，司法局这个时候觉得各方面跟不上，就想到是不是应该让律师协会的功能扩大，律师协会的会长由律师来担任。局里主持召开了几次研讨会，研究改革方案，我作为研讨小组成员，也参加了。

经过了 7~8 个月的酝酿，主要是起草章程，章程一开始也不成熟，后来我提议先拟定一个方案，之后出台了关于推出行业改革的方案。我们商量，如果章程一时出不来，就依照这个方案开会，经代表大会同意后就按照这个方案执行，于是有了 2003 年行业公推的民主改革。这个当然大家也看到了，不用多介绍。代表大会的代表由各个律师事务所推选组成，理事由代表推选产生，副会长、会长候选人也由代表在当选的理事中推选，再由代表大会经差额选举产生。

当时还有一个改革，就是不设常务理事会，直接改为理事会，也就是30名理事候选人中选23名理事，5名副会长候选人中选4名、3名，2名会长候选人中选1名。2005年设了监事会，9名监事候选人中选7名，再从7名当中选一名监事长。所有候选人选举时都必须在大会上发表公开演说，比如理事候选人每人在台上讲3分钟，会长候选人每人讲20分钟，所有成员都是无记名差额选举产生。这次改革我是亲历者、参与者，也是推动者。我很有幸亲眼看到、亲身经历了这样一次改革，而且在这次代表大会当中，我被推选为理事候选人，当选为理事，又被推选为副会长候选人，当选副会长。这次改革，现在看起来好像没什么，但在当时也是翻天覆地的。它的意义主要在于以下几个方面：

第一个方面，这次是由行业的行政管理转移到“两结合”管理体制的改革和完善。因为按照《律师法》的规定，司法行政机关是律师行业的指导和监督部门，而律师协会是自律组织，它其实也包括一些管理和服务职能，就是说当时对于“两结合”谁都不知道怎么办，深圳的这一次改革解决了这个问题，“两结合”就是按照这样一个架构来进行的，这是一个方面。

第二个方面，它确确实实解决了一个既有前瞻性又很务实的问题，就是政府部门没有这么多精力来“保姆式”管理律师队伍，成本很高。因为这么多律师事务所，这么多律师，当时的司法行政部门也缺少一支专业的队伍来管。专业的队伍需要专业机构来管，我记得还没改革之前，司法行政面临了很多诉讼，就是律所、律师针对司法局提起的诉讼，改革以后这种情况解决了，因为行业自己管理、自己提供这些服务，2003年的时候，深圳市政府有差不多20项行政职能已经转移给了深圳市律师协会。

司法局将相关行政职能转移过来，由市政府办公厅下文转移到律师协会，然后律师协会接受这些行政职能的委托，通过这样一种方式，在提倡依法治国治理转型方面，解决了管理体制上的一些难点、痛点。今天回头来看，确应如此，把这么一支大队伍、上万人全由行政机关来管理，行政管理成本太高，造成的困扰也很多，交给律师协会，这个问题就比较好解决了。

第三个方面，解决了国际接轨的问题，由律师协会来服务这样一支律师队伍，司法行政机关指导和监督。但这次改革在当时争议非常大，争议从改革前到改革后，甚至到今天也还有些不同意见。我们讲深圳的改革，每一次都要付出一些代价，但是好的东西，改革成功的经验很快就被其他地方复制了，不好的一面我们总是要慢慢消化。

我认为这次改革为深圳律师业的进一步发展奠定了基础，起到了很大的推动作用。这次改革从2003年启动到现在，深圳律师业也已经发展到共有律师事务所639家，律师9654名。现在正好十年多一点，社会行业情况又发生了很大的变化。律师行业的发展，把律师又推到了一线，把律师在依法治国、法治建设当中的作用提到了从来没有的高度。如何进一步维护律师的合法权益，规范律师职业行为，最大限度发挥律师的职能作用，现在提到新的议事日程上来了。

以前律师业的发展，很重要的特点就是它自身发展的需求。现在外部环境、社会对律师业的发展也有新的要求，这是我们目前这个阶段的特点。以前是律师自己要想到怎么样克服这些困难、怎么样发展，现在不一样，现在是整个社会对律师业的发展有这种要求，因为法治如果缺少律师这样一个很重要的组成部分，它就缺少了一股重要的组成力量，这个体系就很难说是完整的。所以法治社会对律师业的发展有需求、有要求、有期望，但是社会各个方面也对律师业的发展有方方面面的制约，比如说很多机构需要律师来提供好的法律服务，但有的时候他们对律师和律师行业也有不同的认识，所以律师业的发展面临着一个非常好的发展环境，但也要面临着非常多的、非常复杂的不利因素。

在这种情形之下，我们要解决一个非常重要的问题，要把社会对律师行业的需求放在正面的位置上，让全体律师能够满足整个社会、各个行业的需求和期望，但是又能从改革的层面解决阻碍律师业发展的障碍。从制度的方方面面，从提供执业平台、维护执业权利等方面，同时在律师业内部来为解决这些矛盾提供条件。所以中国的律师业，随着社会经济的发展，现在已经进入了新的改革节点。中央政法委去年召开了全国律师工作会议，中共中央办公厅、国务院办公厅也下发了关于深化律师体制改革这样的意见，就是要解决这个问题。

我们从去年开始就已经研判，律师业面临着一轮新改革，尤其是深圳的律师。深圳律师因为近 30 年的发展，随着队伍的扩大，业务的增量，尤其是深圳社会经济发展到今天，要想往前走，必须发扬当年改革开放的精神，迎接新一轮的改革。深圳律师业也已经到了必须进一步改革的阶段，应该拿出一些切实可行的改革方案。现在探讨的重点是改什么，怎么改，分哪几步走，解决哪些问题，我们不谈虚的，只谈实的。前段时间我去了罗湖、宝安、福田、南山，接下来还要去盐田、龙华，到区工委和部分律师事务所进行座谈、征求意见，这个工作完成得差不多了。

我们律协班子走访了100家律师事务所，主要针对问题和困难，以及接下来这个改革怎么来改，就是说深圳律师业要改革，大家觉得应该在哪个地方改，听听大家的意见和建议。这次改革跟以前不一样，广大律师对这次改革要有一种特别的参与热情，参与到改革中来。

在司法局工作的三年当中，我印象很深的是那个时候我喜欢跑到各个律师事务所跟律师交流。那时候我很好奇，问他们是怎么做案件的，因为我自己也是兼职律师，相当于去考察。我跟很多律师交流的时候，发现有些律师有点“看不起”我，总认为他们自己是大律师，我们就是工作人员。虽然我自己是研究生毕业，也拿到律师牌了，但那些律师并不重视我。职业律师当时留给我的就是这样的印象，那几年我心里面特别不舒服，仿佛在他们眼里我就是搞行政的，他们是搞专业的，要高我们一筹。当时我心里面就想，我一定要超过你们，我一定要做得比你们更像大律师。

那时在司法局律管处工作，要跟各个律师事务所的主任打交道，我作为一个旁观者，看得到哪个律师事务所发展最好，哪个律师事务所发展最差。因为年轻、记忆力好，我天天下去调查，当时还要处理律师事务所内部的矛盾和纠纷。印象很深的是当年改革过程中，像李全禄律师事务所、段武刘律师事务所，改革中存在很多矛盾和麻烦。改革是市司法行政机关一起推出的，为律师业创造了一个很好的条件，也搞得很好。改革一定是个方向，要坚持，但是改革中的问题，也要去克服。如果不注意克服、解决当中的一些问题，改革的效果会大打折扣。这个经验和经历对于我后来当律师事务所主任，甚至当律师协会副会长，包括现在当会长，都有很大的启发意义。

我脑袋里面会有一根弦，告诉我们要改革，要敢于改革，但改革也要走得稳，不要出现太多负面的东西，还要防止负面的东西对改革形成压力，甚至导致改革成果付诸东流。另外我还有一个体会，作为律师事务所也好，作为律师行业的管理者也好，要有比较开阔的视野和大局意识。因为律师行业是一个专业性很强的行业，有它的特点和规律，不能凭想象、拍脑袋出台一些政策或指引，必须紧紧围绕律师事务所和律师的专业发展需求来建构发展体系。

当我要离开司法局去当一名律师时，心情比较紧张，也比较激动，因为我梦寐以求的律师梦终于要实现了。我面临着很多挑战，要办很多案件，要在具体的法律事务案件中实践我的理想，那种要踏入新天地、迎接新挑战、解决新困难的焦灼心情，现在想起来还值得再次回味。

印象深刻的还有我亲身参与的改革，尤其是合伙制改革。那个时候大家很好奇，律师突然间要变成一个法律工作者，通过市场、通过劳动来养活自己，后来公推直选改革我也参与了。那时没什么可借鉴的，大家天天在一起开会，讨论方案，改革过程中自有许多矛盾和问题，甚至是严重的意见分歧。这种情况怎么办？我记得2003年、2004年期间，深圳律师改革“改”出了不少矛盾，内部也有很多不同的声音，甚至形成了舆论风波。当时我分管秘书处，很多同事很迷茫，找不到方向，不少人辞职了。我们开理事会也很难，在那个阶段，大家都经历了一个自己的情绪很难平静下来的阶段，总感觉不知道明天怎么办，协会还能不能坚持下去。当时的很多理事，甚至包括我自己，都产生过一些很悲观的念头。但是幸好，深圳律师既有改革创新的精神，也有宽容的胸怀。改革本身就是要付出，改革本身就是一个凝结共识的过程，所以在那样一段艰难的岁月，我作为其中一员，留下了深刻的体会和记忆。

当律师这么多年，以前是副会长、党委委员、工会主席，还不是“一把手”，很多时候不用顶到一线去，现在当会长，体会更多了，今天就不说了。很多工作要到一线去，但有一个理念没有变，就是我作为行业同人，总觉得每件事情都是自己的事，必须认认真真做好。不要说对不起这个，对不起那个，首先要看对不对得起自己。所以不管是什么时候，我们要经常回顾自己工作上有哪一些不对之处，要善于发现错误，还要善于完善自己的工作。长期以来，我在这方面养成了这样的习惯。

当律师事务所主任之前，我长期是合伙人，体会也很多。律所从十几名律师发展到现在几百人，从小到大，一点一滴的变化都历历在目。一个律所由小到大，怎么构建一个律所的发展体系，是我们经常要面对和思考的问题。律所有什么样的发展目标，律师有什么需求，在专业上有什么构建，怎样与社会贴得更近，怎样把律所做强做大。这些问题都不仅仅是说出来，更是要解决。

同时，我作为一个律师也要办很多案件，这几十年我承担了至少有千宗案件，每个案件都是一段现实生活，律师通过法律的权利义务来评判和解构这一段现实生活。在我的脑海中，每一个案件都是一段很生动鲜活的生活事例，如果要说这些案件，会花很长时间，每个案件在我心中都留下了一个专业人的烙印。作为一个专业律师，我们要像医生对待病人一样去对待案件。对待每宗案件都要有一种热爱，就像我们热爱律师行业一样，这种热爱是一种很特别的情怀，不能简单归结为一种责任。到现在也是这样，当我看到一个案件，会有一种怦然心动的感觉，不会嫌弃它、讨厌它、说这个好麻烦，这是作为律师应具备的专业情怀，也值得去思考总结。

深圳律师业的发展，经过30年来几代律师的辛勤努力，目前已经奠定了比较好的基础，当然也有缺点，我们不能回避短板和缺陷。举一个例子，30年前，深圳律师就在说国际化，我总是讲，30年后深圳律师仍然没有完全“走出去”，我们“起了大早赶了晚集”，在国际化上，上海、北京走得快，已经走到了我们前面。比如在专业化的问题上，在20世纪80年代、90年代初我们就在强调，但是上海、北京仍走得比我们快，还有很多方面也是如此。深圳律师业的发展有改革的传统，在全国创造了无数的辉煌和第一，很多改革是深圳启动的，在很多方面我们有优势、有发展条件，但在很多方面我们似乎也差那么一点。

这几年以来，深圳有一些改变，比如说在国际化方面我们做了一些努力，尤其是跟我国香港特别行政区的交流合作比以前更密切，不但跟香港律师协会、香港律师公会签了战略合作协议，每年也有很多互动交流活动以及业务上的合作。这两年还和英国律师协会、欧洲律师协会、波兰律师协会、日本大阪律师协会、东京律师协会、新加坡律师协会、首尔律师协会等一批外国律师协会签订战略合作协议，注重专业上的合作交流。

我们引进了美国布林克斯律师事务所，另外一家境外律所的引进也在商谈过程中。我们也鼓励深圳律师“走出去”，每年有不少欧美的律师事务所、专业机构到深圳来跟我们交流，举办讲座。国际律师协会（International Bar Association，IBA）上个星期也来访深圳，与我们就怎样在深圳开展高端法律业务的交流合作进行了会谈。现在我们也要推荐一些专业人士加入会议。深圳在国际上的影响、国际上的交流合作比以前要频繁，但是唯独律师的国际化还远远不够，我们必须在建立国际化的通道上建立属于自己的体系，要有自己的特点，要在以我方为主的同时建构全方位的开放体系。尤其在律师专业上、律师业务上，我们既要跟境外律师竞争，也要向他们学习，有机会要跟他们站在同一个平台上共同操作这些业务。

我举一个例子。深圳企业“走出去”的过程中，遇到了反垄断、反倾销等情况，相关法律服务需求强烈。对律师业来讲就非常迫切，我们要在专业上突破，在国际化方面首先要基于一种专业上的建构，把很多专业、顶尖的律师引进深圳，同时深圳律师也要能够“走出去”，提升专业水准，为深圳企业服务。

深圳律师如果不“走出去”，就会被别人“挤”掉，这几年我们注意到，深圳几十家律师事务所在国内其他省区市开办了分所，广州、上海、北京，还有重庆、浙江、山东等地律师业发展比较好，我们建立了一些合作体系。比如和上海有合作协议，上海每年派一些专业做得最好的律师到深圳交流，深圳每年也会派一些律师去上海学习，如今年派了 100 名律师到上海。我们跟上海律师协会有共识，在专业建构上合作，本着良好的心态向他们学习。

这几年在开展专业培训方面，深圳注重青年律师技能的提升，因为现在深圳青年律师比较多，执业不足5年的有4000多人，占了总数的将近一半。我们注重的一个是青年律师的培训，另外一个是结合深圳的实际，在非诉讼专业上要有提升，重点打造、推出一批能够在非诉讼领域有所作为的律师。在专业建构上，这一两年深圳有了一点进步，专业的学习氛围、专业水准和能力大大提升。去年深圳做IPO的律所中个人排名第一的是深圳信达律师事务所的张炯律师，在全国做IPO的律师中异军突起。华商所的周燕、黄文表律师两个人是并列第三，也很不错。在新三板业务方面，深圳有信达、大成等律所都入围全国前十。今年，在律师为基金提供法律意见业务方面，有几家也做得非常好，包括一些传统大所、规模所都进入了前列，像华商所这两项都排名第十。近些年涌现出来一批专业素质高且团队合作精神强的青年律师群体，所以深圳律师业在2015年创收突破了历史新高，增幅达到35%，这个增幅在全国也应该是最高的。

我们发现了一些可喜的特点，一方面，业务收入当中增幅比较大的，相当一部分来自专业性比较强的业务。另一方面，产生了一批收入比较高的青年律师，这在以前几乎没有，青年律师创收能力增强为深圳律师业未来的发展拓宽了空间。

前海是社会主义法治示范区，现在前海有23家联营所和分所，在不到两年时间内建立了这么多分所、分支机构和联营所，让深港律师业合作在这里得到了一个高度的体现。

这几年，其他方面的指标，深圳也有一些进步，尤其是在公共法律服务和专业法律服务方面。比较突出的是去年深圳十大法治事件中有三项来自深圳律师事务所。

深圳有进步，但我们也不能光讲这些好的，也有很多不如意的地方，所以接下来要看深圳律师业怎么走，在坚持改革和发展的道路上，我们要建立怎么样的发展战略。以下这几点是要重点关注的。

第一个是要建立新型的深圳律师业发展体系，这个就不展开了。经过 30 年的改革和发展，深圳律师业积累了很多改革经验，也有过一些失误，为《律师法》的完善提供了宝贵的经验。深圳律师业有自己的特点和优势，也有自己的短板和发展空间。深圳律师业跟其他地方的律师业一定有不同之处，从这些不同之处里面能够找出深圳发展的“快车道”和规律性的东西。所以我们要考虑这样一个问题——深圳律师业要建立自己的发展体系，这个发展体系不是一种空象，也不是一张空头支票，它要结合过往 30 年的经验，要结合新时期中国依法治国对律师行业的需求，还要结合深圳律师业、深圳社会经济发展的特点。

我们一直强调，深圳律师业如果离开了深圳城市的改革开放和经济社会的发展，就没有发展，所以深圳律师业的发展要紧紧围绕深圳的发展体系。我提出了深圳律师业的发展要与深圳的社会民生、社会治理转型相结合，与深圳的法治城市建设、深圳的科技创新相结合，在将来的发展体系里面，科技的成分要高。须关注每一个律师事务所和每一个律师的发展需求，我提出，凡是有利于深圳各个律师事务所，有利于深圳律师业发展的，有利于深圳律师发展的都要支持，都要在发展体系中找到我刚才讲的需求点。这个发展体系是务实的、有前瞻性的发展体系，现在正是建立新兴发展体系的好时机。

第二个是要结合改革需要，重点解决阻碍深圳律师业发展的障碍。比如说现在深圳律师业作为现代服务业的重点领域，经过我们一年的争取，已经写进“十三五”规划当中，但是推进规划的落实还需要我们共同的努力。有了这个政策，怎么落地则需要我们进一步的争取。现在深圳律师业发展还面临着一个重要的问题——人才发展的后劲不足。今年实习律师2000多人，报考司法考试的1万多人，估计今年深圳律师会突破1万人。每年有很多新人进入律师队伍，包括来自公检法系统和社会各界的人士，这是一个好事，但是我们认为，这里面一定要有一批能够带动行业发展的“高精尖”专业人才，这个比例现在比较小。现在我们引进排名前十的一流大学高端专业人才有一些困难，这其中有客观的原因，深圳的生活成本比较高，执业成本也高，当然也有行业自身的不足。所以在这些问题上，怎么样让深圳律师队伍的专业化程度更高，团队合作精神更强，走向国际的人才更多？按照我的预计，深圳至少需要不低于1000名能够从事涉外法律业务的律师，但是现在最多几百人，非常欠缺，我们也在考虑如何解决这个问题。

我这两天正在安排向市里打个报告，内容是关于如何提高深圳律师队伍的专业化，引进高端人才，培养高端人才，以及给他们提供保障。我们希望政府在提供人才安居房、保障房，在培训、财税方面给予帮助，能够在现代服务业当中给律师行业和其他高新企业、高新行业一样的政策，在这些方面我们要去争取。最近我也不断跟市里反映这个问题，要补充短板，要在新一轮的律师业竞争当中让律师处在合适位置。现在要为进一步律师业的发展奠定人才基础，其他方面的基础也要跟上，这只是一个方面。

第三个是要成就深圳律师业和广大深圳律师的职业梦想。我希望今后律师业的发展过程中，能够让每家律师事务所和每个律师都感受到职业尊严，每个人可以有拓展事业的平台，把律师职业做成一份事业。这要在行业内建构一套良好的发展体系，让每个律师感受到他是一个真正的法治人，真正为社会所需要，能为法治构建提供他的专业服务，这是我非常美好乐观的展望。

第四个是要结合深圳这座城市的发展需要和特点，在全国率先打造出一个相对完整的公益法律服务体系、公共法律服务体系和专业法律服务体系。在这三个律师业的法律服务体系中，我觉得最重要的是专业法律服务体系，接下来，在我们的展望当中要让公益法律服务体系向公共法律服务体系转型，公共法律服务体系向专业法律服务体系转型，也就是说，将来的公益法律服务要做到有声有色，要为这座城市的社会名声、社会治理提供公益法律服务。但是一定要把边界搞清楚，一定要把更多的东西上升为公共法律服务，让政府来购买法律服务。无论是公益法律服务还是公共法律服务，我们都要把它做成专业法律服务。公益法律服务我们要做好，专业法律服务我们也得做好，在全国至少要不落后，要进入前面。在推动政府购买法律服务这块，我们还要下大力气，尤其是在建立普遍的政府法律顾问这方面，还要做更多的工作，让政府要能够感觉到律师值得信赖，值得政府“花钱”购买法律服务。

第五个是要围绕深圳城市的发展建构律师的发展体系。对于科技创新，我一直有一个观点，如果说深圳律师业哪一方面发展得好、有什么值得总结的，就是深圳律师一直紧扣改革发展的主题，包括科技创新的主题，如果我们做得不够好，那也是在这方面落下了。现在深圳律师业有一个很重要的工作，我的展望就是要跟深圳数以万计的企业、市场主体建立密切联系，提供不同场景的法律服务。因为深圳的企业种类多，包括行业组织、社会组织、事业单位等，很多是创新型的行业，律师一定要紧紧跟上去，为企业发展提供他们所需要的法律服务。我的计划中还要展开企业调研，根据深圳企业需求来制定律师的专业发展战略，当然也要根据深圳社会需求制定相应的专业发展战略，根据深圳市场的需求制定专业法律服务的特点。一定要紧紧围绕深圳城市各个元素发展的特点，建构深圳律师的专业体系。

第六个是深圳律师必须走上国际化，这个没有什么讨论的空间。几十年来，深圳企业进入世界“五百强”的越来越多了。总部经济在深圳比较密集，上市公司多，知识产权业务在深圳也比较多，占了全国将近一半。深圳企业“走出去”了，外国企业也不断到深圳投资，如果法律服务还跟不上，那真的是要“打”我们的“板子”。所以我们要下力气，花工夫去培养、去引进，让深圳律师业走向国际化。我到各个律所跟涉外业务的律师讲，一定要加把劲，把涉外业务水平提升上去。现在关键是需要一群人从行业中脱颖而出，让这群人处在能够提升他们的平台，要争取政府出台相应的扶持政策。现在司法局也很重视，一要提升，二要引进，还有一个是给涉外专业法律服务的平台提供方便。以前的平台是建立深港合作，我们叫“借船出海”，让深圳律师跟这些国际上比较好的、比较专业的律师能在一个平台上切磋。在我们的展望中，深圳律师的国际化必须在这几年内有一个大的提升，不能停留在现有的水准。

现在深圳律师人数占全国律师人数的约 3%，创收在全国的占比约为 7%，希望在这几年我们的业务创收能达到全国的 10%。这是我对深圳律师业的一种大体上的展望。深圳市的一些领导鼓励我们说，深圳律师业与深圳这座城市的发展是匹配的。这是一句鼓励的话，我们要对自己有更高的要求，不仅要匹配，还要超越，深圳律师业应该高于深圳其他行业的发展水准和指标，所以我们提出看能不能经过这几年努力，在创收上达到占全国10%这样的水准，这样才符合深圳律师业改革的初衷。

深圳律师业的发展虽然还有很多困难需要去克服，但是我们有信心让整个行业越做越好，有一个好的发展前景，更上一层楼。

注：本采访实录根据高树主任在2015年深圳市律师协会“口述历史——深圳律师业回顾与展望”系列活动上的演讲录音整理而成。

“改革创新、行稳致远”！

——参选深圳市律师协会会长竞选词

各位代表、各位同人：

站在大家面前的我，是一个“三老”律师。第一，我是个老服务员，一路走来，从1990年在司法局律管处为大家发律师牌开始，到后来担任副会长、工会主席，一直给大家提供服务。第二，我是个老律师，我是深圳第119号律师，扎根深圳律师业这片土地已经整整24年！第三，我也是个老主任，作为华商所的创始合伙人，多年来始终担任华商所的主任。

一、两个问题

大家经常说，“北上广深”是中国的一线城市。我想请问大家两个问题：知不知道北京、上海、深圳去年律师的总收入各是多少？人均收入又是多少？

我来告诉大家，北京是100亿元，上海是100亿元，深圳只有29亿元，我们只有北京、上海的1/3都不到！人均收入呢，北京是50万元左右，上海是60多万元，深圳只有36多万元，我们只有北京、上海的2/3左右！而在15年前，我们无论是总收入，还是人均收入，都和北京、上海是基本持平的！20年前，我们比他们还高。现在，我们本地的很多创新业务、高端业务都被北京、上海的律所赚走了，我们自己只能“打小工”。如果再不进行改革创新，可能将来这个差距还要继续拉大！大家忧不忧虑？！我这个“三老律师”对此感到十分焦虑和煎熬！艾青有一句诗：“为什么我的眼里常含泪水？因为我对这土地爱得深沉……”我这次出来竞选，是因为热爱，因为放不下，因为不想再受煎熬，因为不服，因为想证明深圳律师是好样的！

二、发展战略

那么，怎样才能提升深圳律师的地位？怎样才能提升深圳律师的收入？怎样才能让我们重返中国一流律师的行列呢？

我认为，首先，要有一个明确的发展战略；其次，要有行动纲领以及落实措施；最后，需要有个合格的组织者和带领者，来加强律师协会的建设。

先讲讲我们需要怎样的发展战略。我们常说，战略决定方向，战略决定成败！决定战略的三个层面——目标、起点、目标与起点之间如何联结的中间层，这是关键。我认为深圳律师的发展战略目标是一流，起点大家都清楚，两者之间如何联结起来呢？要先分析我们现在的“天时、地利、人和”。

深圳正在进行社会治理深度转型和法治构建，打造“三化一平台”，具备产业和资源优势，这是“天时”。

深圳背靠内地，周边是珠三角，面朝香港、澳门，再往前看，是东南亚和大洋洲，这是“地利”。

深圳律师队伍已经达到 8000 人，以中青年律师为主，律所超过 400 家，形态和结构各有特点，可以进行优化整合，实现集群专业化，这是“人和”。

综上分析，我认为未来深圳律师的发展战略是：

首先，立足深圳，先把本地的业务做好。其次，随着深圳企业向我国内陆地区的拓展，深圳律师的业务也要辐射全国。最后，再向东南亚、澳洲乃至欧美扩展，拓展国际市场。总之，我们要坚定地“走出去”，走全国化、国际化的道路。北京、上海能把业务做到深圳来，我们为什么不能把业务做出去？

横向方面，我们要构建粤、深、港、澳战略合作圈，聚合区域优势。纵向方面，以深度参与社会创新和法治构建为契机，全面推行专业创新和集群专业化，改革和完善以律所为单位的管理体制和运作模式，充分调动资源优势和发展活力，最终成为在全国发展一流、在国际化进程中特色鲜明的律师队伍。

三、八大行动纲领

围绕一流发展战略，我们应该在以下八个方面有所作为：

第一，培养、提升现有专业人才，引进高端专业人才。每年推出 50 名以上专业在全国拔尖的律师。

第二，全国化和国际化布局，推动深圳“走出去”，启动东南亚和大洋洲的业务拓展课题。

第三，解决业务放量。四个方面，放大传统基础业务，做强本地创新业务，合力拓展区域业务，延伸开展国际业务。战略上，“守住碗里的，看住锅里的，惦记着地里的。”经验表明，“不走出去干别人的，就守不住自己的。”

第四，重推专业创新和集群专业化，大所规模化，小所专业化，以所联所，以所带所，以律师联律师，以专业带专业。

第五，改革律所管理模式和团队作业方式。

第六，发展理念要更新，由强调服务经济、服务政治转变为社会经济、政治发展和创新均必须让律师参与，上述业务离开律师参与很危险。

第七，打通高层话语平台，解决当下阻碍发展的税制等问题。

第八，着力解决律师不同群体关注的不同问题。青年律师关心案源和基本生活保障，中年律师关心稳定发展，老年律师关心养老和归宿，还有律师作为工作繁忙人群，婚姻和家庭问题也关系大家的幸福与否。

四、机制创新——加强律协建设

以上八个行动纲领，依赖于律师协会的推动和引导，因此，强化律师协会的建设势在必行。

1. 律师协会应当是战略协会。战略决定方向，方向错了，停止就是前进。律协要对战略负责，要对方向负责！

2. 律师协会应当是“打开门接地气”的协会。理事会工作要创新，要“开门”请代表进来；律协与各区律师工委对接机制要创新，成立各区律师分会，各区工委主任担任分会长，成立各所主任联谊会；秘书处服务要创新，全市律所行政主管要成立一个联谊会，秘书处直接对口；理事会和会长的评价考核机制要改革，要建立量化标准；律师代表大会开会的形式也要改革；律协还要成立专业创新委员会。

3. 律师协会应当是“搭台唱戏”的协会。律协要与新兴产业和行业签订律师准入协议，推广和延伸龙岗区律师优惠政策。

4. 律师协会应当是帮助我们公平创业的协会。律协要不断完善行业公约和规章，保证人才公平流动，推动招投标业务的公平投放和公正运作，保证行业的基本诚信和集体形象。

5. 律师协会应当是让我们提神振气、壮胆撑腰的协会！在律师遇到困难的时候，协会应当能够成为大家的有力后盾！

6. 律师协会应当是个风清气正的协会！什么山头帮派，什么吹牛拍马，什么虚话套话，在律师协会通通没有市场！

7. 律师协会应当是个“包装”协会。它把全体律师“包装”得“高大上”，高端大气上档次！

8. 律师协会是个温暖的家。是我们可以依靠的家，可以诉说委屈、分享喜悦、每个人进来就不想离开的家！

五、十件实事

有了一流的发展战略和行动纲领，有了一流的组织队伍，我们还需要怎样的组织者、带领者，需要怎样的会长？各位代表，各位同人，深圳律师人才济济，能当会长的人很多，今天大家把参选的机会给了我，我郑重向大家承诺，如果能够当选会长，我会从提高律师收入、提升律师地位、实现公平竞争、创新服务意识四大方面，切实办好十件实事：

（一）提高律师收入

提高律师收入要靠“开源节流”，这方面我承诺做好三件实事。

第一件实事，我要全面推动在深圳建立刚性政府法律顾问制度。中国共产党第十八次全国代表大会提出了到2020年基本建成法治政府的目标，如何才能在深圳落地？如何才能让深圳律师从中受益？大家想想，深圳有多少家政府机构？如果每家每年支出3万元律师费，会增加多少律师收入？对于我们深圳市的 8000 多个律师来说，每人每年就能至少增加几万元的收入！我会积极推动政府全面购买法律服务，在购买过程中优先选择深圳本地的律所和律师，并且促使中小律所能够得到同等的受益机会！

第二件实事，努力解决税赋加重问题，分担各家律所风控成本。面对税制改革，一方面，律协要积极与主管部门进行沟通，争取能够降低税率，为大家减负；另一方面，我们也必须面对现实。我如果当选会长，会推动律协通过招投标选择一家专业、高效的税务机构，针对不同类型的律师事务所制订相应的税务筹划方案，并到全市各家律所进行免费宣传和推广，免费为大家培训财务人员。相信此举将会为每家律所节省至少几万元成本，同时也会大大降低大家的税务风险！

第三件实事，对专业创新和行业做出重大贡献者给予奖励，并将他们的创新经验在行业内予以宣传推广。

（二）提升律师地位

在提升律师地位方面，我要做好两件实事。

第四件实事，建立律师对法官的评价体系。目前的司法环境下，律师在法官面前处于“弱势”地位，作为律协，我们要建立律师对法官的评价体系，并将评价结果正式提交法院有关部门，从而促进法官与律师的良性沟通，为深圳律师创造一个公平、友好的执业环境。

第五件实事，落实和放大律师优惠政策。

（三）实现公平竞争

我认为，对于中小律所，不仅应当给予其公平竞争的环境，还应当在必要的时候给予适当政策倾斜。就像国家对少数民族的照顾性政策一样，有时这种倾斜照顾也是一种实质公平。这方面，我会做好以下三件实事：

第六件实事，律协招投标业务要向全体律所和律师公平开放。今后我会把律协的招投标业务放到网上，让每家律所，特别是中小律所都能够得到公平的业务机会！

第七件实事，律师参政议政公平竞争、进入司法队伍公平竞争、进入公共话语平台公平竞争。

第八件实事，小所和大所、区属所和市属所服务机会均等化。

（四）创新服务意识

律协是一个为广大律师提供服务的机构，因此，不断创新服务意识、切实方便律师是我们的重要工作。这方面，我会积极推动完成以下两件实事：

第九件实事，进行律师年检制度改革，考虑采取预缴会费延长注册周期，或者将收费与注册相分离等形式，拉长年检周期，减轻律所与律师在年检方面的不便。

第十件实事，实现实习人员的考核全过程公开透明。

六、三个承诺

除了做好上面的十件实事，我还要对大家做三个承诺：

第一，我无条件接受和服从代表们对我的考评和监督。任期内每年我会给每家律所发一份调查问卷，请大家对我的工作提出监督意见，我承诺会对每家律所的意见和建议都逐一回复落实。

第二，我会建立一个叫“高树律师”的微信群，经常性地和大家交流互动。

第三，我保证律协干的每一件事、用的每一分钱都是完全公开透明的，全部在律协网上公开，欢迎大家经常来律协考核，还可随时来查看账目。

七、我的优势和决心

各位同人，前面的发展战略、行动纲领、机制创新以及落实措施，就是我对开始两个问题的回答！我认为，我是最适合来完成这些工作的人！与其他候选人相比，我自认有两个最大的优势：

第一，我是最了解深圳律师、深圳律所现状与困惑的候选人！

华商所是一家典型的深圳本地从无到有、从小到大发展起来的中小型律师事务所。作为创始人，我多年担任华商所的主任，始终为深圳律所发展中取得的成就而骄傲与自豪！也很早的就感受到深圳律所面临的瓶颈与困境。我相信华商所的问题也同样是大多数深圳律所面临的问题，我相信自己是最了解深圳律所现状与困惑的候选人！

第二，我有变革的欲望，也有变革的能力！

深圳律师业的五次重大改革，我不是旁观者，而是参与者、推动者、见证者！我是改革“出勤率”最高的律师，2003 年，深圳律师首开民主改革先河，我参与了策划、筹备、起草章程的全过程，并担任当届副会长，这是我一生的荣耀，因为我亲身参与和推动了一场真正的民主实践！

今天的深圳律师已经落后了，再不变革将被时代所淘汰！我有在律协参与推动改革的经验和能力，我也可以将华商所这些年来“走出去”的经验与大家分享，更重要的是：我做好了为改革鞠躬尽瘁的准备！我要成为“五最会长”——我要做最勇于创新、敢于担当的会长！要做最不怕跑腿、不怕磨嘴的会长！我还要做全国最接地气的会长！做全国最公正透明的会长！做和同行交流最多的会长！

各位亲爱的同人，请投我一票，我会还大家一个精彩！

谢谢大家！

注：本文根据高树主任2014年3月30日在深圳市第九届律师代表大会上发表的会长竞选演说词整理而成。

推进依法治国　深化律师制度改革

——深圳律师业面临新的改革

深圳律师业面临第三次改革，这次改革的重点放在如何充分发挥律师作用，全面保障律师执业权利，切实规范律师执业行为这几方面。如何从体制上克服和消除律师发展的障碍，从外部构建律师执业权利体系，从内构建律师发展的规范体系，是两个相互促进的体系，权利体系有利于律师业的发展，规范体系有助于律师更充分有效地发挥作用。

一、面临从治乱循环中走出来的最优方案选择、治国抓手，那就是依法治国

2015 年 8 月 20 日召开的全国律师工作会议是一次具有全局性、开创性的重要会议，是我国律师事业发展史上的第一次，具有重要里程碑意义。中共中央政治局委员、时任中央政法委书记孟建柱在全国律师工作会议上指出，律师制度是一个国家法律制度的重要组成部分，是法治文明进步的重要标志。要深入贯彻习近平总书记系列重要讲话精神，依法保障律师执业权利，进一步规范律师执业行为，深化律师制度改革，加强律师队伍建设，充分发挥律师在全面依法治国中的重要作用。他从党和国家事业发展全局的战略高度，深刻阐述了新时期律师事业改革发展的重要意义，全面、深刻、务实地分析了当前律师工作存在的问题，提出了进一步保障律师执业权利、规范律师执业行为的一系列新思想、新观点、新举措、新要求。

把律师放在法治建设的重要位置，是社会发展趋势的选择。邓小平同志 30 多年前就提出中国需要 30 万名律师，现在数量差不多了，但还不够。回过头来客观地看，如果没有这近 30 万名律师，

我国司法改革和法治进程肯定不可能是现在这个样子。参加全国律师工作会议，我个人的认识是我国依法治国的推进已到了相对务实的阶段，我国律师行业的发展已到了相对深刻的阶段，而与之相对应，我国法律职业共同体的建设也到了应该成型的阶段。当下法治建设正在进行关键的转型，就是从法制到法治的转型，法制在任何时代都有，我国封建时代像秦朝、宋朝的法制体系也堪称完备，但法治作为平衡政府与社会、公权与私权的一种力量和治国方式，则是现代社会的选择。

二、律师不但要参与司法体制改革，自身也要进行相应改革

深圳在法治转型上走得更快，我们这些年也一直在推动法治转型，因为法治转型过程中体现出的相对务实性，律师行业的改革发展也就不能不迈向纵深，不仅是律师的专业体系建设，律师参与社会公共事务也成为必须，就像律师在社会治理尤其是基层治理中逐步发挥重要作用，律师越来越频繁地参与社会纠纷及涉诉信访案件的化解等工作，证明律师参与社会公共事务不仅成本较低，“后遗症”更少更小，而且效果也更好。社会需要律师，而律师与社会发展也靠得更紧了。

法律职业共同体不能仅仅成为一个口号或设想，我国律师体制改革一直走在前面，但之前司法体制改革没有跟上，一定程度上弱化了律师体制改革的成果，这对法治建设而言是一个教训。现在司法体制改革已经被提到议程并且正在进行，律师不但要参与司法体

制改革，自身也要进行相应改革，这是法律职业共同体建设相对成型很重要很内在的一面。

这一次全国律师工作会议由中央政法委牵头，最高人民法院、最高人民检察院、公安部、司法部联合召开，具有很特别、很重要的意义。同时，保障律师权利的意义不完全在律师本身，而在于律师代表着千千万万的当事人，代表着公平正义的实现过程，这才是关键。律师的权利如果得不到保障，当事人的权益也很难保障。保障律师的执业权利，这是执法和司法的重要组成部分，律师权利是法定的，不是多出来的，这是我参加全国律师工作会议的一些认识。

三、律师业面临第三次改革，这次改革重点放在如何充分发挥律师作用，全面保障律师执业权利

深圳作为改革开放的窗口，在律师体制改革方面也走在全国前列。第一次是 1993 年推行合伙体制改革。这次改革是很彻底的。第二次改革也由深圳发起，这就是律师协会的民主改革。在这之前，律师协会会长都是由司法行政机关领导担任，律师协会相当于一个行政部门，司法行政机关负责所有的律师行政和业务管理，实际上这与《律师法》关于司法行政机关承担监督和指导职能的规定是不符的。2003 年，深圳首创律师协会会长公推直选制，律师协会理事、会长、副会长全部由执业律师担任，且由律师代表大会进行差额选举，之后又设立监事会，在此基础上律师协会建立了一套逐步完善的自律运作体系。律师行政和业务管理以及服务的职能转由律师协会承担，司法行政机关的职能重点放在监督和指导上，在实践中厘

清了“两结合”体制的组织结构。发端于深圳的这次律师行业民主改革虽付出了一些代价，但它及时弥补了合伙制改革在管理体制方面的不足，丰富了律师自律的内涵，尤其是奠定了律师专业自治的基础，同时在政府职能转移方面也是一个改革的先行示范，之后全国很多地方都参照深圳的做法进行了改革。

现在，律师业面临第三次改革，这次改革的重点放在如何充分发挥律师作用、全面保障律师执业权利、切实规范律师执业行为这几个方面。如何从体制上克服和消除对于律师发展的障碍，从外部构建律师执业权利体系，从内部构建律师发展的规范体系，这是两个相互促进的体系，权利体系有利于律师业的发展，规范体系有助于律师更充分有效地发挥作用。但我还是有一点担心，那就是，律师改革没有行政推动，改革很难发动；而过度依赖行政权力，改革又难以彻底，这可能是一个悖论。

要顺利推动这次改革，很重要的一点，就是要充分运用法治思维和法治手段。比如前面讲，律师执业权利是法定的，是执法和司法应尽的职责，这就是法治思维。很多人认为规范律师执业行为可能会“捆”住律师手脚，不利于律师业发展，这就错了。其实规范律师执业行为也是法定的，并且只有规范了执业行为，律师的发展空间才更大，这就是法治思维。以法治方式推动改革，包括以《律师法》为依据，全面理顺律师管理的“两结合”体制，尤其是在当下政府进一步简政放权的改革大背景之下，如何进一步发挥律师协会对于行业的管理和服务职能，如何正确定位司法行政机关的监督和指导职能，在改革过程和具体实践中都应有科学明确的举措。

四、总结深圳律师业发展模式，在此基础上制定深圳律师“十三五”发展规划和近期发展纲要

目前，深圳有9000多名律师，500多家律师所，每年办理案件和法律事务近10万件，每年上缴税收数亿元。深圳律师有两个特点：首先是30年来在多个方面创造了全国第一，比如第一个由法律顾问处改为律师所、第一个按专业建制设立律师所、第一个率先推行合伙制改革，在业务方面，第一个由律师参与工程建设项目招投标等、第一个由律师参与办理房地产按揭、第一个由律师为公司上市出具法律意见书等。其次是深圳律师行业改革一直走在全国的前面，律师协会建立了全面的自律模式，律师协会从章程规则到具体的实习考核、业务拓展和标准指引、执业纪律等各方面的运作都自成体系。

律协的人、财、权、物、事等都全面公开透明，并建立了全方位的监督考核体系，由于从会长到理事、监事各个职务都是竞选上岗，且全是无报酬的义务参与，所以管理和服务成本较低，也不容易产生腐败。深圳律协这样一套比较完善的自律模式和发展体系的意义在于为我国行业管理和政府职能转变开创了一个先河，这是将来社会治理转型的一个方向，也是民主制度在实践中的一个示范，深圳律师和深圳律协应是深圳的一张名片，这张名片是一份值得推广的改革样本，当然也是值得去珍惜和维护的城市光荣。

最近我们正在总结深圳律师业发展模式，在此基础上制定深圳律师“十三五”发展规划和近期发展纲要。深圳律师发展势头很好，

不但专业建设上来了，在发展创新方面也亮点纷呈。近年深圳律师迎来了前所未有的专业学习风气，各项专业指标均有大幅度提升：（1）在执业规范体系方面，在全国率先出台《律师道德执业守则》和《律师诚信警示录》，发布《关于规范律师在诉讼中的行为及与法官关系的指导意见》。（2）在保障律师执业权利方面，今年最高人民法院第一巡回法庭和深圳市中级人民法院都开通了律师绿色通道，深圳市中级人民法院还出台《保障律师诉讼权利的若干规定》。深圳律协还与最高人民法院第一巡回法庭签署了《关于建立良性互动工作机制的备忘录》，派出260多名律师到第一巡回法庭轮值，从事涉诉信访案件的咨询化解工作。现在我们还在考虑如何在全国率先建立公共法律服务体系、专业法律服务体系、公益法律服务体系三大法律服务体系。深圳是创新型城市，律师行业发展如何跟高新技术以及创新型和国际型城市结合起来，我们有很多设想，接下来根据全国律师工作会议精神和市里的要求及部署，将展开新的布局和方案落实。深圳律师目前具备比较好的发展形态，我们正在酝酿如何抓住机遇、突破发展“瓶颈”。

注：本文根据高树主任2015年9月在深圳市社会科学联合会主办的“深化律师体制改革 推进全面依法治国”沙龙上的演讲稿整理而成。

建设"深圳先行示范区"与律师业的发展

履行行业使命，担当社会责任。在“双区”机遇下，即建设粤港澳大湾区和中国特色社会主义先行示范区的历史机遇下，华商律师事务所作为生于深圳、长于深圳的本地律所，在法治探索上不断突破，其中华商倡导率先成为深圳先行示范区中的先行示范所，同时华商也第一时间响应深圳先行示范区的政策，率先起草、制定《落实〈关于支持深圳建设中国特色社会主义先行示范区的意见〉法治建设行动方案》，对“中国特色社会主义先行示范区”的法治建设工作进行一些有益的摸索。

一、《关于支持深圳建设中国特色社会主义先行示范区的意见》出台背景

2019年8月9日，中共中央、国务院《关于支持深圳建设中国特色社会主义先行示范区的意见》（以下简称《意见》）正式发布，《意见》给深圳定下了发展目标，即从2019年到2025年，建成现代化、国际化、创新型城市；到2035年，建成具有全球影响力的创新创业创意之都，成为我国建设社会主义现代化强国的城市范例；到21世纪中叶，成为竞争力、创新力、影响力卓著的全球标杆城市。《意见》为将深圳建设成为展示我国改革开放成就和国际社会观察我国改革开放的重要窗口提供了战略指引和制度支撑，是对深圳在中国改革开放历史地位的肯定。2019年9月17日，中共深圳市委六届十二次全会召开，深入学习贯彻落实《意见》精神。会议指出，中共中央、国务院支持深圳建设先行示范区，是深圳发展进程中具有划时代重要里程碑意义的大事。全市上下要坚持党的

领导，将习近平总书记、党中央的战略意图把握好、领会好、落实好。

二、华商所《法治建设行动方案》简介

华商所作为总部设在深圳、国内最具规模的综合性律师事务所之一，珍惜历史机遇，牢记初心使命。在《意见》出台后的短时间内，华商所组织全所人员认真学习和研究《意见》精神，积极响应中共深圳市委六届十二次全会的号召，坚持问题导向，结合深圳律师行业现状与发展需求，制定了《落实〈关于支持深圳建设中国特色社会主义先行示范区的意见〉法治建设行动方案》（以下简称《法治建设行动方案》）。《法治建设行动方案》约一万四千字，针对《意见》中提及的“用足用好经济特区立法权”“加强法治政府建设”“加快构建现代产业体系”“打造法治化营商环境”“成为竞争力、创新力、影响力卓著的全球标杆城市”“助推粤港澳大湾区建设”“提高金融服务实体经济能力”“加快构建与国际接轨的开放型经济新体制”“丰富‘一国两制’事业发展新实践”“承办重大主场外交活动”十个方面，一共提出了五十八项主要举措，涉及深圳经济特区立法权、行政机关法律服务、知识产权证券化、区块链技术法律服务、互联网金融、破产、信托、外商投资、粤港澳的法律合作、创业板注册制、港澳金融市场互联互通、赴境外发行地方政府绿色债券、承办重大主场外交活动、建设“一带一路”法律服务平台等主题，对“中国特色社会主义先行示范区”的法治建设工作做了一些有益的探索。接下来，华商所会由战略委员会牵头组织协调，各专业委员会分工配合，逐步落实行动方案，确保各项行动任务见实效。

囿于篇幅和时间所限，现主要围绕以下几点和读者朋友分享交流，谈谈站在改革开放前沿，关于建设社会主义先行示范区，深圳律师可以做些什么。

三、深圳律师的法律服务机会

（一）深度参与经济特区立法

《意见》指出，“用足用好经济特区立法权，在遵循宪法和法律、行政法规基本原则前提下，允许深圳立足改革创新实践需要，根据授权对法律、行政法规、地方性法规作变通规定。”除《立法法》第8条第9项基本经济制度以及财政、海关、金融和外贸的基本制度只能制定法律外，深圳市作为经济特区，享有法律赋予的广泛的经济立法权。我们深圳律师要把握机会、参与其中，同时也需要思考如何有效参与到深圳用好用足特区经济立法权的建设实践当中：

1. 梳理国家法律和行政法规目录清单，推动授权立法和变通执行

我们可以通过立法调研、实地走访及书面材料审阅方式，梳理、研究修改和废止不适应经济社会发展要求的政府规章或规范性文件，对比深圳市现行有效的经济特区法规和较大的市法规，协助有关部门制定提请全国人大和国务院在深圳暂时调整或者暂时停止适用国家法律和行政法规的目录清单，为列出首批需国家授权变通的清单提供调研服务、可行性分析服务及后期变通立法研究服务。上述内容在《法治建设行动方案》第1条有详细的论述。

举个例子，目前可以在个人信息保护问题上尝试提出先行立法

的建议。个人信息滥用是随着信息技术发展日益凸显的社会问题，体现为有关个人或机构过度收集、擅自披露、擅自提供甚至是非法买卖个人信息。现阶段，我国对个人信息的保护主要体现在两大方面：一是在与个人信息保护有关的法律法规中设置个人信息保护条款以对个人信息加以法律保护，既包括法律法规明确提出对“个人信息”进行保护的直接保护，也包括法律法规通过提出对“人格尊严”“个人隐私”“个人秘密”等与个人信息相关引申范畴的间接保护；二是通过信息控制人的单方承诺或特定行业的自律规范的承诺以对个人信息加以自律性质的保护。然而，随着信息处理和存储技术的不断发展，既有法律保护效果并不理想，社会对个人信息保护专门立法的需求越来越迫切。与此同时，制定法律历时长且更具滞后性，因此，我们可建议就个人信息保护在深圳经济特区先行立法，切实践行立法示范作用。

2. 积极参与政府规范性文件的合法性审查、实施后评估类项目

《法治建设行动方案》第2条提到，我们可以为立法程序是否合法合规提供法律论证，区分在立法的效力等级和调整范围上的差异性，关注在改革创新实践中是否发挥应有的法律效果，形成经济特区立法分析报告。

（二）助推粤港澳大湾区建设

1. 从“数据跨境合规流通”视角看粤港澳大湾区的法制对接

《意见》提出要“助推粤港澳大湾区建设”，包括研究粤港澳“规则衔接”的具体事项，梳理制约粤港澳大湾区发展的系列问题和挑战，提出具体衔接方案。鉴于粤港澳大湾区涉及两种社会制度，存在不同的法律体系，内地与港澳地区规则的衔接牵涉社会发展的方

方面面，《法治建设行动方案》第29～40条对此有详细的探讨。现仅以数据跨境合规流通为例，来谈一下港澳“规则衔接”的具体问题。

在我国香港地区，涉及数据传输的相关法律主要以《个人资料（私隐）条例》《跨境资料转移条例》为主。在我国澳门地区，由《个人资料保护法》对个人信息跨境转移的一般原则和例外情况分别作出规定，为规范个人信息跨境转移提供了基本法律依据。2016年11月，全国人大常委会正式通过了《网络安全法》，规定了个人信息和重要数据跨境流动的一般规则，例如，第37条明确要求关键信息基础设施运营者将其在中国境内运营中收集和产生的个人信息和重要数据在境内储存。因业务需要，确需向境外提供的，应当进行安全评估。2019年6月，国家互联网信息办公室会同有关部门起草了《个人信息出境安全评估办法（征求意见稿）》，规定网络运营者向境外提供在中国境内运营中收集的个人信息，应当按照该办法进行安全评估。

三地关于数据跨境传输的法律衔接不顺畅主要体现在：

第一，三地的法律规定了不同的个人信息监督管理机构，对数据和隐私的范围界定也有区别。当涉及法律冲突时，我国《涉外民事关系法律适用法》并未对数据跨境中的权属和责任等问题进行阐明，导致适用何种法律存在争议。第二，在执法层面，内地目前对数据跨境流通管理较为严格，而香港和澳门地区的数据跨境流通的管理相对宽松自由，如何统一执法尺度需要考虑。第三，在司法层面，三地的司法体系都相对独立，对证据、辩护和代理的要求也不同，在数据流通中产生的纠纷应当适用何种司法程序也是亟待解决的问题。

2. 粤港澳大湾区建设，需要增强深圳和港澳地区司法互助合作的顺畅性

仅从“数据跨境合规流通”这一视角分析，便能发现深圳和港澳地区司法互助合作的顺畅性还亟待加强，提出港澳“规则衔接”的具体方案任重道远。华商所在加强内地和港澳地区的法律合作已经做出不少有益的探索，例如：

（1）2014 年 11 月 7 日，华商林李黎（前海）联营律师事务所正式获准成立，是中国第一家落地前海的香港与内地合伙联营律师事务所。

（2）华商所与华商林李黎（前海）联营律师事务所共同发起设立了“全球华语律师联盟”，是全球首家以华语律师为主的国际性、公益性法律平台。“全球华语律师联盟”总部设在香港，采用“一联盟 + 两平台”模式，在内地设立“前海‘一带一路’法律服务联合会”，在香港设立“香港全球华语律师联盟有限公司”，两地平台共同负责全球华语律师联盟的运营。

（3）具体在数据合规领域，华商数据合规团队也在努力探索新型法律服务，包括努力探索广东（深圳）、香港、澳门三地数据如何进行合法传输、共享和应用，尤其在金融数据、医疗数据和个人数据方面。

在深圳建设先行示范区的背景下，需要深圳律师增加与港澳地区律师的合作与交流，充分发掘粤港澳的法律合作机会。《法治建设行动方案》第 31 条谈到，在大湾区法律制度存在差异、尚需进一步实现大湾区内法律机制对接的同时，可通过加强试点联营所的港方、澳方律师和内地律师在具体的跨境项目中的业务交流与合作，

经过具体项目的合作交流，为进一步实现法律制度的对接提供实践指引。例如，在数据跨境流通这一问题上，内地律师可以和港方、澳方律师就本地监管的法律法规和政策更新进行交流、沟通，协助有关部门做好内地与香港、澳门地区法规政策的衔接协同，畅通大湾区数据流通体系；同时也可以联合为客户提供数据隐私、数据安全、数据本地储存、数据传输等相关的数据咨询服务。

另外，相关政府部门也需要出台更多的政策举措，增强深圳和港澳司法互助合作的顺畅性，包括：

第一，深化粤港澳合伙联营律师事务所试点。《法治建设行动方案》第 36 条提到，在实践过程中，建议以深圳优质国企作为示范单位，推动行政机构相关部门试行由联营所总包项目，负责统筹协调国外法律顾问的法律服务新模式。借鉴学习我国港澳地区律师及国外律师在信托管理、公证等服务领域的成熟经验及管理制度，积极推动深圳律师在信托管理、公证等方面执业领域的拓展，开拓相应的法律服务。

第二，推动试点联营所的港方律师在前海代理涉港澳民商事和仲裁案件，同时也争取联营所的内地律师承办香港及澳门法律业务的港澳执业权限。《法治建设行动方案》第 37 条、第 38 条提到，研究深圳与港澳在人才培养、资格互认、标准制定等服务贸易相关领域合作的体制机制，积极推动联营所的试点范围扩展至全市范围，并扩大联营所的执业范围，争取境内各类市场主体进一步放宽法律服务采购的限制，研究建立深圳律师与港澳律师业务学习交流的机制，推动法律服务人才在大湾区内自由流动。研究总结香港律师在开展证券服务过程中撰写招股说明书的成功经验，积极推动深圳证券交易所开展相应试点服务。

（三）助力深圳市金融服务实体经济能力的提升

1. 促进区块链技术在特定领域的应用

2019 年 10 月 24 日下午，中共中央政治局就区块链技术发展现状和趋势进行第十八次集体学习。习总书记在主持学习时强调，区块链技术的集成应用在新的技术革新和产业变革中起着重要作用，应“把区块链作为核心技术自主创新重要突破口”“加快推动区块链技术和产业创新发展”。之后，中国人民银行打造的法定数字货币 DCEP（Digital Currency Electronic Payment）也正式发布。DCEP，是指由中国人民银行发行的，具有价值特征及 M0 属性的数字支付工具，具有法偿性。

前证监会主席肖钢围绕中央政治局第十八次集体学习区块链技术谈到，区块链技术在资本市场有广泛的应用前景。例如，可能会出现数字股票、运用区块链技术解决场外市场股权登记流程复杂、股权确权困难、交易风险高和产品缺乏标准化等问题。由此可见，区块链和资本市场的结合，会带来新的业务机会。

为进一步拓展区块链法律服务领域，华商所已经成立了区块链法律研究中心，组建了专业的区块链法律服务团队，就区块链发展、技术运用及因其产生的纠纷，以及相关法律服务模式与法律服务领域的开拓进行深入研究，并由相关团队在“华商公众号”上发表《拥抱变化，善用区块链存证技术固化证据——解读我国首例区块链存证判决》等文章。

我们在《法治建设行动方案》第 16 条认为，结合先行示范区的建设，深圳可以在促进相关部门依法放宽区块链技术在特定领域的应用要求、正式成立国内首家以律所为主要载体的数字货币研究中心等方面，向政府争取该领域课题立项研究，并争取引入数字货币企业或行业协会等组织落户深圳相应的行政区域，合理引导金融区块链项目，合规引导并放宽区块链技术在各领域的应用，合规引导海外资金、技术团队回归到内地市场等。

与之相对应的，在区块链法律服务领域，深圳律师可尝试在以下方面提供专业的法律服务，例如，提供区块链企业日常合规运营及法律风险防控、区块链、数字货币争议解决、区块链领域投资并购等法律服务。

2. 协助相关部门整顿互联网金融，实现互联网借贷平台（Person-to-Person，以下简称 P2P 网贷平台）的良性退出

2018 年 5~7 月，全国网贷行业平台出现了大面积的“爆雷”潮，深圳作为发展互联网金融的重要城市，在建设先行示范区的背景下，开展互联网金融整顿活动具有重要意义。

在协助相关部门整顿互联网金融的实践方面，华商所也作出很多有益的尝试。例如，华商所高级合伙人王艺律师参与起草《深圳市网络借贷信息中介机构良性退出指引》，助力拟退出的网络借贷信息中介机构平稳退出行业。另外，王艺律师还全程参与了国务院参事室成立的“新兴金融风险防控机制建设问题研究”课题组，其中一篇研究得到李克强总理、刘鹤副总理和肖捷秘书长的重要批示。

因此，我们认为，深圳律师在互联网金融整顿、清退 P2P 网贷平台的行动中，其实存在大量的业务机会，《法治建设行动方案》第 41 条主要谈到：

第一，律师可以协助政府完善金融科技监管相关的立法工作，

细化深圳良性退出指引，形成一系列的细分指引。

第二，律师可以协助法院制定互联网金融立案工作相关细则和内部窗口意见，恢复受理涉及网络贷款机构的案件，推动P2P网贷平台的清退工作。

第三，律师可以协助政府完善针对资产管理公司（Asset Management Companies，AMC）参与P2P网贷平台风险化解的立法工作，推动AMC深度参与P2P网贷平台风险化解。

最后，我们也可以鼓励引导互联网金融经营机构聘请律师以控制、防范风险，以律师服务为依托，进一步扩大统计监测范围，准确掌握平台底数和风险程度，强化法律服务的风险预警功能，充分发挥律师服务作为前端及第一道风险屏障的作用。

3. 先行示范区下创业板注册制改革

《意见》鼓励深圳作为先行示范区，创造条件推动创业板注册制改革：提高金融服务实体经济能力，研究完善创业板发行上市、再融资和并购重组制度，创造条件推动注册制改革。可以预见，创业板注册制改革会给深圳律师带来一定的业务量。因此，深圳律师应主动参与创业板发行上市项目。一方面，我们可以将科创板注册制相关政策制度作为范本，研究适合创业板的注册制相关制度，形成相应的意见。另一方面，结合国际资本市场惯例，以创业板注册制改革为契机，可以研究律师撰写招股书制度、注册制配套文件撰写。这部分内容在《法治建设行动方案》第43条也有讨论。

4. 离岸人民币地方政府债券法律服务

（1）离岸人民币政府债券简介。

根据《地方政府专项债券发行管理暂行办法》《地方政府一般

债券发行管理暂行办法》等规定，地方政府一般债券、专项债券的发行主体为省、自治区、直辖市政府（含经省级政府批准自办债券发行的计划单列市政府）。根据财政部公布的地方政府债券发行和债务余额情况，截至 2019 年 9 月末，全国地方政府政府债券余额为 211,423 亿元，其中，一般债务为 11 万亿元，专项债务为 9 万亿元。

总体而言，地方政府通过债券市场融资需求大。在全球安全资产供不应求、中国国债和大部分金融机构债、企业债，都获得了国际投资者的超额认购情况下，地方政府通过我国香港地区等离岸国际金融中心发行离岸人民币政府债券，有较大的市场需求与发展空间。深圳律师可在离岸人民币政府债券发行中发掘更多业务机会。

（2）离岸人民币政府债券业务对深圳律师要求。

在《法治行动方案》第 46 条，我们对 2020 年先行先试在我国香港地区发行离岸人民币地方政府债券的法律课题进行了研究，建议深圳律师主要可以从以下方面考虑：

做好我国香港地区等离岸地区发行离岸人民币地方政府债券的先期研究工作，设立发行离岸人民币地方政府债券行业研讨中心，对比研究我国香港地区、新加坡等离岸市场近年发行离岸人民币债券的流程、利率、认购等发行情况，研讨地方政府债券国际发行的可行性模式，为深圳市在我国香港地区等离岸地区发行离岸人民币地方政府债券奠定承接业务的基础。

（四）参与涉外法律服务，实现国际化

《意见》指出，支持深圳加快构建与国际接轨的开放型经济新体制。结合深圳市委书记王伟中在深圳市法学会第七次会议的解读，鼓励律师积极参与涉外法律斗争，推动国际争端的妥善解决。在建

设先行示范区的过程中，可以预见，政府及企业对涉外律师的需求会越来越强烈，基于此，深圳律所及律师可以从以下方面着手，增强竞争力：

第一，发展涉外法律业务。在《法治行动方案》第49条，我们建议可以鼓励及资助所内专业能力强的律师参加国际性活动，在国际性组织机构中任职，在国际活动中推广中国法律服务，发出中国律所的声音。

第二，推动保护外商企业合法权益，打造更加国际化、便利化、法治化的营商环境。在《法治行动方案》第50条，我们建议深入外商企业调研，形成外商企业发展现状、存在问题及解决方案的汇报。为《外商投资法》实施细则的制定提供立法、实践上的建议和支持。

第三，在《法治行动方案》第51条，我们呼吁可以积极推动深圳市建设成为国际多元化纠纷解决中心。鼓励所内律师成为国际仲裁机构仲裁员，参与国际仲裁活动。鼓励所内律师参与国际或国内调解服务，推动国际多元化纠纷解决机制发展。

综上所述，华商所制定的《法治行动方案》对深圳律师在建设先行示范区的历史进程中发现和把握法律服务机会，具有一定的借鉴意义。我们认为，深圳律师业曾开启辉煌的改革开放历史，《意见》的出台，无疑为深圳律师业的发展带来了新的历史机遇，深圳律师将牢牢把握这一历史机遇，主动作为，创新作为，为深圳律师业的“先行示范”开启新的里程碑。

注：本文系华商律师事务所2019年11月关于对华商《法治建设行动方案》的解读文本，收录本书时文字有删改。

我们用什么来书写历史

——纪念华商成立周年寄语

40
大潮起珠江
1978-2018
珠江

一、写在华商成立 20 周年之际

“20 年实在太快，快得就像一滴水被突然蒸发。”我曾经在纪念大学毕业 20 周年的一首诗中如此感叹。是的，20 年对于岁月长河乃至人的一生来说，或许太快，或许也算不了什么，但对于一项事业的开启，对于人的青春而言，尤其是将其置于我国律师业改革之发端以及我们对于这样一项事业的参与和奉献而言，20 年就不应该是一个可以忽略、可以一笔带过的时光。我们有足够的理由来看看在这些岁月里我们都做了些什么，哪些是作为一项事业必须并且应该沉淀于我们内心深处，应该被纪念和被传承的部分，哪些是我们应该放弃，不能作为我们今后思想和行为的部分。我想，这样带有承继与批判精神的纪念或反省，或许就是作为一个律师，作为一个律师事务所不可或缺的吧。

首先，我要说的是热爱、忠诚和尊严。在我们进入法学殿堂之初，在执律师业之始，内心深处怀系的可能不完全是一幅清晰完整的法治理想构图，我们的憧憬当中还有作为世俗存在的一部分，但当我们进入了这个学科和行业，法治从此就在我们的内心深处打上了烙印。我们在矛盾纠结当中与之结下了不解之缘，从主动到被动，或者从被动再到主动，热爱成了我们不忍离去的主要理由。华商律师事务所，从最初 10 多人到现在 300 多人，我们始终坚持一件事，把崇尚法治、热爱律师事业的人留在这个行业，留在律师事务所。我们深知，只有热爱，才能抗拒诱惑而清除颓废，只有热爱，才能克服困难而保持生机，也只有热爱，才能构成事业的忠诚并且使我们具备应有的尊严。我们把忠诚和尊严放在一个律师事务所发展之如此重要的位置，那是因为我们意识到，它是我们职业生命展开的价值维度，有了它们，我们才会不懈努力，才会恪守应该恪守的而放弃应该放弃的，作为一项事业，可持续发展才会有它的厚实基础和灿烂前景。我们是这样坚持忠诚和尊严，以至于20年来当我们发现任何对这项事业的厌倦懈怠情绪或有损于之的行迹，哪怕是点滴，我们也会因此打起十二分精神，及时给予必要的警示以及适当的修正。或许这也不足以全面防范和消除，但我们从未放弃这样的努力。

当忠诚和尊严真正进入我们的内心世界，并且成为我们职业生活的支撑和取向，我们才真正意识到，理想建构是如此之必须，而生活之信念和事业的进取也并非空洞无物，这样的坚持正是我们职业价值之所系。

其次，我要说的是专业和成长。不需要讲很多道理，正如古人所言，言而无文，行之不远。不具备专业底蕴和专业追求就不能成为有长远发展的律师和律师事务所。也无须细数专业的具体门类，我们对每一个华商人最起码的要求就是拥有至少一项专业技能，我们要求每位律师必须长期进入一种学习状态。每个人都是老师，每个人也都是学生，对具备专业建树者，全体华商人会为之鼓掌欢呼，即便刚刚入行的青年律师，我们也试图给他一个专业展示的舞台。我们想让每一个律师都明白，“法律创造价值，专业成就理想。”在具备基本的法学素养和法律思维的前提下，建构有个性的最佳法律方案，这是专业技能的基本衡量，也是律师的安身立命之本。我们从华商所每年办理的数以千计的案件和法律实务中，抽查部分进行检索和评析，旨在从中提炼专业范本以作推广。

传道授业是专业传承的重要方面，我们成立青年律师工作委员会，目的在于为青年律师的专业成长提供有益的帮助，由该委员会主持每周一期的专业研讨会，以及不定期的实务培训，这样的坚持，不仅开阔了青年律师的专业视野，也为律所专业建设开启了持续发展之门。

职业伦理讲的是律师的本分，我们对它的理解不一定完全准确和透彻，但我们通过具体的执业活动提倡和遵循对法律和当事人负责这样一种精神和态度，我们不支持逆当事人意愿而形成误导或将我们个人的意愿强加给当事人，但也反对为了息事宁人或律师的便利而曲解法律导致显失社会公正，通过个案的努力以达当事人合法之目的，从而张扬社会公平和善良风俗，这是律师之于法治构建和当事人义务之基本职责。合法的目的须通过合法的途径和手段达至，拒绝通过合法的手段达至非法的目的，这是我们一贯以来反复强调的。我们建议并提倡与社会各界保持开放、沟通、学习、互动的正常关系，反对因不当利益而靠近或作为。我们把“保密、承诺、礼貌、沟通”作为所训，就是要求每位华商人时刻都能记住，我们心中有禁忌，我们肩上担的是职责，我们与人交往有准则，我们与世界有沟通。

我们一直倡导节制和克减的执业态度和生活作风，从一篇法律文书的写作到在法庭上的辩论，从与当事人的交往到接受媒体的采访，从办案的态度到生活的理念，甚至从个人的安身立命到律所的发展议题，我们认为节制和克减一直是我们每个人应秉持的基本准则。言有度，行有止，简明扼要，俭朴从容，不卑不亢，心中有数，所有这些，不仅是我们做人所应坚守的，也是职业之所必须。即使面对律所发展这样宏观的议题，我们也尽量从实处、从小处着手，不迎合大而全，不迷信追而赶，尽量保持心态的平衡。

我们一直着力营造和谐民主的氛围并建构健康愉悦的生活方式。和谐共进，协商认同是我们全体共识，大到制度建设和战略调整，小到所务管理的方方面面，我们首先强调按章办事，在有分歧的情况下启动磋商机制，以实现广泛采集众议，重大战略问题根据章程规定启动合伙人会议表决机制。每季一期合伙人会议，每年至少两次全所大会，每年全所外出旅游、学习活动，以及中秋、春节晚会，20 年来，几乎从未中断。所里成立了足球队、篮球队、羽毛球队等各种运动队，一直坚持 20 年，虽不是什么大事，但也十分有效地加强了全所的凝聚力和归属感。

最后，我要说的是，对社会的参与是我们强调奉献社会和服务社会的重要方面。华商所一直以开放的心态投身社会建设和社会公益活动，长期以来坚持法律援助和公益诉讼活动，成立华商律师义工队，先后定期驻点深圳市法律援助中心、市信访办等机构进行法律援助活动，华商与深圳市公安局合作成立公安民警正当维权法律援助中心，与深圳市外商投资协会成立对外投资法律服务中心，与深圳市企业联合会、深圳仲裁委员会成立法律服务中心，长期支持相关机构开展法律援助活动。华商还率先组团进驻深圳市新秀村、鹿丹村、中航苑等开展法律进社区活动。华商曾多次参与立法起草和论证活动，其中受托起草《律师法》草案受到有关部门的表彰。华商律师代理的“深圳咪表收费公益诉讼案”“外地律师诉深圳市司法行政机关关于异地执业行政诉讼公益案件”等，为华商乃至深圳律师界赢得了社会尊重。华商热心社会公益事业，在捐款救灾、扶贫帮困等方面积极行动、奉献爱心，在希望工程、印尼海啸、大浦水灾、汶川地震、玉树地震后等公益及赈灾活动中的贡献可以说是名列深圳律所前茅。

这些或不足以全面说明华商所走过的 20 年，当然这其中也还有需进一步厘清或者错误的方面，同时我们相信，这样一些方面肯定非华商所独有，许多同行都这样坚持了，有许多同行做得无疑要好得多，更值得华商学习。我不知道这样一些文字能否反映华商的基本方面，但在这里把 20 年来的一些想法和做法概略于此，目的在于让华商人充分地意识到，20 年的路程，我们已经是有思想地走过，今后华商之路务必有所继承，有所批判，有所坚持，有所提升，所谓任重道远，意即在此。而于同行而言，则是以此求教，以开阔我华商视野，提振同业精神，共同进步！

二、华商的坚持——写在华商成立 25 周年之际

在华商成立 25 周年之际，作为华商所主任，首席合伙人，作为一个文字和文学热爱者，此时此刻，心中感慨万分！千言万语，一时竟难以述怀。

25 年的过往，9125 个真真切切的日子，我不知道哪些脚印刻在了年轮的深处，哪些故事可以成为被我们记住的历史，从十几个人到上千人，从每年数百宗到每年上万宗案件，总计超过十万宗案件，服务以十万计当事人……这些数字只能说明我们发展历程的工作积累，而在数字的后面，华商人的艰辛、华商人的心路历程，华

商人的精神面貌，特别是华商的未来，所有这些，似乎更能让我们为之动容，也更需要我们站在更新和更高的起点，去思考和认真筹划。

关于心路历程和精神层面，在华商成立10周年之际，我为华商写下《坚持》一诗：

在进与退的道路上
我们选择了坚持
不管风往哪里吹
无畏奔波，哪怕艰辛
像岁月一样生长
如泥土一般坚守
更有一份厚实
那是因为我们的手紧紧相握
甚至芬芳
也是在寒潮与风雷中绽放的花蕾
……

没错，25年，华商人选择了坚持！坚持，这个朴实无华的词是我在20年前主持“华商改革与发展战略研讨会”上提出的。因为坚持，我们就必须在改革中发展，在探索中前行，25年来华商先后提炼出了“保密、承诺、礼貌、沟通”“专业、诚信、和谐、共进”“法律创造价值”“发扬井冈精神，打造百年华商”“参与、建设性、共建共享”这样一些所训或遵循的理念，表明和见证了华商人一直在有思想、负责任地向前迈进。这样一种坚守，让我们跨越大大小小的阻碍，克服许许多多的困难。再难再苦也选择在路上，这就是我们的华商精神！

另外，还有华商的合作精神、华商的人文关怀、华商在专业和团队建设的长期付出和投入、华商在国际化和“一带一路”建设中的布局、华商人才梯队建设方面不遗余力的努力、华商对于改革和可持续发展理念的深入贯彻、华商对同行的友好互助和对社会贡献的投入和高度关注……所有这些，表明华商人一直坚持把职业做成事业，把感恩写在内心深处，用行动诠释人生这样一些朴素的情怀和理想。这正如我在刚推出的《华商之歌》中写到的：“像一棵树那样站成松柏/脚踏实地才是真正的豪迈/在风雨中成长/这样的坚持/全是因为爱。”坚持理想，我们就不会沉沦，坚持向前，我们就不会倒退，坚持爱，我们就会面朝大海而春暖花开！

我常讲，一个人或许能做成一件事，几个人或许能做成几件事，但一群人，如果心怀远大理想，坚定前行目标，齐心协力，步调一致，就一定能够成就一番事业！15年前，我带领全体华商人，在井冈山巅齐呼：“发扬井冈精神、打造百年华商”，那个时候，我就想，这是一个梦，这个梦，百年之后，一定会有传承的华商人来解释它的全部！

要感谢这个伟大的时代，是它让我们心怀梦想，而又可能把梦想打开，把春天打开！

要感谢全体华商人，不管你们有没有走远，你们的脚印已刻在华商前行的路上，你们的辛勤付出已经为华商书写了一段光荣的历史，也必将继续书写灿烂的未来！

要感谢同业同行，是我们一路同行，为中国法律服务业的发展，为我们共同的事业，我们相互鼓励，取长补短，共同成长！

要感谢华商的全体客户，是你们给予了华商一直以来的信任和关注。能和你们一起走过，是我们的骄傲！

要感谢所有关心、支持和帮助华商的领导和老朋友，是你们的支持让我们充满信心，是你们的关心让我们快马扬鞭，华商人会永远记住你们的善意和良愿！

不负山河，不负时光。这是我们对过去、现在和将来，也是我们对自己、对所有朋友们最庄严的承诺！

三、有思想地走过：华商 25 周年感言

作为响应体制改革而在中国率先成立的合伙制律师事务所之一，在总结和回望华商所走过的这 25 年历程之际，我最先想到的是当年我们做出选择时的那种兴奋和忐忑，许多可期或不可期的事情在 25 年中一一发生。虽然我们很早就提出了要打造“百年华商”，可我们对于一家律师事务所能办成什么样子以及能走多远，心里始终是惶恐的。好在我们中的许多人都把这种选择和安身立命等同起来，我们的种种努力和付出也在不断地证明，你对于一种职业抱有怎样的态度、作为和坚守，将直接决定这一职业有没有可能成为你期许中的事业，以及你的梦想有没有可能真正实现。

没错，我在这篇短短感言中主要就是想说一下事业。人的一生，不是每个人都能做成一番事业。事业的成就，离不开理想、忠诚和坚持。一直以来，华商所坚持对于远景的规划以及各种努力，从最

初将“保密、承诺、礼貌、沟通”确定为所训，之后又提出“专业、诚信、和谐、共进”的治所方针，再到提倡“法律维护正义、法律创造价值”这样一种主张，华商人是按事业规划来展开职业生活的，25年来办理了不少于十万宗案件和法律事务，每一宗案件对应了一段社会生活，同时也是对执业理念、执业技能和执业道德的检验。我们强调专业和成长，强调合法的目的须通过合法的途径和手段达到，拒绝通过合法的手段达到非法的目的，我们倡导节制和克减的执业态度和生活作风，强调建构和谐民主的团队氛围和健康愉悦的生活方式，强调参与、服务和奉献。所有这些，说明我们心中不仅有追求，还有禁忌，我们肩上担的不单有职责，还有作为，我们与世界不仅有沟通，还有奉献，我们不仅把法律职业作为我们的安身立命之本，更是将其融入行业发展与法治事业这样一个宏大的理想当中。

在这样的意愿上，我个人认为，华商所25年的这段历史，已经超越了作为一家律师事务所从成立到发展的本身，它承载和反映了一代或一群法律人对于行业发展和法治事业一种难以割舍的梦想和情怀，以及法律人身上特有的坚持和坚守。唯此可以说明，我们所做的一切，已经或正在朝着一个大的事业方向前进，我们已经是有思想地走过，我们正在或仍将有思想地走过！

注：本文刊载于《民主与法制》2014年第2期，收录本书时文字有删改。

华商：
粤军崛起，大气纵横

> “像一棵树那样站成松柏，脚踏实地是真正的豪迈，在风雨中成长，这样的坚持，全都因为爱，华商之上，是你我的精彩。”
>
> ——《华商之歌》

1993年，根据“南方谈话”精神，国务院批准了司法部《关于深化律师工作改革的方案》，提出不再以生产资料所有制的性质和行政级别的属性来界定律师及律所的性质。在这一新体制下，律所如雨后春笋般出现，律师们天生对市场经济活动分外敏感，加上灵活的管理体制、分配机制，法律服务的积极性、创造性被大大调动，中国律师行业进入快速发展期。

1993年12月，广东省司法厅批复同意了首批12家合伙制律师事务所，不占国家编制，合伙人必须辞去公职，律所在行政上和业务上受深圳市司法局领导和管理，经济上实行独立核算、自负盈亏，按规定上交管理费和律师会费，拉开了律师体制改革的序幕。在这首批12家律所中，有一家名叫华商的律师事务所。

后来，这家律所在27年的时间里一路披荆斩棘，雄踞华南，立足粤港澳，紧跟国家战略，走向国际，成为华南首屈一指的律师事务所之一。

华商的核心竞争优势在于其为客户提供具有本土优势、行业优势和国际视野的法律服务。当前，华商总所人数已突破1100人，迈入千人大所行列，其中执业律师突破755人，在业绩创收上已突破5亿元。

华商是一家和深圳法律市场一起成长起来的律所，而其主任、首席合伙人高树则是一位见证了深圳律师行业发展的律师。

一、时代洪流中，打造“百年华商”

1983 年，18 岁的高树考上安徽大学法律系，从此与法律结下了不解之缘。1990 年从中南政法学院硕士毕业的他，顺利地拿到了律师从业资格证，成为深圳市第 119 名律师，而那时的深圳仅有 10 家国办律所，以及作为改革尝试的一家合作所和一家个人所。

而高树与华商结缘，有很大的原因要归功于深圳这座改革开放的前沿城市。

毕业后，高树进入了深圳市司法局律师管理处任公职。与此同时，国务院批准了司法部《关于深化律师工作改革的方案》。这项改革方案深深地触动了高树的内心，一个计划也在他的脑海中慢慢具象起来。

“早在 1991 年，我就开始酝酿创办一家律师事务所。直到 1993 年，中国律师制度改革已经开展得较为成熟。改革的推进和落地是中国律师行业的一件大事，当然对于我个人而言，也是一件大事。”高树说。

高树认为，律师制度改革对于中国律师行业，对于想从事法律服务行业、从事律师工作的人来说，都是一个巨大的机会。也就是那时，高树选择了辞职“下海”，加入滚滚向前的律师创业大潮之中。

一开始，华商主要从事法律顾问、诉讼、婚姻家事等常规业务，以及“三资”企业、房地产与建筑工程法律业务。后来，华商又利用地域优势，开始拓展资本市场法律服务。

1993～2003年，是深圳律师业飞速发展的十年。1993年整个深圳法律市场才300多名律师，但到2003年，深圳就拥有了1700多名律师。华商也顺应深圳高速发展的时代潮流，进行了扩容、扩编。

“以前华商是在深纺大厦，我们也就十来个人。之后搬到了罗湖的蔡屋围发展大厦，那个时候华商已有四五十人的规模。之后我们又搬到了金融中心14楼。在这十年当中，华商的人数增加了十倍，办公地点搬迁了三次。”高树说。

人员的壮大是华商强大的证明，而律所文化的建立则是华商凝聚的灵魂。

华商的律所文化确立经历了四个阶段，对于高树来说，华商每一次的文化理念的确立都带有浓重的时代特征，这也是华商在不同时代发展的目标定位。

1993年，华商成立之初，高树就将“保密、承诺、礼貌、沟通”确立为华商的所训。早期的华商溯源律师工作特点，把“保密”放在了第一位。律师的制度和律师职业本身，使“保密”成为华商人至今最追求的理念。然后是“承诺”，华商把承诺作为一种文化，专业从“礼貌”做起，重视“沟通”。

“保密、承诺、礼貌、沟通”这八个字跟随了华商10年。2003年，高树觉得时代变了，华商也应该要发生一点改变了。他重新调整了华商的定位，把华商文化确定为“专业、诚信、和谐、共进”。

他认为，一个律师事务所必须要专业化，但是有了专业化以后，要是不诚信，专业化就发挥不了其应该有的作用。“诚信是立命之本，也是立所之本”，高树解释道。再次是“和谐”，用法律知识、法律技能来建立和谐的社会。最后是“共进”，律师之间共同进步，也包括律师和当事人之间的共同进步、律师和社会的与时俱进。

高树是江西人，华商所内江西人也比较多，对富有深厚红色底蕴的江西，华商也有着自己特殊的情感，有着共同的文化认同。2007 年年初，已经发展为百人所的华商组织全员一起去井冈山，故地重游。去之前，高树还给此次井冈山之行拟了一个口号——“发扬井冈精神，打造百年华商”。

办所，不仅只是办，还得传承下去。这个品牌要传承下去，需要有一种“星星之火可以燎原”的斗志，“井冈精神”正是华商传承之路需要的精神。

时间轴划到了 2008 年，虽然彼时的华商已经确立了“发扬井冈精神，打造百年华商”的品牌使命，但高树却觉得华商还需要一个与律师事业结合更为紧密的价值观。高树便经常问所内的律师们，到底是什么样的品质可以一直支撑华商发展下去？经过思考，华商提出了“法律维护正义，法律创造价值”的价值观。

从“保密、承诺、礼貌、沟通”的所训确立，到“专业、诚信、和谐、共进”的华商文化，再到“发扬井冈精神，打造百年华商”的品牌使命，最后是“法律创造价值，法律维护公正”的价值观。这一脉相承的文化理念，贯穿了每个阶段华商发展的目标，而这些也深深地印刻在每一个华商人的心里。

“在过往的历史中，华商所确立的所有理念都一直在秉持，它们已经融入了华商人的血液之中。”高树说。

想要传承，就不能只局限于眼下。

2007 年，中国律师行业的格局发生了一些变化，除了北京、上海等一线城市，国内的区域性法律市场也在高速的发展。这就要求律所要有更加开放的视野和格局，而不能只是圈地式的独自发展。

在华商的品牌使命确定后，华商人清晰地认识到——“国际化”是华商未来发展的重要因素。如何布局国际化，也成为整个华商管理层都在思考的问题。而此时，全球十大律师事务所之一的路伟律师事务所（现在的霍金路伟）正打算在中国建立一个律所联盟，高树认为，如果可以与国际律所合作，这将是一个机会。

霍金路伟所发起的中世律所联盟当时的定位，就是各个做区域性的地方性的品牌大所联合在一起，集合成员所超强的执行能力和深厚的商业网络，通过中世律所联盟这一平台，一起形成了覆盖全国的跨区域法律服务协作网络和品牌影响力。

参与、发起、设立中世律所联盟，也为华商后来的布局打下了重要的基础。

二、一以贯之的战略：立足粤港澳，走向“一带一路”

立足粤港澳大湾区、先行示范区、自由贸易区（以下简称自贸区）建设，响应“一带一路”倡议，打造具有国际视野的专业化律所，是华商近年的战略思路。

继在香港、澳门、赣州、长沙、汕头、龙岗设立分所之后，华商新增了北京、成都、珠海、惠州、黄山、三亚、东莞、深圳光明分所；武汉、南昌、佛山、深圳龙华等分所也已进入实质筹建阶段。在国外，华商已在澳大利亚、意大利、西班牙设有办公室，并正在筹划与美洲、葡语系国家、欧盟律所的深度合作。

2019 年，华商协办了世界律师大会，并联合多国律师举办多场跨国法律交流、研讨。

根据《亚洲法律杂志》2019年中国最大30家律所排名，华商已跻身中国律所的规模前30强。华商前期的布局主要围绕以总所为原点的周边辐射，但自贸区和大湾区建设的步伐却改变了深圳法律市场的风向，对于深圳的法律界来说是一个重大变化。

自贸区的设立，意味着国家开放的形态开始发生改变，这也代表着深圳不只是和我国香港地区、澳门地区对接，也开始和世界对接，国内改革开放的格局也将随之发生变化。自贸区设立不久后，“一带一路”倡议落地，国家接连的政策颁布印证了预判。

自贸区对法律服务格局的变化是历史性的，华商必须要跟上自贸区建设的步伐，进行与之相对应的战略布局才能走得更快。华商抓住了这个机会，率先在前海设立了中国第一家香港地区与内地合伙联营律师事务所——华商林李黎（前海）联营事务所。

2014年11月7日，华商林李黎(前海)联营律师事务所(以下简称前海联营所）正式获准成立，由舒卫东担任前海联营所的主任。

对于华商来说，总所与前海联营所之间形成了互补，前海联营所就像是华商的“研究院”，通过公司化、一体化的管理模式，不断研究和尝试新的模式，开发新的产品。

“法律行业正处在一个新规则、新标准、新规范、新机制逐步建立的时代，各种创新体制不断涌出，如果不去有效地衔接，我们就将被抛弃。”舒卫东说。

舒卫东认为，对深圳来说，深港合作是一件必须要去做的事情。前海联营所不仅具有区域意义，还具有国家和行业的战略意义。前海联营所是国内第一家落地前海的香港地区与内地合伙联营的律师事务所，肩负着为华商开创和突破内地和香港两地律师业务合作的战略性使命。

2017 年，粤港澳大湾区作为国家战略正式提出，验证了华商前海联营所设立的前瞻性。

首先，粤港澳大湾区有属地原则，其包含“9+2”共 11 个城市，这之中，以广州、深圳、香港、澳门的经济发展水平最高，为“核心城市”，彼此之间承载不同的功能，连接不同的区域，形成多个城市之间互联互通的格局。

其次，粤港澳大湾区的提出，是国家整体战略的重要组成部分。中国区域经济的发展，尤其是粤港澳地区，需要进一步整合并发挥协同效应。在这一背景下，不仅会促使律师业的重新布局，也会带动珠三角地区及香港地区、澳门地区之间法律服务市场的再平衡。但随着跨境法律服务需求的增加，也会为律所和律师带来挑战。

最后，粤港澳大湾区所涉及的法域、货币、体制标准都不相同，目前世界范围内尚没有一个湾区横跨三种法律制度体系的建设经验。三种法律制度体系要想相互之间能够兼容、匹配，对法律服务的需求增加，对海峡两岸暨香港、澳门的律师提出了更高的要求，前海联营所自然也具有较大的发挥空间。

2019 年 8 月 9 日，中共中央、国务院《关于支持深圳建设中国特色社会主义先行示范区的意见》正式出台，这一政策的出台无疑为华商新的布局打开了一扇大门。

在舒卫东看来，先行示范区试点的推出是一个不仅对深圳，乃至于对国家都极具战略意义的事情。

舒卫东谈道："先行示范区的设立，充分体现了国家的文化自信和制度自信。在立标准、立规范、立制度的过程中，重新理顺堵点和问题点，这就需要集结各方智慧，为政府奉献资源、奉献力量。"

2014 年 12 月 10 日，经广东省司法厅批准，中国第一家粤港联营律师事务所分所——华商林李黎（前海·广州）联营律师事务所正式成立。本次华商林李黎所的布局，旨在积极对接广深港澳科技创新走廊，进一步实现内地和港澳地区法律事务跨区域和跨法域的合作，以更为便捷、高效的法律服务为客户创造法律价值。这标志着粤港澳三地法律服务业进一步融合，华商服务粤港澳大湾区建设又迈出了坚实的一步。

2019 年 12 月 17 日，华商萧一峰（海口）联营律师事务所揭牌。华商萧一峰联营所作为海南自贸区、自贸港第一家琼港联营律师事务所，得益于《海南经济特区律师条例》的实施。这是加强律师行业规模化、专业化、国际化建设的现实举措，也是打造海南自贸区、自贸港高质量法律服务营商环境的重要实践。

在过去的 27 年时间里，华商一直以资本市场、并购、金融、公司业务等领域为主攻方向。随着"一带一路"倡议和粤港澳大湾区的持续推进，华商会不断拓展涉外投融资、互联网金融、知识产权、海商海事等新型专业领域。

对于"一带一路"，华商已经有了较为深入的布局，并正向东南亚沿线拓展。目前，由华商牵头的"一带一路"法律服务联合会联合沿线国家的 1000 余名律师，提供多元化法律服务；设在华商的"东盟法律合作中心"华南中心也开始发挥拓展功能。

2019 年 3 月，华商在我国香港地区设立分所，这成为华商走向海外，连接国际的重要一步。

华商香港分所港方负责人余沛恒针对香港分所的设立解析道，中国香港地区是一个国际性的平台，是中国企业“走出去”和中国律所走向全球的“桥头堡”。华商香港分所的成功落地，代表着华商与海外连接的桥梁已经建立。

从香港本土法律市场来看，一人所的占比已达 50%；2~5 人所占比达 30%；只有不到 20% 是 5 人以上的律所。像华商这样，拥有 20 多人的律所已经是较大的规模，这为华商拓展香港业务带来了巨大的优势。

华商香港分所是华商实现资源整合的新方式，这是一种创新，以一种“N 对 1”的形式，把全国多个城市的律所有效地组织起来，将多家律所的香港业务都放到一个所里面去做。这种模式下，香港所业务量就会扩大，律师们聚焦在一个点上提供的服务也随之扩大了，当业务与服务都扩大了之后，就可以利用内地的服务市场来培育香港业务交流的大平台。

对于华商来说，设立香港分所不仅是华商的发展布局战略，更是华商为改变目前国内律所的服务模式，提升其服务能力，完善深港合作的重要尝试。

华商稳扎稳打的布局发展，奠定华商新型发展的态势。从刚成立时的十人小所到现在的千人大所，华商不仅是在布局上展现了自己独到的战略眼光，律所管理也是助阵华商成为区域强所的重要原因。

三、集团军作战，塑强所胸襟

何为管理？

对于律所而言，优化内部资源与人员配置，实现最佳运作效率，是提高生产力的本质含义。律所管理考验的不仅是组织能力，更要求律所着眼自身长远发展，从战略的层面上洞见大势，统领全局。

目前，华商采取“律所—专业委员会—专业团队”的三级治理结构。这一运作良好的内部机制，正是始于华商对行业与自身的预见与审视。

为了顺应法律服务外延的不断扩大与律所自身的快速发展，2010年，华商开始了大刀阔斧的管理机制改革。

首先，华商将整个管理体制进行了梳理，把原先的三级合伙人制变更为两级合伙人制，简化了合伙人的分级，提高了合伙人会议的运作效率。

其次，华商在原先的管委会架构上进行了扩编，建立了首席合伙人负责制下的执行委员会，优化了管委会的组织形式。

再次，华商对所内运作模式进行了调整，实现了全员进入专业委员会，以专业委员会实际承担所内事务管理，下设上百个专业团队，形成了团队内部纵向、横向的新型管理体系。

最后，华商制定了新的财务核算制度，由统收统支改为成本核算制，明确分配利润与承担费用的对象，以适应律所不断扩大的人员规模。

现阶段，华商的核心战略是：（1）共同价值观战略的构建；（2）人才培养和引进，专业化战略的构建；（3）市场和客户战略的构建。

而核心中的核心是共同价值观的构建："讲政治、重专业、比奉献"。为此，华商还进行了其他方面的制度构建，如加强党委的政治引领、将执行委员会的成员下放到各个专业委员会，实现新发展业态、新结构体系下制度与文化层面的全面更新。

值得一提的是，华商的专业委员会体系相当独特：本着"把专业委员会做实"的目标，华商在战略上要求专业委员会保持与律所一致的同时，还根据不同专业委员会、不同团队的特点与需求，在战术运作层面上赋予了专业委员会充足的灵活性。

"在当下客户需求越发多样化的态势下，我们需要各个专业委员会像不同兵种一样组建成'集团军'，以客户需求为核心，实现'多兵种部队'相互配合的集团军作战，从而满足客户多维度、多层次的各种需求。"这是高树对专业委员会的诠释，也是他提出的"建立全产业链法律服务体系"这一方针的核心。

在专业委员会的统筹下，华商建立了分配权下放到各专业委员会基础上的全员与律所紧密相连的财务关系，形成了一套层级分明、运作稳定、调度灵活、战斗力强的管理机制，极大地激发了华商内部的发展潜力。

专业委员会是华商制度上践行"专业"理念的举措，而在人才选用与培养方面，专业理念也始终贯穿其中。对于新律师的招聘或合伙人的引进，华商除学历上设置了相关"硬"指标外，对实际操作经验与专业技能也十分关注，有一套自己的评判标准。

基于这样的高标准、严要求，华商内部从实习生、助理一路成长起来的内生式人才占比超八成。所内培养出的律师在专业素质、思维方式等方面的能力都相当出色，同时也对律所有归属感，为华商带来了极强的人员黏性。

作为一家年龄结构偏年轻化，“70后”“80后”占比超80%的律所，华商是深圳最“年轻”的律所之一，每年都会吸收大量的助理与实习生。因此，华商十分重视人才梯队建设。早在20年前，华商就在高树的主持下成立了青年工作委员会，以服务庞大的内生式青年律师群体。目前青年工作委员会已形成职业技能培训、青年律师成长、社会公益活动三大板块的核心工作。

在职业技能培训方面，目前华商每周都会邀请各个专业委员会的专业律师讲课，结合购买的课件与不定期举行的外部培训，共同提升青年律师的职业技能；在青年律师成长方面，华商不仅关注青年律师的职业技能培养，也关注他们的思想状况、生活状况、教育状况，从律所层面给予青年律师全方位的人文关怀；在社会公益活动方面，在青年工作委员会的组织下，华商率先成立了青年律师义工队，积极参与社会公益活动，在回馈社会、服务社会的同时，也培养青年律师的公益意识与社会责任感。此外，华商还从青年工作委员会中选拔表现出色的年轻人，充实合伙人队伍，从而推动管理团队年龄结构的合理化。

2019年，华商还成立了律师讲师团。讲师团以合伙人为主，目前人员规模已近70人。同时讲师团不仅限于合伙人，只要在专业领域有所特长或者能形成产品，律师甚至助理也会被吸收进入讲师团并可作为专职讲师。此外，讲师团也承担着华商对外品牌输出的职能。

2019年11月28日，由司法部举办的首次“司法行政十大原创金曲献祖国”评选活动结果揭晓，华商律师事务所报送的歌曲《华商之歌》在379首参赛作品中脱颖而出，荣获“司法行政原创优秀歌曲”奖。《华商之歌》由华商律师事务所首席合伙人高树主任作词，著名音乐人何亮作曲并演唱。

2019年12月，在深圳市第十九届律师运动会上，华商男子篮球队蝉联冠军、羽毛球队夺5金、网球队夺2金。这些都是华商凝聚力的完美体现。

在高树看来，对于律所之“强”的评判应当基于以下几个标准：“首先，要有能够持续发展的稳定性，通过不断的自我更新，实现律所的可持续发展；其次，在市场、客户、人才等方面都站在前沿，能够通过内部的组合协调自成一体，形成与市场、与客户的平衡关系，从而满足前沿客户在专业上方方面面的需求，不断赢得具有市场主导性的客户；再次，强所必须要有开阔的战略胸襟，在根据时代、市场、环境变化进行调整的同时，更能够一以贯之，对战略目标不遗余力地执行；最后，强所的文化一定要有自己的特色，能够支撑律所的发展，形成具有感召力、凝聚力的精神内核，催动所内律师的荣耀感与成就感，引领所内律师在相互团结、相互包容的前提下成就事业。”

目前的华商已是广东最大的律所之一，其一路发展至今的内核是包容，是相互尊重。在华商不断的自我完善与发展下，在华商所营造的大家庭文化下，华商会朝着“百年老店”的目标继续迈进。

如果说制度文化是“筋骨”，那么业务就是“血肉”。在现有业务的基础上继续拓展与深挖，是“打造百年华商”的另一重关键所在。

四、构建全产业链的法律服务体系

2019 年，高树创造性地提出“构建全产业链的法律服务体系”的设想，激发了华商新一轮开拓创新的高潮。

高树说，华商的专业化建设应当围绕四个方面来展开：“其一，引人才，不仅要引进专业人才，还要加强专业人才的培养力度；其二，建团队，成立以市场为导向的专业委员会，专业委员会内要有大团队，大团队里要有小团队，在各个专业领域再层层细分，做到专业精细化；其三，重专业，聚合各专业领域的精英形成专业团队，开发符合市场需求的拳头产品；其四，拓市场，专业的团队带上专业的拳头产品到市场去拓展业务，把专业变成业务。”

目前，华商正致力于专业化建设，着力构建全产业链法律服务体系，锻造具有国际视野的专业化、精细化法律服务团队。华商的 28 个专业委员会组成了所内基本的事务管理单元，分别整合了各个团队力量形成 “集团军”，让金融、证券等“拳头”领域与政府法律服务、涉外业务等特色领域紧密串联在律所大战略的主轴上，驱动华商不断做大、做强。

（一）金融：秉专业化，为创新师

作为改革开放的前沿，深圳始终是金融市场创新政策的先行试点。当前资产证券化、互联网金融等创新金融手段逐步介入市场，对律师在细分领域的专业能力提出了新的要求；不同门类的业务相互渗透带来的跨界金融业务涌现，也为兼具开拓创新精神与扎实基本功的律所、律师带来了新的机遇与挑战。

金融是华商的传统强势业务领域，创收占比达 30%。10 多个团队、60 多名基本为硕士及以上学历的律师组成的精干一线金融业务团队，让华商博得了绝大多数本地内资银行的信任：深圳共有各银行的总行、分行约 70 家，华商服务于其中近 50 家；一家银行的多家在户律所名册中，华商几乎必定位列其中；此外，华商几乎与所有的外资银行、四大资产管理公司、地方性资产管理公司都有着业务往来。

除银行金融业务外，华商还制定了保险金融业务、企业金融业务及其他金融业务等多个法律服务产品，不仅坚守传统领域，也积极承接新型业务。例如，结构化融资，华商不仅在尽职调查等非诉领域提供优质服务，也处理相关的诉讼事务。在与浦发银行、深圳银行等客户的合作中，华商正是凭着全面的服务赢得了客户信赖。同时，前端服务中积累的经验让华商在处理后端业务时也得心应手。哈尔滨银行曾有一件标的额为 12 亿元的案件，邀请了三家深圳律所应标，华商以简练的逻辑、直观的图表形式将案情结构讲解清晰，当场“征服”了客户。从华商的视角看，业务体系的完善是一个马太效应：实现了从 0 到 1 的突破，一系列链式反应就会让团队不断壮大，从而推动全产业链法律服务体系的构建。

金融专业委员会主任郑忠林于 2011 年加入华商，他认为，金融团队的最大特色在于“术业专攻”：“我在团队中相当于一个管理者，而团队中的律师们则保证自身的专业性，专业的人做专业的事。同时我也鼓励团队成员与其他团队合作、融合，从而实现不同专业领域的律师精诚合作，以最专业、最全面的服务赢得客户的信任。”

深圳是一座创新之城。身处粤港澳大湾区一线的华商，对新政新规往往会有“春江水暖鸭先知”的先知先觉。在创新服务引领行业潮流、保持价格方面竞争力的同时，华商也紧跟国家政策，倡导成立了前海“一带一路”法律服务联合会，并提前踏足互联网金融、区块链等领域，在民间借贷收紧的趋势下抓住金融机构法律服务的“风口”，继续巩固华商金融业务的领先优势。

（二）资本市场：紧贴时代脉搏的先行者

随着中国经济体量与质量的显著提高，在体系不断健全、监管不断加强、法规不断完善的大环境下，科创板、多元化服务产品等一系列新热点接连改变着法律服务市场的格局。

近年来，华商的资本市场业务团队在首次公开募股（Initial Public Offering，IPO）、公司债和资产支持证券方面取得了一系列成就：（1）IPO 方面，2019 年 4 月，华商协助新媒股份成为广电行业首家 IPO 过会的新媒体企业；（2）公司债方面，华商近三年里协助客户完成了超过 1500 亿元的公司债发行；（3）资产证券化业务方面，华商办理了富力地产机场物流园商业抵押担保证券（Commercial Mortgage Backed Security，CMBS）、富力地产酒店物业房地产信托投资基金（Real Estate Investment Trusts，REITS）项目等国内首例同类项目。

早在 1994 年 5 月，华商经中国证券监督管理委员会、司法部批准，就取得了从事证券法律业务的资格，后又在 2000 年 12 月，被原中国证券监督管理委员会和司法部认定为“可以从事涉及境内权益的境外公司在境外发行股票及上市法律业务”的律师事务所。多年来，华商的证券法律业务长期名列华南前三。得益于良好的运作模式和资源整合机制，华商已经形成了从基金、投资到 IPO、融资的一整套完整的资本市场业务产业链，不仅在主板、中小板、创业板、新三板上市与挂牌等基础业务方面有较深的研究和突出的业绩，在证券市场股权类的再融资、并购重组、债券类的公司债、资产支持证券等领域也表现不俗。

在 2011 年加入华商、现任境外资本市场与证券法律专业委员会副主任的彭书清看来，华商的资本市场团队有四个显著的竞争优势："其一，团队始终坚持以客户为中心，以最专业的态度和法律知识为客户量身定制法律方案；其二，华商始终以专业为导向，不断创新，对相关行业的研究精深且独到；其三，华商建立了紧密的合作机制，业务团队之间精诚团结、交流互动；其四，华商地处深圳大湾区，在政策与创新方面有独特的区位优势。"

对于新兴热门领域，华商持续保持关注并积极进行探索。例如，在科创板的注册制模式下为企业 IPO 服务进行相应研究；对于技术创新型企业，包括生物医药、信息科技等积极跟进相关服务；对于初创企业、技术领先型企业也提前进行项目储备。此外，包括港股在内的境外市场业务也是华商发展的重点，目前有数个 IPO 项目已在筹备之中。

在资本市场更趋专业化、国际化的未来，华商资本市场业务团队将继续巩固 IPO 领域的专业优势，同时重点拓展债券融资业务，强化资产证券化产品的设计研发。在行业层面，华商将紧贴政策，将战略重点放在科技型、创新型企业，信息产业的业务模式创新和生物医药的稳步推进将是资本市场团队占得先机的关键点。

（三）政府法律服务：立足本土，维护正义，创造价值

近几十年，深圳经历了快速的城镇化，在城乡二元论打破的过程中遗留了很多合法性不足的土地，这催生了深圳特有的开发路径——政府、村、企业通过对土地重新合法化进行二次开发，称为土地整备利益统筹。

这一特有政策带来了巨大的法律服务市场，华商的政府法律服务团队也着眼于此，长期以来深耕政府性强的法律服务，在紧密合作的核心机制下形成了包括十个大型业务团队、上百名律师及助理的服务阵容。

大型土地整备、征地拆迁项目往往时间紧、任务重。华商通过多个团队合作组成开发主体，在技术统筹的情况下各自发挥业务所长，共同完成项目，既保证了“蛋糕”能做大，也控制了服务质量的优质与稳定，成功实现了团队的规模化效应。

政府法律服务中，律师的工作效果往往直接关系政府机关行政行为的合法性，百姓诉求与法律的冲突等一系列现实问题往往也充斥其中。因此，政府法律顾问必须能对行政行为与民事行为等提供全方位的法律服务。华商政府法律服务团队以“法律维护正义、法律创造价值”为己任，尽可能为政府与百姓寻求最佳解决方式，也因此博得了政府的认可。近年来人数、创收与客户数量都屡创新高，并代理了一系列经典案例，如入选 2018 年度十大政府法律顾问业务典型案例并获得中世律所联盟行政诉讼法律服务大奖的“光明新区 1220 渣土滑坡事故”行政处罚一案。

2017 年加入华商，如今已是政府法律服务专业委员会副主任的刘博文表示：“我觉得律师以业务为核心不仅仅是为了增加自身

收入，也是在服务政府的过程中为深圳法治环境、为深圳法治政府建设贡献自己的一份力量。”

借助多年政府法律服务的相关经验，华商正在从被动应付向主动谋划转变，将突发性文件起草、行政执法案件审查甚至实施效果评估等主动形成产品来托管，以实现标准化服务流程，打造政府法律服务产品。同时，华商也致力于在细分领域，如土地整备、棚户区改造打出知名度，形成有亮点的“拳头”产品，从而在政府法律服务这片“蓝海”中开辟更广阔的业务空间。

（四）涉外业务：精准服务，全球布局

在“一带一路”“粤港澳大湾区”和“先行示范区”的政策背景下，一系列外商投资领域政策的更新与出台，营造越来越健康、开放的投资环境，也为外商投资法律服务市场带来了更多机会。

华商对涉外投资业务的开展一直十分重视，曾为数百家客户提供包括红筹搭建、并购、重组、基金、境外上市、境内外投融资、内保外贷、诉讼、仲裁、执行等在内的综合法律服务。目前，华商所已形成企业境内上市和境外上市、海外私募股权投资（Private Equity，PE）和本土 PE、本土投资和外商投资相结合的独特服务优势。

深圳中小规模企业众多，涉及行业多种多样，普遍存在法律合规需求旺盛、有一定融资意向、决策体系灵活、项目配合度高等特点。华商涉外业务团队本着“服务赢得客户”的理念，力求以专业极致的服务为客户精准解决问题。同时，华商紧跟时代发展，努力开拓业务，在 2019 年 11 月成立了境外资本市场与证券法律专业委员会以及涉外业务法律专业委员会，在共同学习交流之余集中所内涉外专业人员的力量进行一系列涉外法律产品的研发。

“涉外律师除律师基本素质外，还应当具备全球性的思维、扎实的涉外法律专业知识、良好的语言能力及沟通能力。”华商合伙人徐舜芝将华商在涉外投资领域的优势概括为三点：“首先，华商地处深圳，毗邻香港，具备无可比拟的地域优势；其次，华商通过与中世律所联盟、境外律所、会计师事务所、投行等机构紧密合作，建立了强大的全球法律服务网络，覆盖46个国家和地区；最后，华商拥有专业素质过硬的律师团队，多名律师有留学背景，能熟练运用英语、日语等外语在跨境法律问题中为客户提供解决方案。”

在提前布局大湾区建设，布局海外分所、联营所的基础上，华商涉外业务团队将继续从客户需求入手，保护我国企业与公民的海外合法权益，并加强与外部机构的沟通合作以及涉外人才的引进培养，推动华商的国际化发展，与华商其他业务团队一起，为构建全产业链法律服务体系而努力。

（五）“敢吃第一只螃蟹”：把创新实践始终贯穿于发展战略

2019年，华商除了不断开拓新市场之外，还在创新的道路上摸索、前行。

2019年11月，华商成立国内首家以律所为主导的“华商合规法律服务中心”，以响应深圳市建设“合规示范区”和打造合规高地的战略。

2019年12月11日，全国第一家以律所为主导的区块链法律研究院在华商宣告成立。区块链是当下火热的新兴技术，在各行各业都有广大的应用空间，但也因与传播领域的高度结合极易产生安全问题。

高树说：“华商区块链法律研究院的成立，标志着华商离科技创新又靠近了一步，华商就研学、产业和法律服务三位一体的体系建设创新迈出了一步，华商构建法律技术以及国际化的努力前进了一步。”显然，既重视创新，又着眼行业的华商将在大战略的指引下继续为构建全链条法律服务体系的愿景而努力。

这样的开拓创新实践，还在不断继续、深入，只要能想到，华商就会义无反顾地去尝试。

五、结语

迈克尔·波特说：“战略不是一个目标，应该是方法；其核心就是整合，从而选择什么样的做法可以使你与众不同、独一无二。”

经过27年的风雨征程，而今华商虽已稳健立于中国南方地区，但面对内外部环境的严峻挑战，华商上下，不敢有丝毫懈怠，明晰发展战略是“百年华商”的基础。

目前，华商全体合伙人已对华商的发展战略达成共识，那就是：立足粤港澳大湾区、“先行示范区”建设，积极响应“一带一路”倡议，服务自贸区、自贸港建设，构建全产业链法律服务体系。

企业也好，律所也好，能够长远地发展常需要领路人具有“危机意识”。而在高树看来，“危机意识”还不够，应当要具有“危险意识”。高尔基说：“保守是舒服的产物。”具有“百年华商”梦想的华商人不愿意舒服地守着“一亩三分地”。

高树一直在理想主义和现实主义中勾勒华商未来的图景。他希望，未来的华商能够在规模上更上一个台阶；在业务上更加协同和紧密；在管理上更加先进，产生更多的效益。

如果跳出华商自身的发展，从整个行业的维度来思考，高树说，他希望华商能够成为深圳律师行业的一个标杆和旗帜，在治理结构、发展理念、运作模式、业务布局等各个方面，留下一些印迹，沉淀出一些不同的东西，从而真正成为“先行示范区”里的“先行示范所”。

如果从中国乃至全球的层面来看，高树希望，能够通过优质的服务和开阔的布局，让世界知道——“中国律师有华商”！

注：本文刊载于《中国律所访谈：四十周年纪念版》一书（法律出版社2020年版），收录本书时文字有删改。

竞逐湾区赛道：
一间深圳本土律所的 2020 年“中场战事”

如同名企总部“抢滩”深圳一般，深圳法律市场近年来亦呈现群雄逐鹿的态势，国内大所、国际名所、港澳联营律所等纷纷布局深圳，构成了深圳律所格局的新生态图景。对于深圳本土律所而言，竞争压力无处不在，律所管理与服务转型迫在眉睫。然而对于市场竞争，我的看法一向是竞争是好事，竞争意味着这片市场拥有广阔潜力与前景，对提升整体法律服务水平是一个极好的契机。

与深圳“创新之都”等美誉相比，深圳法律服务的名气略显逊色。高新科技在这座城市日新月异发展，法律服务如何跟得上产业的步伐？这是法律人应该思考的问题。最近，我接受了《亚洲法律杂志》的采访，对深圳法律市场的现状与变革做了一些分析，同时分享了作为深圳本土最大律所之一的华商律所顺应发展所做的一些努力。

2020 年过半，律所与律师也要告别“野蛮生长”，逐步走向“精耕细作”“培植”专业。今日我将此前的采访内容与华商律所的改革情况相结合，讲一讲在竞逐湾区赛道中，一间深圳本土律所的“中场战事”。

一、律所转型回应城市产业新需求

很多科技热词在深圳已有了实践。深圳是中国的创新重镇，高新科技集聚效应凸显，高端医疗、人工智能、5G 等新兴领域已在深圳快速发展。数据显示，深圳现拥有科技型企业超过 3 万家，拥有国家级高新技术企业总量超过 1.7 万家，其中民企高科技企业是主力军。

在这里，我们能深切体会到深圳新兴产业的活力，也能看到新兴产业的落地发展。以高端医疗为例，深圳医疗器械产业现有 900 多家医疗器械企业，发明和实用新型专利授权近 20,000 项，深圳的坪山区也正被打造成深圳生物医药产业集聚发展高地，华商林李黎（前海）联营所已经为坪山建设提供了相关的法律服务。再以 5G 为例，5G 离我们并不遥远，华商律所旁边是联通大厦，每天上午经过大厦楼下，都能看到测试 5G 信号的车辆。据新闻报道，深圳在 2020 年 8 月底将实现 5G 网络全覆盖，深圳也将建成 5G 世界级“标杆”城市。

产业发展日新月异，律所和律师身处其中，不自觉地也成为产业的一环。华商律所创立于 1993 年，是深圳本土最大的律所之一，华商律所的特别之处在于，发展至今律所没有经历过合并或者大的动荡，可以说是本土最“原汁原味”的律所。华商是一间综合性律所，业务比较广泛，包括资本、金融、不良资产、海商海事、房地产、知识产权、婚姻家事、城市改造等领域。近年来深圳支柱领域在不断地转型和突破，尤其是高新技术格外亮眼，顺应这样的脉络，华商的业务领域也做了一些调整。

律所变革，战略先行。基于深圳大湾区与先行示范区的双区背景，新时期华商律所提出了新的战略构建，即构建新型的国际化体系、自贸区法律服务体系，以及全产业链的法律服务体系。其中全产业链法律服务体系的重点就是围绕着高新企业的需求，进行新的业务布局。

全产业链法律服务体系的建立，华商现在有了一些成果，比如，为应对出海企业的合规需求，华商成立了华商合规法律服务中心，帮助企业完善合规体系建设，今年华商还输出了合规经验，在青岛发起成立了青岛中世合规研究院，把粤港澳大湾区经验带到齐鲁大地；深圳是区块链技术高地，华商成立了区块链法律研究院，邀请业界顶尖专家，共同探讨区块链技术在法律服务层面的落地；深圳涉外企业众多，涉外法律服务也是热点，华商在前海成立了全国首家深港联营律师事务所——华商林李黎（前海）联营所，做好深港合作对接的“桥头堡”；华商还发起成立前海“一带一路”法律服务联合会，联络“一带一路”沿线国家的1000多位律师，为涉外企业提供法律服务。

我们关注新业态，并有意与新业态实现精准对接，比如，军民融合产业迎来新机遇，华商成立了军民融合法律专业委员会，打造专业队伍，与行业协会深度合作。再如，生物医疗，华商林李黎多年服务坪山区政府和企业，深入产业链，目前前海联营所在坪山设立了分所，另外还成立了华商生物医药产业法律研究院，服务坪山生物医药产业。

综合来说，华商律所正围绕深圳七大新兴产业，分别成立相应的法律研究院，实现产业研究、法律服务产品打造、产业法律服务三位一体的服务新模式，回应高新企业的需求。

二、律所改革源于城市发展启示

百舸争流，不进则退。华商律所近年来的一些变革，多源于城市发展的启示。

在过去一年中，深圳出现了一系列金融、法律、社会改革，包括个人破产制度设立、创业板改革、期货交易中心设立等。作为法律人，我们对此密切关注，尤其是个人破产制度和创业板改革会对律师业务带来的影响。

对改革创新，我们一方面关心对自身领域的影响，另一方面也思考着改革带来的变化。一系列改革创新背后，深圳作为先行示范区和大湾区核心城市，在经济领域和制度创新层面领先全国其他城市，并逐步形成了深圳新样本和新模式。未来对照先行示范区、大湾区发展的需求，可以预见深圳的改革还将持续深入。

城市是各种生产元素流动交融构成的整体，各种元素共同发力，也互相影响。在我看来，未来深圳的金融科技创新和社会治理变革两方面会是齐头并进的关系。科技创新和社会变革之间是一种辩证的平衡关系，如果科技创新发展到一定阶段，社会变革处于停滞状态，那么科技创新会受到制约；反过来亦是如此，对于社会创新，如果科技创新无法提供推动力，那么同样会遇到困难。所以我认为，今后深圳的改革创新一定会呈现科技创新、社会治理变革共同发展的局面。

这带给律所发展的启示是，律所要随着社会和产业的发展而转型，如果律所不能为城市的创新与变革提供相应的法律服务，那么律所也将不为这座城市所需要。所谓时者，势也，抓住变革之时者，方能成就创新之势。

三、突破滞后效应的合规实践

在深圳企业当前的众多需求中，合规当属最为紧迫的一点。相比科技和商业的发展，法律法规的制定往往具有滞后性，合规因此成为对企业来说极重要也极难的领域。

前文提到，华商成立了华商合规法律服务中心和青岛中世合规研究院，重点布局合规便是为了帮助企业纾困解难，破解合规难题。合规服务上，华商提供合规的法律服务咨询和尽职调查，帮助企业建立合规模板和系统，帮助企业处理了一批合规案件，如“337 调查”等，在为许多企业重新梳理合规体系的同时，2020 年年底华商还要推出两本合规方面的书籍，输出理论和实务成果。

2019 年以来，国际局势风云变化，不少深圳企业的产业链遭到遏制，一些企业还被列入“实体清单”。在这种情况下，华商律所要帮助这些企业摆脱困境。首先，我们要做好预判，如海外合规方面，面对欧美等国家在技术、关税领域设置的壁垒，合规律师要预判企业的各种经营情况，是否会被列入“实体清单”，或是遭受“长臂管辖”。我们已经和一些企业合作，帮助企业量身定做合规体系，测试不同情况下进入“实体清单”的可能性，从而进一步增强预防能力，增强企业的抗风险能力。其次，企业如果进入“实体清单”，合规律师要能帮助企业“解套”。另外，在企业内部合规方面，我们也进行了专业投入，帮助企业做好内部合规，避免触碰合规“红线”。

华商合规法律服务中心希望通过以上这些努力，为企业建立一个完整的、科学的、可持续发展的、可预期的内外合规体系。关于合规，我在之前的文章中有专门解读，这里不做赘述。

四、在深圳法律市场的激烈竞争中如何保持领先

以上简单介绍了华商律所的战略构建、围绕市场需求延伸出来

的新业务等，这些变革背后，一方面是顺应时代、社会的发展；另一方面也是因为深圳法律市场的激烈竞争。几乎所有大型综合性律所都在深圳设立了分所，外国和我国港澳地区律所也在这里寻求联营。华商作为深圳本土律所，切身感受到了竞争的日益加剧，深圳法律市场迎来了多方进驻、多方角逐、多方争夺的格局，甚至有些时候，竞争可以用惨烈来形容。

但在我看来，竞争并非坏事，而是一件好事。各大律所、各种律所文化在深圳同台竞技，这对提升深圳整体法律服务水平是一个良好的契机，但我们也要承认，本土律所面临着严峻挑战。

华商律所业务营收连续几年在深圳排名第一，“华商律师”这一品牌连续多年获得深圳知名品牌荣誉。前面提到，华商律所 27 年的历史中，没有经历过合并、分裂或者大的动荡，我们一直在“修炼内功”。在激烈的市场竞争中保持领先，以华商的情况来看，第一，一定要在专业领域上有所建树，有所发展。传统的法律服务领域不能放弃，因为这是律所多年发展的底盘和基础，一旦丢掉了传统，专业建树的基础就会不稳。第二，一定要做好高精尖业务，在创新型法律服务领域发力。传统法律服务领域带来了“量”，创新性业务则带来了“质”，“量”和“质”同时保持稳定，这是不落后于人的关键。

深圳的科技、社会创新迅速，因而法律必须跟上两者的步伐，法律服务一旦落后，证明律所的业务创新驱动能力弱，在科技、社会创新领域很快会被落下。律所不为城市发展提供保障，那么律所也不为城市所需要。

律所以人和为基础，华商的人才发展策略也随着律所转型而有所变化。目前华商深圳总所有员工1100余人，律师接近600人，合伙人163人。华商人才发展战略分为理论和实务层面：理论层面，引进高精尖专业人才；实务层面，引进技能突出的人才。目前我们一方面引进具有较高理论和专业水平的人才，作为各个团队的带头人；另一方面引进年轻的专业才俊到律所，慢慢培养。

最主要的一点是律所内部的培养机制，华商正在通过律所内部的"传帮带"制度，把年轻律师带上轨道。刚才提到，律所现有合伙人163人，其中"80后""90后"差不多有70人，年轻一代正在崛起，我们希望把律所内的年轻人推上"主舞台"，尽快完成代际交替，保持律所的活力和强劲的发展动力。

近几年，法律市场的人才层次也发生了变化，我们发现市场上出现了很多非纯背景的律师，成为行业专家型律师。在我看来，非纯背景律师成为资深专家，是法律市场的亮点，但不会是一大趋势。非纯背景律师对某一领域专精，有特别了解，相应比其他律师有亮点，但是市场上做主力的，仍是具有深厚法律背景的专业律师。非纯背景律师成为深圳法律市场主流，在未来三到五年内我认为不可能实现。

但这个现象带给了专业律师一些启发，尤其深圳作为科技创新之都，"律师+其他学科"的做法值得我们学习和借鉴。华商律师近年来之所以致力于建设全产业链的法律服务体系，其用意也在此。律师业是现代服务业的重要构成和前沿业态，作为现代服务业的律师业，和产业发展、科技创新应该具有高度结合的特性。建立全产业链法律服务体系不仅是新时期社会产业发展的要求，也是律师业做大和做强的内生需求，因为律师对一个行业了解越深入，服务层次越高，他与产业的连接度就更紧密，更被产业需要，才不会被淘汰。

建立全产业链法律服务体系，第一点是需要把律师做成一个产业。我在担任深圳市律师协会会长期间做了这样一件事：把深圳的律师行业纳入现代服务业，正式写进了深圳的“十三五”规划，这相当于使律师和总部经济及科创企业等在政策上趋于一体。

谈到这里，我认为为促进律师业的长足发展，政策扶持上仍需要加大力度。深圳律师行业虽已被纳入现代服务业，但是得到的政策扶持与高新企业和总部经济相比，如在办公用房、人才引进、税收等政策方面，力度小得多。我们要清晰地认识到，如果法律服务跟不上产业发展，产业发展终将会大打折扣，这是双向促进关系。

建立全产业链法律服务体系，第二点是要培养和引进更多产业律师，这是华商目前正在做的事。我们乐于其成。律师与多学科融合，相信未来“律师＋其他学科”做得好，整个深圳法律服务市场也将成为深圳新的经济增长点。前路漫漫，但我相信深圳法律市场将向更高、更深、更大、更强的方面发展。

如今，法律市场脱离了野蛮生长，竞争加剧，考验着律所和律师的创新变革能力。这是一个最坏的时代，也是一个最好的时代，我们要相信法律人抱有热忱和坚守，如雨果所说，“我们身负重任，我们昂首前瞻”，定将迎来律师行业的崭新机遇！

注：本文于2020年7月10日发表于微信公众号“高树在远山”，收录本书时文字有删改。

非常时期的非常思考

2020 年春节，一场突如其来的新冠肺炎疫情来势汹汹，打乱了各行各业的节奏。“这个时候就需要凝神静气 / 要像一粒谷种那样蓄势待发 / 要像灌木那样练习某种本领”，如作者高树诗中所言，非常时期更需要非常思考，对律师行业的未来和发展方向，高树进行了解析和研判。

迎风而立，向远而行
——律师如何应对疫情中法律服务市场的“危”与“机”

我国律师行业正在发生结构性变革，变化和求新此起彼伏。当此之时，一场疫情突如其来，律师行业将迎来新的挑战，在现有基础上面临新的和大的格局变化，也就是新一轮的变革和创新。所谓时者，势也。从这个意义上说，抓住变革之时，成就创新之势者，无疑将获得更多更大的发展机遇。本文谨就这个问题谈一些看法，做一些应对预估。

一、疫情对中国律师行业带来的直接影响

笔者认为疫情对中国律师行业带来的直接影响至少表现在以下六个方面。

第一，从业人员流动加剧。在大的变动之下，每个人对自己的人生理想、对自己的职业走向会有新的思考。有些人已经进入律师行业，他可能认为自己适合比较稳妥的工作，如行政事业单位，就会加速向那个方面流动。有的人在这场变革后，认为自己要过比较专业、比较自由的生活，则会加速向律师行业发展。有的人认为在律师行业将来接业务、做业务可能困难加大，那么他也会寻找新的职位。笔者的判断是，向一个比较稳定的职业方向发展的人数和新进入律师行业发展的人数可能会大致持平，进和出之间的流动性变换会进一步的加剧，这是第一个影响。

第二，今年如果保持目前这样的常态发展下去，全国律师的业务总量基本上有所增加。近五年乃至近十年，我国律师业将保持高速的增长，业务总量一下子萎缩得很快，会有“撞车效应”，这有很大的惯性，在高速增长之下让它突然平静下来，需要很强的力量，

我认为疫情还没有这么强的力量。律师业前期一直保持着 20% 的增长幅度，律师人数保持在 14%、15% 的增长幅度，所以我个人认为业务体量将呈增长态势。

第三，业务收费整体平衡结构发生巨大变化。按照目前发展情况来看，我倾向于谨慎的乐观，2020 年律师费的总收入与 2019 年相比不会有太大的变化，增幅可能会有所放缓，同时律师业务费的结构会发生很大的变化。

疫情之下，企业经营状况多变，在律师行业，不良资产、破产等领域业务会呈增长的态势，还有一些新兴行业以前未涉及律师服务，也就没收过律师费，将来可能也会不断涌现出来，律师费的结构会发生大的变化。

第四，行业分化会进一步加剧，这是一个多格局的变化。首先，主流和非主流会逐渐凸显，也就是说在律师行业内部，40 多万名律师，哪些是主流，哪些是非主流，在一场疫情过后泾渭分明。其次，传统和新兴这两个概念的区别会更明显，无论是律所还是律师的专业领域，传统和新兴两大阵营之间也会泾渭分明。最后，国际和国内的格局变化加速。过去的几十年，尤其近十年欧美律师在亚太地区，尤其在中国有着不少的市场份额，国内企业的律师费很多都交给了欧美所。疫情之下，中国律师会把很多律师费拿回来，欧美所不能像以前那样顺利地从我们这里把律师费拿走。国际和国内的法律市场，在这场疫情之后一定会有巨变，大家一定要予以充分关注，这是律师行业巨变中非常重要的一个衡量因素。

第五，律师行业将完成新老更替的巨大变化，即老生代、中生代、新生代更替。如果没有这场疫情，老生代、中生代、新生代律师的交班可能不会这么快出现，但这场疫情过后，一定会加速，而且会是想象不到的快，疫情过后，唱主角的可能是“80后”和“90后”的青年律师们。

第六，新兴品牌会不断涌现。过去传统的大所，如国际所占据了法律服务的核心位置，但疫情过后，中国律师业会发生结构性的变化，新生代跃跃欲试，新品牌会不断出现。我们可以参照2003年“非典”、2008年汶川地震过后涌现的品牌，中国律师业在那时以后发生了巨变。

总的来说，疫情过后，律师行业的分化、结构性的调整、格局会出现很大的变数，这阶段我暂时就说这几方面的变化。

二、疫情对中国律师行业带来的变革和创新

前文所述是影响，在影响之下一定会有变革，一定会有创新。创新的核心点是很多人会有危险乃至危机，但危机也是机会，在同一个业态内部是平衡的，很多人没法“活”下去，很多人可能过得更好。

第一，“内实力”和“外能力”兼修者走得更远，财务和人才将被重点关注。有一身本事的人，还得有其他因素的辅助，专业做得好的人，还得具备多层面的实力，尤其是律师和律所，财务实力是非常重要的，对律所而言，人才的储备同样也非常重要。

第二，以效益为核心的规模化和专业化的高度融合。规模化也好，专业化也好，如果很“虚”，那么都不能予以维持，尤其是不能应变危机、渡过难关，这样的规模化和专业化没有意义。所以将

来的规模化和专业化，一定是建立在效益、安全、应对危机等基础之上的，这才是我们真正需要的规模化、专业化。

第三，律师不得不涉足新兴领域，全产业链法律服务体系将被大力的推崇。过去几十年，尤其是过去几年，四大会计师事务所深入各个行业的实力超过了很多律所。举一个简单的例子，养猪场可能不需要律师，但是养猪场一定需要会计师，会计师事务所与行业的紧密程度远超律所。

将来律师业的变革在于律师对各个产业，尤其是各个新兴产业的了解上。国内很多产业已经走得很远了，但律师还在原地踏步，这是一种巨大浪费。将来律师在变革过程中，跟着这些产业走是很重要的，与新兴产业走得越近，律师的机会就越多。

第四，法律服务方式将呈现多样化，线上法律服务的数量将增长。现在律师网上直播、网上提供法律服务的数量正在大幅度增长，但是传统的法律服务模式，就是以人文关怀和以过程为导向的服务模式还是主流，因为中国人的人文传统注重过程和结果的结合。俗话说，菩萨畏因，凡人畏果，那么针对法律服务市场的人呢，既要做“菩萨”也要做“凡人”，因为我们是一个专业人。

三、给律师同行的五点建议

第一，用专业赤诚书写家国情怀。在这次疫情中，我认识了很多律师朋友，与他们交流，突然发现我们对待律师行业有如此大的赤诚、如此大的热情，我们对律师行业的坚守是能感动我们自身和社会、家国的。我去年有一个演讲，谈律师的行业责任是什么，社会责任是什么，实际上我们的社会责任是建立在行业责任的基础上的。如果律师连行业责任都履行不了，社会责任就是一句空话。也就是说，作为一个专业人，你的专业是第一位的，做好专业就是你最大的责任，是你爱家、爱国、爱社会的体现。

如果你自己的专业做不好，行业责任也是做不好的，你的社会责任就会流于表面。疫情中，很多同行会思考这个问题，而且也能把它想清楚。疫情过后，大家更要把这问题想清楚了。我认为，我们要用专业赤诚来对待专业，对待我们与这个专业相关的一切。

第二，律所是律师的身心居所。过去相当一部分律师，至少有1/3的律师是游离在律所之外的，这个说法一点都不夸张，因为很多是挂靠律师，身在所内，心在所外，这种现象是比较多的。疫情过后，我相信很多的律师，只要他真心想从事律师行业，会意识到他的身心必须归位于律所。律所是一个外硬内软的“壳”，这个“壳”是庇护，大家抱团取暖，专业交流，一起在这里成长。律所这个概念会被重新提起和重视，我也建议同行们重新关注一下自己身处的律所，不要忘记它，不要忽视它。

第三，要像对待亲人一样爱护你的客户。我即将要出版一本诗集，叫《我们如此深爱》，其中序言写道“陪伴是重大的发现”，大家知道我是个诗人，也是个作家，当然更是个律师。有人问过我，为什么又会写诗又能当律师，我说是因为我诗写得好，所以我律师当得好，因为我律师当得好，所以我诗写得更好，相辅相成。在这里面其实也是一样的，我这里可能说得比较浪漫，但实际上就是如此，疫情过程和疫情结束以后乃至相当长的时间，我们才会发现我们身边最忠实的是什么。除了我们的家人父母，再往后看还有我们的客户。我们的客户是如此重要，其重要性甚至接近我们除了生存之外的很多的东西，所以我们需要像对待亲人一样，去守护、守望我们的客户，这是我对广大同行的第三个建议。

第四，珍惜作为劳动成果的律师费。我们可以不谈钱，但是我们一定要珍惜我们的律师费。很多律师赚了一点律师费就开始去想投资了，开始炒股，甚至开始做生意，他突然发现一句话叫“赚钱犹如针挑土，花钱犹如水推沙”，赚钱像用针挑土一样，很难的，花钱就像水推沙，水流一下就把沙尘冲走了。律师费是我们的劳动所得，我们要珍惜它，疫情过程当中最让我们踏实的，就是手上拥有渡过难关的一些基本的物质保障，那就是律师费。我曾说，中国的律师出去做生意成功的不到 5%，其他行业转入做律师的成功率超过 90%。大家一定要注意，一定要忠于我们的职业，要把律师做成事业，要珍惜我们的劳动成果——律师费，要交给自己的家人保管好，哪怕选择保守一点的理财，也不要过多的投资。好好地珍惜、好好地赚律师费，使它成为我们的安身立命之本。

第五，保持常态的节制和克减。在某种意义上距离是最安全的东西，我最近和一些朋友吃饭，像汉朝的时候一样，每个人一张小桌子，上面放一些酒和一些吃食。我们还发现，古人之间见面作揖行礼很安全，现在使用握手的方式反而可能带来不安全的因素。所以我认为距离有时候是一种安全的保障。疫情期间，我在另一篇文章里面提到，在灾难面前人要低一格。在灾难、自然、众生面前，我们还是要善于、敢于把自己低一格，要保持必要的谦逊和耐心，而不能一路莽莽撞撞。所以我认为保持常态的节制和克减是律师文化当中很重要的一个部分，我希望同行可以共勉，一起保持一种比较好的、常态的节制和克减的律师文化和人生观，迎风而立，向远而行。

突袭的疫情，将加剧律师行业的变革。有些于无声处，有些击水扬波，在变革的基础上创新，在创新的过程中抓住机会，这就是我们要做的。最后与大家分享两句话，一句是雨果在《巴黎圣母院》序言中的话：我们肩负重任，我们昂首前瞻；另一句是我在疫情中写的诗：最是人间风雨时，相伴便是艳阳天！

注：本文刊载于2020年2月13日中国律师网、2020年2月16日《深圳商报》“律界观察”专栏、2020年2月21日智合网、2020年第6期《中国律师》杂志等多家媒体，收录本书时文字有删改。

律师和企业，
关于“风月同天”的另一种解读

这篇文章，我想主要是写给华商人看的。因为我是华商所主任、首席合伙人，我有责任让大家经常处于一种思考和工作状态，并且不要和这种状态离得太远，特别是当这种状态和我们的理想、职业规划以及业务拓展密切相关时，这种状态的保持就更加重要而迫切。我希望华商同仁们看到这些内容时，内心严肃而轻松地感动。严肃是因为责任担当，轻松是因为知道怎么去做，也就是说有一定的建设性。当然，华商人之外的律师同仁们若能看到，也希望能为大家提供一些参考。

这里说三个问题。

（一）律师和企业的关系

首先，简单说说我个人和企业的关系，以及我的一些感受。作为一名资深律师，我和一些企业及企业家长期保持比较良好的合作关系，陪伴很多企业家一路走过或艰辛或荣耀的发展历程，很多企业家因此对我比较认同，以致一些其他省区市来深圳招商，还会让我出面组织。有一次，招商会第二天就要开了，活动准备还不充分，领导是我朋友，又关乎老家建设，我出面了。第二天，来了一百多个企业家，领导介绍完当地情况后，企业家们就点名要我讲两句。我就讲，其实我们老家那边没有领导讲得那么好，条件还很落后，但落后就有很大空间。你们要认真地多听多看多走走，看清楚想明白后再投资。我不能保证什么，但作为一个法律人士，我就保证你们不会被“欺负”！还别小看我这些话，很管用，企业真“动”起来了，不少企业还真去投资了。一些企业家对我说，老高，我们就喜欢听你讲话！也因此我经常被邀请去给企业家们讲课。讲了几次，有些商会提出邀请我担任会长、名誉会长。实在推不掉，我也有条件，一是我不出钱，只出力；二是只当一届。就这么阴差阳错，担任过几个商会的会长、名誉会长，之后他们居然说，你最适合当会长啦！大家知道我为什么最适合吗？一方面，我不是企业家，没有利益纠葛，这公平公正就体现出来了；另一方面，我虽不是企业家，但我是企业家最好的朋友，我对宏观经济和企业微观还是了解一些的，又是法律人士，堪称企业战略家。好些企业家这么认为，我也只好虚心地接受并且努力地提高自身能力。

那么，律师和企业究竟是一种怎样的关系呢？我们知道，企业是现代社会聚合生产力最重要的组织形式和经济支撑，要是没有企业，或者把企业都抽掉，社会靠什么运转呢？这是大道理，具体到律师行业，道理也是一样的。在现代社会，律师和企业的紧密性达到了空前的程度，而且这是一种很本质的关系。一方面，律师需要企业，律师的工作大部分是企业委托的，律师费收入主要源于企业。像我们华商总部去年办理的10,600多个案件和法律事务，超过85%都是企业或企业家委托的，也就是说我们对企业的依赖程度已经超过了85%，如果没有企业、没有企业家，律师、律所、律师行业也就无本可依了。另一方面，企业也需要律师（含法务），首先这是专业需要，法律高密度地进入社会生活，也进入企业的战略、管理和实际运营层面，没有作为法律专家的律师帮助，企业也将捉襟见肘、遗患时现；再就是社会需要，现在律师的信息量越来越大，资源、渠道和平台越来越多。企业用好了一个律师，就相当于用活了一批专业资源和社会人脉。律师作为专业设计师和社会活动家，越来越被企业和企业家倚重，有时甚至成为企业竞争的某种“利器”，这应该也是一种趋势。所以，企业好，律师就好；律师好，企业更好。

这就是律师和企业之间的新型战略关系。当然，趋势之下还需要有人为，这种新型的战略关系还得靠双向构建、共同维护，合力拓展，这其中律师的主动性发挥更重要。

这里讲的是在一般情况下，律师和企业两者常态的基本关系，如果其中一方或双方发生重大变动，那这种关系又会怎样？特别是在困难时期，如大的政策调整、国际局势的动荡、天灾人祸的降临。特别是在当下疫情来临之时，律师和企业又将呈现怎样不同以往的关系，这就要进入下一个问题。

（二）困难时期律师和企业的关系

讲这个还得把话题拉长一点。近几年我国经济总体呈现增长态势，但许多企业和企业家却没有那么乐观。

大的方面，商业模式的变化、互联网的兴起让一批实体企业举步维艰，紧接着民间借贷的盛行和互联网金融的兴起，又让一批企业陷入了债务危机，甚至让一批企业陷入了涉罪的“泥潭”。很多企业倒下，一些企业家面临罪责惩罚。一时间企业家涉罪案频发，有一些确实触犯了刑法，但也有一些处在“边缘地带”。对此我在多个场合表达意见和呼吁，特别是作为公安机关的监督员、作为法官、检察官遴选委委员，我多次就刑罚的谦抑性之于企业发表了自己的看法。我的观点是，法律的目的是修复和完善人与社会、人与人之间的关系，是为了把人与社会组织变得更好而不是更坏，如《婚姻法》的主要目的是保障千家万户的幸福而不是劝人离婚。企业的契约关系一旦被撕裂，对企业的刑事惩罚会直接造成企业停摆和社会管理成本的无限增大。如今，关于企业家犯罪的条款不是少了而是多了，100 多个罪名，还有那么多司法解释的延伸罪名。所以我呼吁在刑民交叉问题的处理上应审慎有加。

民间借贷和互联网金融所带来的余波尚未结束，紧接着中美贸易冲突又升级了。开始很多企业不以为然，以为与自己无关。我就说，这是雪崩，不是几片雪花的事。果不其然，大面积的企业受到影响。于是几个商会来找我，我就和他们讲贸易冲突背景下企业要迈过的“三道坎”，哪“三道坎”？就是法律坎、合规坎、转型坎。企业家们听了，都说高会长讲得好！我说讲得好是一方面，做得好才最重要。说到做到，我马上成立华商合规法律服务中心并亲自担任主任，请了一批国内国际顶尖的合规专家加盟，还把当下最热门的《美国陷阱》一书的作者皮耶鲁齐先生请来了。我们跟大大小小上千家企业讲合规，讲在合规的基础上如何转型，讲合规模板，讲转型的制度设计，可谓有声有色。

没想到，一波未平一波又起！这次突如其来的疫情一下子把节奏打乱了。无疑这是一次大雪崩，大雪崩之下，每一片雪花的飞舞都如此凌乱！在武汉封城的当天，我第一反应还不是疫情本身，而是接下来这么多人的日常供应问题，生活必需品怎么解决？这场汹涌的疫情把本已艰难行走的企业一下子“关进了笼子里”。以前很难，好歹能“动”，现在很难，是“动”不了。“动”不了，那生产供应怎么办？疫情过去一段时间了，我们看到物资供应已趋正常。不过在“正常”两字背后凝聚了多少企业和企业家们临危受命、舍己为众生的付出和情怀，我们可以想象，但不完全清楚。中国经济所受影响的程度，经此一“疫”还是不可低估的。在此情形下，处在艰难中的企业和企业家们能否克服、如何克服、何时克服？这个问题更是让我们骨鲠在喉，不得不让人揪心。那么作为与企业生死相依的律师，我们该怎样面对？

1. 我们难，企业更难，我们必须和企业风雨同舟，患难与共

前几天，我写了一篇名为《疫情之下，律师行业的变革和创新》的文章，律所公众号发表后，中国律师网也转载了，引起了广泛关注。我知道这篇旨在提振律师行业士气，为今后做些应变预估的文章写得大了一点。放下笔后我就想，值此举国艰难时期，其实我们行业之艰，众多律师尤其是大多数年轻律师之难，也是有目共睹。整个律师行业经此一“疫”，也要面临诸多难题，房租、人工、客户对接、收入断层；等等，大家怎么扛过去？但和企业及企业家们比起来，律师的这点难就是“小难见大难”了，这不用多描述。企业的供应链断裂，人工成本、资产变现、债权债务……随便一个问题就可以把企业压垮，把企业家“拖死”！最近包括北京西贝餐饮管理有限公司在内的诸多企业宣布停摆甚至清盘，绝非虚构之说，有多少企业能够涉险过关，能够全身而退，或者能够凤凰涅槃、向死而生，目前还真的说不清楚。

现在是谁都难，律师难，企业更难。说得通俗点，企业作为律师的衣食父母，衣食父母之难，我们做律师的该怎么办？只有两个办法，一个是帮帮忙，共渡难关；另一个是真帮忙或帮真忙，帮到点子上。至于怎么帮，下文再说。

2. 帮企业的忙，共克时艰，这既是律师行业分内之事，也是律师的社会担当，是履行行业和社会的双重责任

企业是律师的“衣食父母”，律师帮“衣食父母”就是行业责任。同时这也是律师的社会担当，就叫社会责任的担当。我们律师也要讲政治的，平时口号喊喊还可以，当此国难，难道我们不要把

喊口号的力气全部使出来？

（三）我们应该怎么做

说一千道一万还不如走两步，那么我们该从何做起？

1. 帮忙的前提在于“相知”，共克时艰的过程叫作“陪伴”

先不急着下结论能帮什么忙，不要一厢情愿、毫无章法的“自言自语”。企业究竟难在哪里，企业最需要什么，面对企业之难和企业之需我们能做什么，这些很关键。我们要像做法律意见的尽责调查那样，认认真真开展调查研究，最好能和具体的企业一起，对企业的需求进行全面的梳理和分析。非常时期，困难面前，企业需要律师陪伴的时候，律师在身边；企业需要律师帮助明辨方向的时候，律师能给出一份战略分析报告；企业需要政府扶持，律师及时把拟好的申请提交；企业需要减租、需要员工复工的时候，律师可以把完整的方案交给企业，甚至可以代理企业与业主、员工进行交涉；等等。

2. 用专业服务帮助企业渡过难关

这一条特别重要。我们看到有些律所、律师在捐款捐物，在喊“武汉加油”，这些都很重要，我们华商也一直在做。但我认为更重要的还是专业，关键时候就要拿出看家本领。最近我也注意到许多同行针对疫情发表的文章、提供的法律意见，但其中很多都千篇一律、照本宣科。我要求华商疫情应急法律专业委员会同仁要有针对性、有新意、有深度、有动作，提供企业真正需要、能接受的法律服务。举个例子，为应对疫情，各地政府纷纷发布了复工复产的相关通知，但对员工的工资和福利待遇没有说法。有人说了，延期复工也得支付员工工资，员工在家工作应支付双倍工资。一听说话的人就“站着说话不腰疼”，因为他（她）不用付工钱，这个时候调门高显得有爱心。问题是企业怎么办？还是人力资源和社会保障部通情达理，发了支持企业复工复产的意见，其中一条还明确提出，支持企业协商工资待遇。怎么协商？这就是专业律师的工作，律师不但可以拿出协商意见，还可以代表一方或者双方进行“专业协商”。前两天，有位同行建议困难中的企业借此转型，凝聚人心，将公司改制成合伙制；今天有律师建议，企业家一定要把家庭财产与企业财产分开。诸如此类，很专业、很善意，这就是专业的力量。

3. 改变服务方式

虽然大家都难，说是帮忙，但毕竟是服务，亲兄弟还应明算账，否则很容易别别扭扭。但确实应该考虑企业的实际情况，收费应当减免一些，实在有困难的，先记账也行。疫情过后，律所、律师和企业的配比关系会发生一些变化，变化的原因就是律师费的问题，企业的法律服务费预算可能要削减，一些中小型律所可能会“抢滩”替代大型所；另外，计时收费也可能逐步兴起。我担心的是收费“乱象”完全偏离常规，造成业内外双乱的不公平现象，对此律协和司法行政机关应充分关注。

行文至此，我就不由得想起了前些天，日本向湖北灾区捐赠物品附上的题词。其中有唐代王昌龄的“青山一道同云雨，明月何曾是两乡”；有1300年前日本长屋亲王所题“山川异域，风月同天”；有《诗经》中的“岂曰无衣，与子同裳”；有南朝《千字文》中的“同气连枝”；等等。有人调侃日本人给我们开了个诗词大会，我当时忍不住留注一句：叫我们如何不惭愧？客观地说，日本选的这些句子对时下抗疫还真是应情应景，作为诗人的我也叹服他们对我国古诗词的运用如此娴熟且恰到好处。但有人怀疑他们的内心深处未必如同诗词所表，认为“武汉加油”更加铿锵有力！

“武汉加油”是助威和鼓劲的表达，非常好！“风月同天”“与子同裳”则是一种融情于理、提感于心的表达。怎么评价日本这些赠诗是一回事，但日本人在灾难面前的一些表现和表达确实值得我们关注和反思。这方面我有亲身体会，在深圳光明新区滑坡事件期间，我作为深圳律师协会会长接待了来访的大阪律师会会长，开始觉得他们有些傲慢，没想到他致辞的时候，全体日本嘉宾在他的带领下起立，并且全体鞠躬，对滑坡事件中的遇难者表示深切哀悼。那一刻我从他们的眼睛里确实看到了一些很不一样的东西。

目前尚无考究说明“风月同天”出自我们古人之手，更多的说法是在 1300 年前的盛唐时期，日本遣人来中国学习佛法，当时的日本长屋亲王制作了一千件绣着“山川异域，风月同天，寄诸佛子，共结来缘”偈语的袈裟，赠给大唐的高僧们。这首偈语用词简洁大气，大的景象之下让情理充盈于心，表达的既是悲悯与共，也是善缘相向，十分开阔。

我完全可以自己写一首诗来表达我的感受，但我还是觉得在举国抗疫的艰难时期，引用“风月同天”来形容当下及未来律师和企业的关系比较恰当。这里面既包含唇齿相依的互动关系，也表明在非常时期共克时艰的内心呼唤，更主要的是，它满含着在同一片蓝天下，律师和企业家们携手迎来美好明天的坚强信心和共同愿望！

注：本文刊载于 2020 年 2 月 15 日中国律师网，收录本书时文字有删改。

非常时期，让我们重温“罗规”

——建设性为什么如此重要

安静的时候有两件事不能不做，一是看看自己的灵魂，二是在自己的内心里放一些东西。在我的倡议下，华商所青工委组织了一个读书会，参加的人很多，大家每天读的书不少，但我还没看到成体系的读书心得。

今天我带个头，结合目前情况，谈谈这几天读（重温）《罗伯特议事规则》（以下简称“罗规”）一书的体会和感悟。

一、“罗规”的核心是什么？

我手上的这本“罗规”是中文版的第11版，由袁天鹏、孙涤翻译，格致出版社、上海人民出版社出版。该书作者是1837年出生的美国人亨利·马丁·罗伯特（Henry Martyn Robert），以及其后参与修订编撰的其家族成员和有关学者。这本被称为“人类治理元规则”的畅销书，原版总销量已逾550万册，在全球范围内被广泛运用于政府、企业、非政府组织（Non-Governmental Organization，NGO）的议事活动之中，并且逐步延伸到社会治理的操作层面，具有很强的实践性和指导价值。

那么，“罗规”主要讲什么呢？顾名思义，它最早和最主要的目的是告诉人们如何开会。这缘于罗伯特作为一名军官时，因他组织的一个会议不成功，从此决心毕生研究会议实践和议事规则，并矢志以行。

“罗规”全书共63节。其中第1~9节讲各种会议组织和议事规则，如法定人数、礼节、会议程序、事务的引入、发言权的分配等；第10~39节讲各种动议的规则；第40~60节侧重于议事规则的各个重要层面，如治理结构、会议规程、动议处理、选举程序、文件制度等；第 61~63 节讲纪律惩戒程序。该书确立了议事规则的基本原则，如“三纲”即三大权利——多数人权利、少数人权利以及缺席者权利如何配比和处理；又如“五常”即议事基本原则—— 一人一票原则、一时一件原则、一事一议原则、多数票决定原则、法定人数生效原则。另外，还对议事应围绕主题、反对题外施辩和主观揣测、对人不对事等分主题进行了规则指引。全书的主旨是如何开会、怎样议事、如何行动，其就议事之科学、公平和效率等几方面进行了规则确定。或许因考虑规则运用的长远，作者一开始就凸显了“罗规”的三个特点，一是约定性，规则明示在前，对事不对人；二是工具性，凡事不往道德上扯，能用工具来解决的绝不无端拔高和指控，特别是“罗规”通篇表达的是常识的力量和冷静客观的理性，没有意识形态的参与和诉求；三是价值中性，旨在凝聚组织认同、提高运作效率、平衡多元利益，通过文明的议事来说服、辩论、妥协，从而形成有效的行动纲领。

不同时期和不同行业的人对“罗规”的解读有所不同，或者说有不同偏重。最早引入“罗规”的孙中山先生，在他 1917 年写的《民权初步》（又名《会议通则》《社会建设》，是其《建国方略》的重要组成部分）中，就大量参考了“罗规”中的内容。从他的序言中可以看出，他写《民权初步》的目的是“固结人心，纠合群力”，而他把“罗规”作为改变当时国人教养和素质、提高凝聚力和行动力的“教科书”，并决定广为推广。

当代企业家王石先生作为“罗规”中文版的作序者，在其序言《规则为什么重要》中，把“罗规”视作“人类议事智慧的严谨梳理”，认为“罗规”“在原则的稳定性与方法论的适应性之间取得了很好的平衡”，从而把“罗规”侧重为从组织治理到人类治理的规则智慧。

当代学者季卫东先生也是中文版的作序者，在他题为《决策的程序和语法》的序言中，他认为“罗规”“在本质上属于对社团和会议进行高效率的民主化运营的操作手册，可以为制度设计提供一套编码，可以为不同的群体之间交换意见、达成和谐提供约定俗成的语法”。他特别强调“罗规”的“三纲五常”，作为法学家，他认为，“罗规”给出了关于程序正义优先于结果正义的规则启示。

以上各种解读都抓住了“罗规”的本质所在，但在我看来，“罗规”在智慧层面的延展性和操作层面的建设性是今天我们关注的主要目的。首先讲前者，“罗规”从 1876 年出版至今已逾 140 年，至今仍为我们推崇，一定凝聚了人类跨时代的智慧共识。罗伯特将军总结出来了一套怎样开会、如何议事的规则，这套规则作为方法论，无论会议的形式发生什么变化，比如电话会议、微信会议等智能会议的产生和运用，但就怎样开好会、如何议好事这些原则和方法在运用上还是一致的，这就是智慧的力量。其次谈后者，固然智慧的延伸性不可忽视，人们推崇“罗规”，不仅是为了开会这一目的，从会议召开，到议事过程，再到决策落地，这当然是“罗规”的核心流程，但决策之后的执行层面，即从决策交付执行，到效率评判、事后救济、问责和裁量等也成为“罗规”的重要内容。尤其是逐步修订的“罗规”对此投入了很深入的研究和解析，道理很简单，决策内容的执行结果和评判机制，将从后置程序上对会议和议事质量给予衡量，特别是进入现代社会，两者的联系就越发密不可分了。作为“罗规”的智慧成果还将在现代社会中得到进一步延伸，那就是社会治理层面了，这便是“罗规”在运用上的重大建设性。

二、“罗规”的建设性

尽管“罗规”将自身定位为约定性、工具性、价值中性这样的规则范畴，甚至在行文的风格上更偏重建设性而非强制性，它意在绕开“制度红线”而基于常识、理性、公平和效率这些方面进行讨论，对会议和议事规则进行可视化分析、程序性推演和模型化建构，但它的主题却切中了社群交往、组织体系和治理形态的基本面。“开会”“议事”几乎是从有人类开始，就成为人们从事生产和生活的必备事项，更毋庸说其在社会组织和社会治理中的不可或缺性，“罗规”的建设性就充分体现在这里。

首先，“罗规”告诉我们如何达成议事共识而形成有效率的决策。“罗规”通过对六个议事步骤的表述，即动议、附议、陈述主题、讨论、表决、宣布结果，贯穿从议事到决策的全过程，其中每一个步骤都给出了程序和量化的指标。例如在动议阶段，围绕会前、会中、会后三位一体拟定的行动方案、所要达到的会议目标，如何开始、如何进行、如何结束。又如在陈述议题阶段，要求主持人提醒讨论者围绕主题进行陈述；而在讨论阶段，要求禁止人身攻击、质疑动机、扣帽子、贴标签，不跑题，不超时，不打断他人；在表决时，领导最好最后表态，如果议题针对人，建议投票时采用无记名方式，如果议题针对事，建议举手表决，它甚至给出了过半数的定义，即赞成数 ÷（赞成数 + 反对数）>0.5（不考虑弃权数和缺席数，假如计入了分母则表达了反对）；而在宣布结果的阶段，一方、双方或多方都要有妥协和愿赌服输的精神等。这些基本的会议常识，并非每个与会者都能明白。我们现在召开或参加各种大大小小的会议，也未必能够做到，我们常处于没有主题、议题混乱、跑题、互相攻击，最后不了了之、不欢而散等情形。我们天天开会，但未必真的会开会。如果我们认真研究这一套会议规程并充分学习和借鉴，我们就有可能成为会开会、会议事、会决策的人，并且因议事过程中贯穿着公平和效率，所作出的决策也更为科学且深入人心，这将为决策的执行打下坚实的基础。

其次，“罗规”的建设性不仅体现在开会和议事方面，更多的是在社会治理层面。

一方面，是出于社群素质和教养的提升，“罗规”自始至终要求人们以一种客观理性的态度和方式表达诉求。实践证明，客观和理性是社会治理从过程到结果的良性基础。它最终保护的是每个人、每个社群和组织，乃至每个民族和国家，甚至我们赖以生存的自然环境。另一方面，规则的运行和社会的有序也是社会治理不可或缺的手段和目标。“罗规”强调的规则和有序将为不同社会形态的运行提供坚实的保障，它所倡导的“三纲”即三大权利——多数人权利（多数人约束少数的人）、少数人权利（尊重少数意见）、缺席人权利（必须满足法定人数，提供事先告知），实际上构成了现代治理的基础文本。“三纲”原理在治理中的畅通运行，无疑对社会稳步向前提供了结构性支撑。

最后，“罗规”对多元化的信息社会有着别具匠心的建设价值。

社会千变万化，信息巨量增长，为人们对事物真相的判断带来了新的困难。真的像假的一样被无视，假的像真的一样被相信——

这种现象不能完全归责于人们的认识水平和判断能力，实在是信息频密给人们识别带来了困难，而切断信息源的做法既无可能，也无必要。最好的应对之策是在信息发布机制的规则和流程化中，引入“罗规”中的约定性、工具性和价值中性原理，把客观和理性作为信息构建和信息发布的规则，同时引入问责和裁量的评判机制，对虚假信息的制造和传播者予以惩戒处罚，对客观信息的提供和传播者进行表扬和褒奖。

三、非常时期，重温“罗规”的必要

大约在一年前，我写过一篇题为《把“罗规”引入律所管理》的文章，并将该文主题在一次律所管理论坛上做了演讲，当时反响还不错。回来后我又对照该文，就律所的合伙人会议和律所决议机制、章程的可操作性、建立“参与、建设性、共建共享”的律所文化等方面进行了修订和完善。这一年下来，我感觉“罗规”的实践性价值得到了发挥和体现，因此也算对“罗规”的运用有了一些体会。

值此抗击疫情的非常时期，我再一次想起“罗规”并认真重温。一方面，因为信息困扰，由于开始时对疫情的判断不同，引发社会上对于疫情的重视程度和应对方法不一样，效果或结果也完全不一样。实践证明，在如此重大而关键的问题上，迅速通过议事机制确定应对战略和行动方案至关重要。而在其后，许多问题引发争议，而争议过程中体现的问题，正是“罗规”中倡导的应予以规制的，比如远离主题的争辩、质疑动机背后的人身攻击和漫骂、以少数人意志要挟多数人安危的做法，等等，无不暴露出在疫情面前，我们规则意识的缺位和规范操作层面的不足。而另一方面，在整个过程中值得称道，公众充满期盼的关键做法，正是缘于举国动员机制发挥作用，在此基础上，全民共识机制的迅速建立，在大局面前，启动全民规范抗疫防疫，既凝聚了人心，又强化了执行效率，达致当年孙中山先生倡导的“固结人心，纠合群力”，这些都是在非常时期抗击疫情的制胜法宝。

注：本文发表于2020年2月19日华商律所官方微信公众号。

附：把“罗规”引入律所管理

一、“罗规”的体系、规则和特点

（一）用“罗规”来运营社群的七大根本原则

1. 平衡

在社群运营中，要保护各种人和人群的权利，包括意见占多数的人，也包括意见占少数的人，甚至是每一个人，即使那些没有出席会议的人，从而最终做到保护所有这些人组成的整体的权利。

2. 对领袖权力的制约

社群一般都有一个中心人物，而“罗规”中的“对领袖权力的制约”规则有助于在社群成员将一部分权力交给中心人物后，集体还可以保留一部分权力，使自己仍旧能够直接控制自己的事务，避免中心人物的权力过大，以及中心人物将自己的意志强加在社群集体的头上。

3. 多数原则

在社群运营中，对于各大事件的决策，多数人的意志将成为社群的意志。

4. 辩论原则

在社群运营中，所有决定必须是在经过充分而且自由的辩论协商之后做出的。每个人都有权利通过辩论说服其他人接受自己的意志，甚至一直到这个意志变成社群的意志。

5. 同时只能有一个议题

在社群运营中，一旦一个提议被提出来，它就是当前唯一可以讨论的议题，必须先把它解决了，或者经表决同意把它先搁置，然后才能提下一个提议。

6. 辩论必须围绕当前待决议题

在社群运营中，如果发言人的言论显得与议题无关，而且其他与会成员已表现出对此的反感（如嘘声），发言人的发言应该得到制止。

7. 拆分议题

在社群运营中，一个待决议题可以被分成若干小的议题，而且如果与会成员倾向于就其中小的问题分别讨论，可以提议将议题拆分。

（二）“罗规”六部曲——社群议事六个步骤

1. 动议

出席会议的人，根据各问题或意见提出可操作的行动方案（怎么做），请求会议予以讨论或采纳。动议即是“行动的建议”，先想怎么做，再决定做不做。先动议后讨论，无动议不讨论，讨论限于当前动议。

（1）会前：准备“解决方案”——期望的会议目标

（2）会中：讨论的对象——形成中的会议目标

（3）会后：做出“决议”——得到的会议目标

三位一体，都必须是具体可操作的文字，而不要只停留在口头表达。

2. 附议

只要有一个人附议则该议题就进入议程，从而达到保护少数人的声音的目的。

（1）附议的定义：只是“同意讨论”，即附议人只是认为刚刚提出的动议值得会议花时间考虑，但附议人不一定赞成。

（2）附议的使用：要避免乱用，附议仅仅用在刚刚有人提出动议之后，在发言中，必须用“赞成”或“反对”表达立场，不要再使用“附议”这个术语。

3. 陈述议题

主持人要不断地提醒讨论者当前讨论的议题，要先解决当下最紧要的议题。

4. 辩论四大铁律

（1）文明表达规则：禁止人身攻击、质疑动机、扣帽子、贴标签。

（2）一时一件规则：不跑题。

（3）限时限次规则：不超时、禁止一言堂，比如设定每人只能发言 n 次，每次 m 分钟。

（4）发言完整规则：不得打断别人的正常发言。

5. 表决

只能等到约定的发言次数都已用尽，或者虽然没有用尽但没人再要求发言时，才能由主持人发起表决。

为保持与会者发言的自由性，领导最好最后表态。在做表决时，如果议题是针对人，建议投票时使用无记名方式；如果是针对事，建议举手表决。

过半数的定义：赞成数 ÷（赞成数 + 反对数）> 0.5（不考虑弃权数和缺席数，假如计入分母则表达了反对）。

6. 宣布结果

（1）妥协的精神。

（2）愿赌服输的精神。

马克思说过：“人是社会关系的总和”，作为独立的个体，人无法脱离人群独自生存。那么，如何在彼此利益最大化的情况下，让人群达成共识？一个好的规则就显得非常重要。好的规则，可以提高工作效率，和谐人际关系，合理划分群己界限。

（三）“罗规”的 12 条基本原则

1. 动议中心原则

动议是开会议事的基本单元。“动议者，行动的提议也。”会议讨论的内容应当是一系列明确的动议，它们必须是具体、明确、可操作的行动建议。先动议后讨论，无动议不讨论。

2. 主持中立原则

会议主持人的基本职责是遵照规则来裁判并执行程序，尽可能不发表自己的意见，也不能对别人的发言表示倾向。主持人若要发言，必须先授权他人临时代行主持之责，并且该等授权应直到当前动议表决结束。

3. 机会均等原则

任何人发言前均须示意主持人，得到其允许后方可发言。先举手者优先，但尚未对当前动议发过言者，优先于已发过言者。

同时，主持人应尽量让意见相反的双方轮流得到发言机会，以保持平衡。

4. 立场明确原则

发言人应首先表明对当前待决动议的立场是赞成还是反对，然后说明理由。

5. 发言完整原则

不能打断别人的发言。

6. 面对主持原则

发言要面对主持人，参会者之间不得直接辩论。

7. 限时限次原则

每人每次发言的时间有限制（比如约定不得超过 2 分钟）；每人对同一动议的发言次数也有限制（比如约定不得超过 2 次）。

8. 一时一件原则

发言不得偏离当前待决的问题。只有在一个动议处理完毕后，才能引入或讨论另外一个动议（主持人对跑题行为应予制止）。

9. 遵守裁判原则

主持人应制止违反议事规则的行为，这类行为者应立即接受主持人的裁判。

10. 文明表达原则

不得进行人身攻击、不得质疑他人动机、习惯或偏好，辩论应就事论事，以当前待决问题为限。

11. 充分辩论原则

表决须在讨论充分展开之后方可进行。

12. 多数裁决原则

（在简单多数通过的情况下）动议的通过要求“赞成方”的票数应严格多于“反对方”的票数（平局即没通过）。弃权者不计入有效票。

按其需要，议事程序的规定可以或繁或简，议事规则的基本精神却是非常简约清晰的，大致来说有五项：权利公正、充分讨论、一时一件、一事一议、多数裁决。

（四）“罗规”凸显了 3 个特点

1. 约定性，即规则明示在前，对事不对人。

2. 工具性，凡事不往道德上扯，能用工具来解决的绝不无端拔高和指控。

3. 价值中性，旨在凝聚组织认同，提高运作效率，平衡多元利益，通过文明议事来说服、辩论、妥协，从而形成有效果的行动。

二、为何要在律所中引入“罗规”

（一）律所规则无序、议事不畅的现状

我国律所绝大多数采用的是合伙制律师制度，到目前最长的历史也就 30 年，在律所发展过程中，积累了许多成功的经验，但也还存在诸多不足，一些问题还很普遍，如果不加以完善，不但影响律所的发展，也将影响律师行业整体发展水平。

1. 合伙人协议和章程不规范、不可操作

我们很难理解，作为法律人的律师们，为什么不愿意花时间和精力研究和细化自己律所的协议和章程。但有一点是肯定的，大多数律所的协议和章程都是几个条条框框，而且千篇一律，既无建设性，也无可操作性，许多律所的管理和运营与其协议和章程严重脱

节，协议和章程形同虚设。这其中主要有以下两点原因：第一，是因为合伙制律所产生之时，律所协议和章程的形式大于内容，以后的律所设立沿用了这些形式上用于报批的条条框框。第二，是我们的规则意识薄弱，创新和务实意识不强。我们没能认认真真地根据律所的发展需求仔细梳理、充分完善作为律所发展之基的合伙人协议和章程，协议和章程的不规范和缺乏操作性导致律所发展目标不明确和律所运作失序。此外，律所和当事人之间的委托代理合同文本，很多也是经不起推敲的，要么非常宏观和笼统，要么过度陷于繁文缛节，在一些细小的、没有意义的文字表述上故弄玄虚，很少看到特别专业、特别有说服力的合同格式文本，这些值得引起行业反思。

2. 合伙人会议和律所会议失去规范

律所作为一个组织，少不了要召开许多会议。最主要的有合伙人会议、党委（支部）会议、执委会（管委会）会议、律所全所大会，还有各专委会会议、团队会议，等等，普遍存在的问题是大多数会议没有规范流程，没有建立会议的常规机制，也没有关于会议召开、动议、表决、执行、监管的配套体系，通常把会议开得没有主题、偏题或跑题。因为随意性太大，有的合伙人可能从来没参加过合伙人会议，有的律师也从来没参加过律所大会，有的行政人员可能也从来没有参加过行政工作会议。由于动议和主题不规范，律所很多重大事项得不到充分讨论，或讨论的是一些无关紧要的议题。会议开得拉拉扯扯，甚至对人不对事，导致会议非但起不到动员和凝心聚力的作用，反而开成了人心涣散的会议，有些律所因此走向了分裂。

（二）引入“罗规”管理律所的现实意义

1. 建立规则思维

规则对于律所有多重要？在律所文化还没有形成之前，规则是律所的“经络”，这就像人的身体，没有经络支撑，人体就不能站立起来；如果律所文化是血液的话，规则就是水和养分，起着维护和保障的作用，所以规则对律所的成立和发展都不可或缺。运用“罗规”体系来管理律所，最重要的就在于把规则思维建立起来，因为这是建立规则体系的前提。

2. 提高参与度和凝聚力

任何组织体系的任何权利构成，都存在多数人、少数人和缺席人这样的划分，律所也一样。现在各个律所面临的最大的问题就在于全员参与程度偏低以致凝聚力的弱化，究其原因，就是在多数人、少数人、缺席人的权利安排方面失序或不公，导致某些团队或某些人置身度外，处于游离状态。如果引入“罗规”的“三纲”原理，即服从多数人权利，尊重少数人权利，不减损缺席人权利作为处理方式，我认为，律所的参与度会大大提高，凝聚力也会大大增强。

3. 建立公正和高效的管理体系

目前我国大部分律所管理水平普遍不高，管理效能偏低，是因为律师并非管理专才，而专业管理人又对律师行业了解不够，存在行业隔阂，而最主要的方面还在于公平公正理念不能够通过一套体系来反映和运行，也就是说公平公正还只是一个理论或理念上的东西，它不是看得见摸得着的，处在运行机制和流程中的东西，因此还没能真正进入律所运行体系，这使得它和效率经常产生冲突。我们可能用很长时间研究讨论怎样才是公平公正的，但当我们有了结论的时候，事物已经变得没有意义了，这就是因为公平公正机制没有建立而使效率打了折扣，这种情形下就不可能形成科学的管理体系。而当我们把“罗规”体系引入，这个问题就解决了。因为“罗规”就是致力于将民主、公平公正等理念落在实处，使之看得见摸得着，它的主要目的在于效率和效能的提升。

4. 可持续发展

律所可持续发展是我十分关心的课题，难以为继是律所发展之大忌，而要做到可持续发展则必须在现实与前瞻性之间建立强有力的纽带。我认为这一纽带的重要构成就是远期目标、行动力、规则、公平和公正的可视化、可持续以及个人和集体荣誉感，而这些正是“罗规”强调并倡导和设计的实践模型。

三、如何在律所管理中引入“罗规”

（一）根据“罗规”要求修订和完善律所的合伙人协议和章程

合伙人协议和章程是合伙制律所就合伙人之间权利义务、律所设立基础和运作管理制定的法律文本，它既要考虑合伙人之间权利义务设置的科学性，又要兼顾律所从决策到执行的一整套管理体系，要解决的是公平合理，特别是在表决机制层面，既不能流于空洞的民主，也不可以完全倾向于“一言堂”。它要求在权利分配上引入“罗规”的“三纲”原理，即多数人、少数人和缺席人三种权利的协调和处理，同时把“罗规”关于公平和效率的原则充分导入，让协议和章程既体现公平公正，又能在体系和流程运行中体现高效，建立可持续运作的修复机制。

（二）律所议事制度化、规范化、程序化

这个方面可以直接沿用前面提到的“罗规”六部曲及“罗规”

的 12 条基本原则。比如合伙人会议召开的动议阶段，按“罗规”确定的会前、会中和会后三位一体的方案陈述，以确定会议目标动议和主题，要求动议的主题能够在会议中得以顺利讨论，主持人即合伙人会议主席要保持中立原则，其他人也不能将自己的意见强加给他人。合伙人在发表意见时应该持立场明确原则，即明确赞成还是反对，而在讨论阶段，充分遵照“罗规”的“辩论四大铁律”即文明表述规则：（1）禁止人身攻击，质疑动机，扣帽子、贴标签；（2）一时一事规则：不跑题；（3）限时限次规则：不超时，禁止一言堂，比如设定每人只能发言几次，每次几分钟；（4）发言完整规则：不得打断别人的正常发言。在表决阶段，引入“罗规”表决方式的选择原则，如果议题是针对人，建议投票时使用无记名方式；如果议题是针对事，建议举手表决。而在宣布结果时，引入“罗规”关于妥协和愿赌服输的精神等。“罗规”，作为议事规则的模型，极具建设性和参考性，在律所召开的其他各种会议中也可以适用和参考。在这方面，我作为华商的主任和首席合伙人，积累了一些经验和体会。

（三）律所决议、执行和监管机制的完善

顾名思义，“罗规”作为议事规则，重在议事。对于决策是否可行，还需要根据决策执行和监管的情况来评估，因此“罗规”也重视决议之后的结果分析和评判。特别在执行层面，如确定了一系列的模型和机制，把这些模型和机制运用和借鉴起来，对律所的发展十分有益。

（四）提高参与度，建立“参与、建设性、共建共享”的律所文化

前面提到，律所文化在律所发展中举足轻重，特别是律所发展到重要阶段，律所文化的作用甚至超过规则的作用，因此律所文化建立在规则之上，要起到规则无法起到的作用。我个人认为，“罗规”关于议事规则体系之于律所的导入和运用，对律所文化的形成和弘扬而言极其重要。戾气的排除就是正气的形成，特别是“罗规”的约定性、工具性和价值中性的特有功能——约定性中的对事不对人；工具性中的凡事不往道德上扯；价值中性，旨在凝聚组织认同，提高运作效率，平衡多元利益，通过文明议事来说服、辩论、妥协，从而形成有效果的行动。对于提高律所全员参与度、树立建设性理念，形成共建共享的优秀律所文化有着重要的指导意义和实践价值。

注：本文于2020年2月19日发表于微信公众号“广东华商律师事务所”，收录本书时文字有删改。

疫情中的
一些反思与诫勉

2020年这个春节不同寻常，一场突如其来的疫情让原本对新年充满期待的人们顿时恐慌起来，恐慌之下又突然安静下来。不接触，大家都待在家里，这是对自己负责，也是对他人负责的表现。对此，有人这样说："这个年，能出来见个面的都是'生死之交'，能出来打个牌的都是'亡命之徒'，能出来约个会的绝对是真爱。大雪来了要封山，瘟疫来了就封城，我们的政府爱人民，今年春节不串门，来串门的是敌人，敌人来了不开门。""敌人"一说有点过，但在这个春节，久不见面的朋友碰到一起，内心的不踏实，相互猜疑是有的。我小弟在江西老家，几年没见的同学从家门口经过，请他到家里坐坐，他同学则很自觉地说，我刚从外地回来，一句话就把两个人隔开了，口罩对口罩，远远的寒暄几句祝福的话就走开了。以前见面时的那种亲切热闹，顿时变成了"相互审视"和"满腹狐疑"。想想不可思议，但又在情理之中，而且大家都能理解，对生命敬畏的程度一下子达到了空前。

老老实实待在家里，不为社会尤其是疫情防控添乱。对此有个笑话说："终于到了啥也不干、在家躺着就能给社会做贡献的时候！珍惜吧！"躺着"贡献"一说好像也有点道理，但疫情不知什么时候结束，总这么"躺"下去也不大好受。时局不济，但光阴无辜，我们总不能就这样把宝贵的时光"躺"掉了。那么在这段恐慌又期待的时光里，除了"躺"，我们又该做些什么，又能做些什么呢？这就绕回了今天我要讲的主题。

此刻，窗外的阳光缓缓齐整起来，好像有了那么些力量，一下子照进我的书房，南国少有的寒气顿然收敛了许多。在我的诗文里，我习惯把新年称为"新时光"，我不知道接下来的"新时光"里会发生什么，这场牵动全国的疫情又会以怎样的方式结束、何时结束。我坚信它一定会结束，并且盼望它早日结束。但在这样的等待和盼望中，我想除了不给他人和社会添乱，我们还是要有所作为。眼下的安静是史无前例的，安静之下就要看看自己的灵魂，听听这个世界发出的那些平时你根本听不到的声音，并且好好想想我们都做了些什么，哪些是对的，哪些不对，要负起责任，怎样承担责任并继续前行。

我还是要从我身边的一些人和事说起。

不要以为我们什么都知道。我们既要对自己知道的负责，也要对自己不知道的负责。

2020 年 1 月 23 日是武汉“封城”的日子，中午我在律所大群里看到一位同事转发她与一位武汉朋友的微信对话记录。她的这位朋友抱怨“封城”没有提前通知，家里囤货不够，接下来的吃喝不知道该怎么办；并称物资要断供，物价要大涨等，要我们同事通过微信朋友圈呼吁大家“关注人民群众生活”，于是同事把她与这位朋友的微信对话内容在律所群里公布，同时表达了自己的严重担忧，表示“实在揪心”。正好同事发这份微信的前一分钟我在与武汉的岳父岳母家通电话，“封城”后的物资供应也是我关心的主要内容，通电话时我的小姨子上街买东西刚回来，问及物资供应和是否涨价，小姨子回答都没有问题。于是我私信在所群里发微信的同事：“请放心，我刚打完武汉岳父岳母家的电话，他们刚买东西回来，说目前什么都不缺，供应充足。”同事回话说群众需求还有一些问题，并说物价抬高了，发了一个她朋友转的两张大白菜标价的对比图，一个标价 5 元，一个标价 25 元，以及其他的抱怨。我对她说：“现在情况复杂，建议表达观点应尽量谨慎一些。”她应声说好，同时转发了一篇文章给我，标题为“恳请中央输送资源和人员拯救围城中的武汉人民”，转眼发现她也转发到律所大群里了。我赶紧看了一下文章内容，大意是目前武汉物资断供、物价哄抬，武汉城内老百姓生活没有着落、处于被遗弃状态等。我一惊，赶紧发微信要求同事：“千万别发这个啊，不是那么回事，请在大群里撤回。”同事回我：“超过时间撤不回了。”我说：“那篇文章说的不完全对！”她回我：“群众的声音才是他们切身的体会啊。”我对她说：“我太太父母一家都在武汉！”看来微信里说不清楚，我只好打通她的电话，没想到电话那头她的情绪十分激动，她对我说，主任，你怎么忍心看到那么多武汉老百姓孤立无援，你知道武汉人民生活在水深火热中是怎样的绝望吗，政府怎么可以不管武汉老百姓，怎么可以不让人说话，怎么可以不追责……我耐心地劝慰她，说你关心疫区老百姓的安危值得赞赏，但你转的帖子上说的很多情况并不属实，我们泱泱大国，怎么可能放弃一座城的老百姓不管呢？她听不进去，坚持说要把这样的声音传遍世界，传到武汉老百姓那里，让大家都知道。我反问，让武汉城里的人都以为自己孤立无援，这就是你说的为他们着想吗？她说主任啊，你不了解他们，不了解他们正在受的苦难。我就回她：“那么请问，你了解他们吗？我岳父岳母70多岁了，远近亲戚十几家都在武汉城内，我一天都在给他们打电话，给他们安慰和信心。你要是把这些言之不实的、悲观的信息发给他们。他们还能过得去吗？”

也是在“封城”的这一天，因为父母和众多亲戚都在武汉城内，各种传闻此起彼伏，我太太的情绪也几近失控。她最担心年迈父母的身体状态，又担心整个武汉没人管了，一切都跟不上。我安慰她，困难是暂时的，希望政府也能想到。我不提政府还好，一提她就和我急上了，她问我，你难道没看到网上对那些领导的评价吗，这些人犯错为什么不惩处？领导的对错不了解具体情况的人不好评判，不过从事态发展的情形看，确实应该认真总结并进行深刻反思。我对太太说，之前的事先不说，不过从现在开始，领导们的压力不会比任何人小，他们是人，也有儿女情长，但他们同时还是政治人，他们要承担的东西一定比我们多，他们比谁都想把问题解决好，我们只能相信他们会全力以赴，抓紧把各项工作做好。到了晚上，她的情绪又低落起来，主要是听说武汉医疗设备不足，加之听说地铁和公交不通造成出行和就医不便，又开始焦虑。我赶紧打通岳父电话，岳父在免提电话的那头说："'封城'、关闭地铁和公交是对的，我们安心待在家，你们不要过于担心。"语气淡定。我对太太说，你听见了吧，战胜疫情病毒，就是要靠这样的底气和精气神，老人家需要我们给予的是一份关心，还有一份期盼中的信心，而不是抱怨和指责。这一次，我太太好像听进去了。

说到这里，还要说到一个人，我们中世律所联盟成员所湖北得伟君尚所的主任蔡学恩，我和我太太和他都熟。2020 年 1 月 23 日这天，我太太和我说，你快去给老蔡点个赞，他今天居然从上海赶回武汉了。我看着老蔡的微信朋友圈，果然在 23 日上午，也就是武汉封城的第一天，经过反复思想斗争，他最后还是决定乘最后一班飞机回到了武汉。我当即为老蔡点赞，留言：老蔡好样的！老蔡这几天和我都有联系，他征求我的意见，意思是这些天收到了一些投诉，就是湖北（主要是武汉）的一些游客在全国各地受到不公正待遇，有些地方拒绝提供住宿，问我了不了解这方面情况，我说我太太的几个亲戚正在外旅游，听说当地给予免费食宿，但进行了隔离，拒绝住宿的还没听说。老蔡提出写个建议，由联盟所在的全国各地 20 多家律所发布，提请各个地方不要歧视。老蔡问我意见，我说现在各个地方自保是大局，各个地方好了，武汉才有依托，才能扛过去，况且你说的这个情况上面应该掌握了，相信上面很快就会有意见出来，我们各个律所要做这件事，必须请示政府主管部门，你是全国人大代表，建议可先通过向全国人大紧急议案方式提出来。老蔡觉得我说得有道理。果不其然，就在我和老蔡通话的当天即 26 日，人民网就刊登了一篇题为《湖北人也是受害者，请善待他们》的评论，建议各地政府组织经济型宾馆和招待所，让旅游在外的湖北人得以留宿。这个评论还比较客观、克制。老蔡在电话里和我说，看来你说的保大局是对的。

灾难考验人的意志，考验人的良知，也考验人的智慧。化解灾难，解除困境需要情况预知和信息透明，这是常识。信息社会，在灾情汹涌之时，如何分辨信息真假，如何传递、传递哪些信息对化解灾情有利，看来这是一门大学问。

在中外哲人当中，我对苏格拉底可谓“情有独钟”，最主要是因为他对世界认知的态度。他说他对世界知之甚少，承认自己的无知，这一点太重要了。其实我们古人对此也是推崇的，“女子无才便是德”，意思是说，一个女子，冰雪聪明、才华横溢，却总以为自己不够聪明、才学有限，那么这样的女子就是德行高的女子。在我个人认识中，我总觉得人与人的最大区别在于“知”字上面，我知道的你也知道，你知道的我不一定知道，自然你就比我高明。我常想，如果我们随便评价比我们知识面更广、学术更渊博、经验更丰富的人，我们就容易偏颇。但话一定要说回来，对于这场汹涌而来的疫情，也一定会有很多很多、很深的教训需要总结。

要改的不仅仅是习俗和文化，还有我们的内心。

习俗的流传形成传统文化，老祖宗的习俗流传至今，一定有它的生命力，比如说春节习俗，基于亲情相聚、共迎美好之新，这合乎人性本质，是社会人文关怀的重要内容和表现形式，这就是生命力。但习俗也应随着社会条件的变化有所变化。

比如说请客送礼这件事，在过去相当长的历史时期里，凡是家里有红白喜事都要宴请亲朋好友，而亲朋好友都要献上一份礼品或者礼金。为什么要送礼品或礼金呢？我理解为一是为了尊重主人，二是因为过去物质生活相对匮乏，一般人家里都没有什么储备，让一家人承担宴请众人会很困难，就需要大家共同帮扶一下，这就是送礼的初衷。可是请客送礼到后来就变味了，变成相互攀比，甚至变成了巧取豪夺、行贿受贿的一种方式和渠道，穷的没人送，富的争相送，这就违背了请客送礼的初衷。

针对这种情况，大概20年前，我给老家县里的领导建议，可否在全县推广一下请客不送礼，县领导一听觉得有道理，在全县推广。结果，20年来，老家请客不送礼成了一个新的习俗，老家或许也是目前全国唯一一个改掉旧习、形成新俗的县区。

其实过春节的习俗也一样，以前交通和通信都不发达，异地亲朋见上一面、通个信都不太方便，因此春节回家就觉得格外热闹。一年忙到头，到春节才能吃些平时吃不到或者舍不得吃的东西，所以春节自然也成了大家相聚的美味口福之节。这在过去都是可以理解的，可现在交通、通信如此发达，物质生活如此丰富多彩，如果我们还是沿袭过去的传统，过于看重相聚的热闹和吃吃喝喝的欢喜，每年春节期间数亿人流的腾挪转移，这么大规模的短期迁徙，要浪费多少自然和物质资源！如果这种节日模式不能根据时代需要找到新的主题，不能从沉重的物质损耗转移到更为轻松的精神层面，春节这个习俗也会逐渐失去它应有的生命力。

发生在2003年的SARS疫情和这一次的新型冠状病毒肺炎疫情，无独有偶，都发生在大家充满期待的春节期间，发生在春节人流运转高峰时节，这是不是也在给我们提醒，我们的春节也该从内容到形式变一变了？

还有一个重要方面，我们所有的节日几乎都好动不好静，都喜欢热热闹闹的，即便以悼念先贤屈原为主题的端午节，也是锣鼓喧天、人声鼎沸。爱热闹有两个不好的地方，一是不易养成思考，特别是反思的习惯——我们老说自己好忘事，即使是面对灾难；二是容易养成浮躁的众生心态。我们常说在德国人和日本人身上能看到一种科学精神，这是他们一辈子专注于一件事，视专业如生命的静态理性造就的，而这样的精神在我们身上却越来越少了。所以这次疫情发生后，我想，我们所有的人，包括我们头顶的天空和脚下的大地，以及伴随我们的生灵万物，是不是也该安静一下了？于是在2020年1月26日，我写下了《安静一下也好》这首诗：

几千年前的传说
通过一种孤寒的文本
站在我的诗里

我忽然觉得
江山你不要去打他
所有的都该歇一歇
让天空闭闭眼
让大地和大地上的鸟儿们
也悄悄地睡上一会

谷物在生长前
需要把力气卯足
需要在一粒安静的种子里
学会谛听和感受
一小丛灌木缩在林子里
是在演习伸懒腰的姿势
她思考是最俊俏的样子

世间的沧桑大都来自打打杀杀
当沧为悲伤又有太多的无辜

这个时候就需要凝神静气
要像一粒谷种那样蓄势待发
要像灌木那样练习某种本领
不用大起大落，安顿好自己
引光源照亮黑暗的周遭
但一定要少安勿燥

和自己谈谈，就算无所事事
也要酝酿饱满的心愿
也要做最棒的样子

让我们都安静一会儿，让天空和大地休养生息一会儿，让我们的思想和灵魂在安静中走得更远，这是不是这次疫情给我们提的一个醒呢？

我要说的另一个方面，是我们的“吃相”问题，包括怎么吃和吃什么。首先是怎么吃。在很多公共场合，特别是在吃自助餐的地方，你会发现一个有趣的现象，大块大块往盘里放，大盘大盘往桌上端，你不用细看就知道这个人长什么样子。吃相即长相，这是我看人总结的一个标准。其次是吃什么。中国人什么都敢吃，而且特别喜欢吃地上爬的、天上飞的、水里游的，这在全世界都出了名。2003年说是因为吃野生动物引发SARS疫情，这次疫情目前也有一种说法是武汉海鲜市场野生动物所致，现在还没有定论，但我认为，和我们爱吃飞的、爬的、游的应该还是有因果关系的。为什么这么说呢？因为这就是因果，不仅是宗教上的因果、哲学上的因果，也是自然界的因果，就是这么简单。

那么为什么我们知道吃这些野生动物有问题，还是要吃呢？我的答案是，贪吃是表象，残忍才是本质。这就说到了我们的内心世界。

残忍是我们必须要面对的一个问题，我们学法制史，知道过去几千年来人类发明了多少种惨无人道的酷刑，每一道酷刑都令人发指，喘不过气来——刀剐火烧、剥皮、挖心……无所不用其极，在若干朝代的战乱时期，人吃人居然也堂而皇之，大行其道。

我们的残忍之心是不是因此形成？恐不止于此，但时至今日，吃地上爬的、天上飞的、水里游的，却仍是部分国人的时尚追求。我想，这次新型冠状病毒肺炎疫情的流行，我们终将遏制住它的蔓延，但它是不是也正在给我们提醒：面对同是动物的生灵，人们是不是应该收收手、收收口了？

灾害大多都是突如其来的，但突如其来的灾害在来临之前也一定会有某种提示和隐喻。我不是一个迷信论者，但我想如果人类对大自然失去诚挚的敬畏之心，那灾害就会降临，而在灾害降临前夕，它也一定会通过某种方式提醒人们，这是一种考验，就看能否唤醒人们的诚挚之心。

虽然这次疫情发生的缘起目前还没有正式结论，但我们应该相信在疫情之前一定有过某种预兆，只是我们来不及将这些预兆信息抓住并提前设防，我们可能错过了第一时间面对疫情并当即把疫情“请回去”的最佳时机，个中原因，我认为就是我们的诚挚不够。

诚挚其实不难理解，诚挚就是我们的内心世界，是我们内心对这个世界，从大自然到每个族群、每个人，再到所处的时代和每件事的态度和方式，有没有诚意和情怀。目前，人类对于大自然的诚挚显然是不够的，人类是地球的客人，可是我们却反客为主，只取不予。为了供养人类，地球的皮肤——土地已经整整减少了一半的厚度，可人类又何曾停止过挖掘的步伐？为了所谓的政权，甚至一己之利，打“江山”成为一代又一代追逐的战争游戏，可怜的“江山”被打得满目疮痍，惨不忍睹，高高在上的一代又一代人类，在反客为主、白般愚弄和作践大自然的时候，又何曾对有着承载养育之恩的地球有过那么一丝敬畏之心、怜惜之意？而当高高在上、薄情寡义的人类在失去感恩和敬畏之心的同时，残忍就渐渐地刻在内心深处，其所作所为也就失去了诚挚的底线，这个时候，就必然会有一些事件的发生，警醒人类——你不可如此造次！“人有病，天知否？”天当然知道，但人，未必就知道。当一次次事件仍然唤不醒人类的诚挚，人类终归要告别地球！

非我妄言，此次新型冠状病毒肺炎疫情是继 2003 年 SARS 疫情之后对我们诚挚之心的又一次唤醒，不管天灾还是人祸，这样的唤醒对我们就是当头一棒！如果我们再次装睡，那真的就无可救药了。当然，如果这是人力所为即所谓人祸，那我们也坚信，为祸者也一定行之不远矣！

疫情来了之后，我们又该持何种态度和方法呢？诚挚，当然还是诚挚！

诺贝尔文学奖获得者，法国声名卓著的哲学家阿尔贝·加缪是我喜欢的作家，其代表作《鼠疫》，讲述了在一场鼠疫中，人们承受着孤独、焦虑、痛苦与挣扎。在全城绝望的境地，所谓英雄就是每一个微不足道，坚守着正直与善良生活的人。他在小说中不断地提醒人们不要忘记谦虚，不要以为自己无所不能，否则灾难就会发生。而当灾难发生后，加缪通过文本叙述，反复强调要理性和科学地面对，要坚持勇气、意志和忍耐力，特别强调每个人都要做好本职工作。他写道：“然而，我还是应该告诉您，这一切与英雄主义无关，而是诚挚的问题。这种理念也许会惹人发笑，但同鼠疫作斗争，唯一的方式就是诚挚。”

在灾难面前，人性最易曝光，包括闪光的和阴暗的。

这场新型冠状病毒肺炎疫情从湖北武汉开始暴发，很快就席卷全国大部分地区，特别是在2020年1月23日武汉“封城”之后，抗击新型冠状病毒成为举国要务，一时间，“封城”“封路”“封村”“封家（不出门）”此起彼伏。这些天望着窗外昔日车水马龙、人声鼎沸而今人车两空的街市和道路，我心生感慨，我想这或许是几千年中国历史上，人口居家率最高的一次，往日沉重的一切是否可以轻松放下，修养一些时日了。然而人心的沉重却在这个时间骤然增长，恐慌、焦虑、疑惑在人们的心头萦绕不息，这个时候，既在考验一个国家和民族的治理水平和能力，也在考问我们一个严峻的问题：我们有没有足够的诚挚打赢这场仗?

我们的国力大幅度增强了，可是面对一场突如其来的疫情，我们的技术装备、医疗物资供应、我们的医疗科研水平，还有我们的科学理性精神，这些方面的要求一下子提高了，这无疑是一场检视和考验。

除此之外，看不见的人心不断浮出水面，前面提到的各种不实之词，真正传谣者逍遥法外，而一些无辜者却仍在被责难。一些从疫区出走的人不负责任地出现在人群中，在“封城”“封路”“封村”时恶语相向，甚至在今天的武汉还传出因染病者医治无效死亡，死者家属暴打施救医生的消息。随着时间的推移，一些阴暗负面的人性可能还会呈现，也将暴露出我们在灾难面前除了科学、人才、设备之不足，诚挚也还有大大的欠缺。

但我们也有理由相信，这次疫情也将极大地唤醒我们的科学精神和诚挚态度。举国齐动，全民抗疫。至少到目前大部分人都静待在家。一声令下，医疗工作者10多天来奋战在最危险的第一线，没有人退缩。武汉城内，上千万人待在家里，他们要做的，就是内心坚定和坚持，而支撑这份坚定和坚持的，是对党和政府的信心，是全国上下众志成城，是众多医护人员的舍生相救，还有无数无名者在维持着这座城市的运转，日夜兼程、舍身忘我，他们不一定全是英雄，但他们已经或正在成为善良、正直，有着“铁”一样的信念的人，内心向着温暖、亲情和美好而又坚定地忠于职守，他们是我们这个时代最需要的诚挚之人！因为诚挚，病毒终将被打败，因为诚挚，疫情终将离我们远去！

写到这里，我要说一说我个人的一些情况。按原计划，今年春节我们一家要回武汉陪岳父岳母过年，高铁票和酒店都订好了，是预定 2020 年 1 月 24 日即大年三十回去的，但疫情变化太快，我们只好取消了行程。原本我想请二老来深圳过年，但老人家说春节期间要去看即将入住的楚园养老社区，这是我和太太为他们准备的养老居家寓所，老人家很喜欢，充满期待。加上小姨子提前回武汉，疫情发生至今，两位老人很安静地待在家，还一再安慰我们，叫我们不要担心。问题是，我们能不担心吗？

想想两位年迈的老人家困在武汉，外面疫情汹汹，他们二老能承受得了如此大的心理压力吗？好在小姨子在，他们三人“困”在家里，我们只好每天送去问候，给他们信心。昨天我和太太说到，假如小姨子不在，两个 70 多岁的老人怎么生活？我想，像我岳父岳母这样老两口在武汉城内孤守的，大概也不会少。

今年注定是不平静、不平凡的一年，按原计划，我们华商要有一个较大规模的发展，在现有千人的基础上，我们正在努力将华商建成深圳先行示范区下的“先行示范所”。没想到开年后即遇此疫情，想必我们的计划也会受到影响，但我想还是不能放弃。疫情到来之后，我马上牵头成立疫情应对工作组，在获知延假后，我提出“放假不放松、延假不误工”，疫情之下，更需要我们管理班子和行政团队保持上班状态，以保证律所正常运转，为此律所律师开通远程办公模式，将各自住所处作为开工办公场所。律所党委发出《全所党员积极应对疫情的倡议书》。疫情发展，我们想中小企业必定面临很多困难和法律需求，于是我们又起草了《共克时艰，纾困解难——华商致客户和各界朋友的一封信》，要求全所律师发给客户，下发后很多客户致电表示感谢。在此基础上，我们又抓紧成立了“疫情应急法律专业委员会”，组织28个专业委员会对疫情下相关法律问题进行解读，委员会成立到现在，相当一部分律师已经行动起来，主动与政府、企事业单位取得联系，开展咨询和相关法律服务，近日相关实例也得到了媒体的关注和报道。

“有戒德千金易化，无惭愧滴水难消”，在我老家的一座寺院里，有这么一副对联，我十分认同，从小时候开始就一直在琢磨个中含义。我从小因祖母、外祖母信佛的缘故，常去寺庙，但我对佛教佛学属于无知，对其学说中的因果论谈不出观点。但我始终觉得，世上一切都离不开能量守恒，一切以能量平衡开始，也将以能量平衡结束。于是人类社会中的我们，即使什么都不懂也不要怕，怕的是自己觉得什么都懂，什么都可以操控。从无知开始，到自觉无知结束，这就平衡了，在这个过程中，最重要的就是反思和诫勉，也就是上面对联中说到的“有戒德”，做人最难的就是“节制和克减”。因此我们更要有谦逊的惭愧之心，此谓诚挚。

我坚信，疫情和病毒都将回到山洞老林，而我们也将以诚挚之心、以谦卑的姿态踏上新的时光之路。而在此之前，在这段我们期盼平安、光明的日子里，我特别献上一首自己刚刚写下的诗篇，题为《春天还有一段》，以此，作为春风吹向大地，以诚挚之心迎接春天的序曲。

冰还在土里
没有吹远的都是北风
雪很欢喜，纹丝不动的样子
整个枝头被压得抬不起头
花朵出不来
一座山于是孤苦伶仃
旁边的水流缓慢
河床的中央散发着雾霾
所有的庄稼都在等待
而人们对温暖的渴望
已大大的超过了粮食
围着方寸之地的我，和你
多想在阴霾远去的天空
把酒言欢

阳光照进窗户的那一瞬
我知道隐喻就将浮出水面
卯住丹田收起向远之心
一种正气的练成那叫善哉

凡来或去自有缘由

面对山河你有多少诚挚

春风即将启程

而你需要谦卑和耐心

注：本文刊载于华商律师事务所2020年初抗疫期间编著的内部刊物《“风月同天”的解读——华商抗疫专业呈现》，收录本书时文字有删改。

数字经济进入法律视野的开端与未来

深圳是一座这样的城市，当你以为它进入某种沉寂的时候，在不经意间，它总能像一匹雄马跃起，惊鸿掠影之间，是一道闪光的亮色。

2020 年 7 月 15 日，深圳发布了《深圳经济特区数据条例（征求意见稿）》（以下简称《深圳数据条例》），这是全国首个提出个人享有数据权的地方立法文本，既回应了《民法典》关于数字经济作为新兴产业所拥有的法律地位，同时也表明了深圳作为一座创新之城，数字经济在新兴产业发展中有举足轻重的地位和作用。

数字经济作为一种新兴产业，已经融入我们的日常生活中，淘宝、支付宝、美团、饿了么、滴滴打车等软件，均是数字经济的具体表现。两个月前颁布的《民法典》，确立了数据（数字）作为一种法律关系形态的存在。数据（数字）不仅是一种生产和交易的要素，也作为新时期新兴产业的法律地位的一种确立，如今迎来了新的发展机遇。

一、《深圳数据条例》是对《民法典》的充分回应

历经 66 年编撰，《民法典》经过了几代法律人的构建，形成了契合时代需求，符合国家特色的法典，一共有 1260 条，但《民法典》不可能对每一个体系作出非常完整、详尽的规定。数字经济是新兴的经济业态，我们每个人都离不开数字经济，每个人都是数字经济的一部分，因为数字经济更多地体现为一种信息的载体，但是法律在这方面的规制相对滞后，因为法律不会随着生活变动而变动。

《民法典》的编撰过程中，理论界、实务界的专家关注到这个问题，数字经济顺理成章进入法典，这是一个时代之幸，是法律之幸，也是我们老百姓的生活之幸。《民法典》里多处涉及数字经济，如人格权进入《民法典》，人格权里包括个人的数据保护，人格权入编是法典史上的一个创举，而把个人的数据保护放到人格权中，这又是另一创举。

数字经济进入了《民法典》，但是《民法典》无法对行业发展有尽善尽美的规则。产业的发展需要得到回应，此时回应的功能便落到了城市上，尤其深圳作为大湾区引擎核心，数字经济发达，由深圳运用特区立法权，率先展开地方数据立法，与《民法典》中的个人信息保护相呼应，能形成一套完善的法律法规。

《深圳数据条例》中，偏重数据产业的发展，在产业发展过程中，对与市民密切相关的权益进行保护和规制。数字经济作为新兴产业，在可持续发展过程中，政府应该怎么做，在数据治理方面，政府应承担什么样的责任，如何引导各方参与到行业发展中，这些均详细体现在了《深圳数据条例》中。

这些清晰的界定在《民法典》中不能完整展现，所以我认为《深圳数据条例》是对《民法典》的回应，同时《深圳数据条例》也是引导数据产业发展的一项重要措施。法律用来规制人们的生活，也用来规制人们的行为，除此之外，法律还有促进功能，深圳 40 年发展历史中，经济、社会变革举措频出，法律在其中发挥了促进和推动作用，为改革开放开山辟路，相信此次《深圳数据条例》也将为产业发展带来强劲的驱动力。

二、《深圳数据条例》首次提出个人享有数据权

《深圳数据条例》亮点纷呈，它作为法律法规存在一些内容上的创新，但更重要的是表明了数字经济这一新兴产业，在城市经济发展当中的创新突破。比如《深圳数据条例》提到了数据权，创新地定义数据是关于客体（如事实、事件、事物、过程或思想）的描述和归纳，是可以通过自动化等手段处理或再解释的素材。自然人、法人和非法人组织依据法律、法规和条例的规定享有数据权，数据权是权利人依法对特定数据的自主决定、控制、处理、收益、利益损害受偿的权利。

公共数据上，《深圳数据条例》明确其属于新型国有资产，其数据权归国家所有，由深圳市政府代为行使数据权。还提出要建设公共数据资源管理体系，公共数据应分类在公共数据开放平台统一向社会开放，与社会公众生活密切相关、有助于提升民生服务的城市数据，应当优先向社会开放。

《深圳数据条例》还提到了数据要素的市场培育与发展，从数据要素市场统筹与管理、规范市场主体数据活动、促进数据要素融合、建立深港澳地区数据融通机制、建立数据跨境国际合作机制、建立数据质量管理体系、建立数据价值评估体系、市场保障措施八个维度，为数据要素市场培育提供了全面的制度支撑。

数据是一种新型的经济业态，它也是一种更高形态的生产要素，是一种个人财富、家庭财富，关系到国计民生及老百姓生活的方方面面。数字经济要发展，要培植，同时数字产业也需要治理。从当

前看，《深圳数据条例》开启数据经济新时代，对数据产业的发展有极大的推动作用。它解决了数据作为一种经济形态、一种生产和交易要素、一种生活的场景，如何在法律上给予其保障和促进的问题。

三、回应时代、城市的需求——华商成立数字经济法律研究院

无独有偶，华商成立数字经济法律研究院，并不是仓促之间完成的。在此之前，华商在数字经济发展方面已经进行了重点关注，去年华商成立了区块链法律研究院，就此投身到了数字经济的法律研究当中，在区块链法律研究院的实践中，我们一直在筹划成立数字经济法律研究院。

数字经济被确定为深圳七大战略性新兴产业之一，作为生于深圳长于深圳的本土律所，华商近年来呼应时代、呼应城市的发展需求，构建新型的国际化、自贸区、全产业链的法律服务体系。围绕深圳七大新兴产业，华商分别成立相应的法律研究院，实现产业研究、产业发展、产业法律服务三位一体的服务新模式。通过研究院的探索，我们已经积累了深厚的产业和行业研究经验。

在这样的指导思想下，加上过去对数字经济的长期关注和研究，我们认为有必要成立华商数字经济法律研究院。我们常说，世界上最好的事物，莫过于自身的需求和时代使命的高度契合。成立数字经济法律研究院正应验了这句话，所谓时者势也，这样的机缘巧合下，数字经济进入法律视野的开端，华商希望能有所作为。

四、对《深圳数据条例》的落地予以支持和推动，以法律手段促进和保障数字经济

任何事物有好的一面，也有坏的一面。一方面，数字经济方便了人们的日常生活；另一方面，数据隐私泄露也给人们的生活造成了困扰。今天借这样的机会，我们邀请到了众多数字经济方面的学者、专家、企业家、律师同人和媒体朋友聚集一堂，广泛征集各行业中这些最具发言权的人的建议，共同探讨，建言献策。

与会人员一起研判分析《深圳数据条例》的科学合理性，是对数字经济发展有促进作用，还是对生活形成不利的影响，一起讨论如何在数字经济作为产业结构的重要建设上有所建树，同时也探讨法律如何为新兴的数字经济产业发展提供保障。

立法的开放性决定了立法的质量，深圳广开言路，征求意见，我们的研讨会也希望借此宣传，让更多人参与其中，让这部条例跟我们的生活贴得更近、更科学、更合理，更具有烟火气息。此次研讨会形成的成果，华商之后将提交给立法部门。

有了这个开端以后，未来数字经济法律研究院将在开放的基础上，继续探索。一方面，我们要建立“产业研究 + 产业发展 + 产业法律服务”的模式，在数字经济这一领域，做更深入的产业调查和研究分析，用法律手段来帮助和促进数字经济产业发展。另一方面，作为法律人要在法律促进和保障数字经济发展方面有更大作为，华商将在这方面坚持不懈，这也是华商数字经济法律研究院要实现的重要目标。

通过华商的努力，通过我们的坚守，希望能抛砖引玉，呼吁、号召大家一起来关注新兴产业数字经济，关注数字经济和法律体系的构建。未来华商数字经济法律研究院将邀请更多的专家、更多的企业家，并借助更多的研究机构，比如华商与中国社科院法学研究所签订《关于建立法治营商环境研究基地的战略合作协议》，借助这样的机构和专家，一起共建共享数字经济的新时代，为数字经济的发展做出法律人的贡献！

注：本文根据高树主任2020年7月24日在《深圳经济特区数据条例（征求意见稿）》研讨会暨华商数字经济法律研究院揭牌仪式上的致辞整理而成。